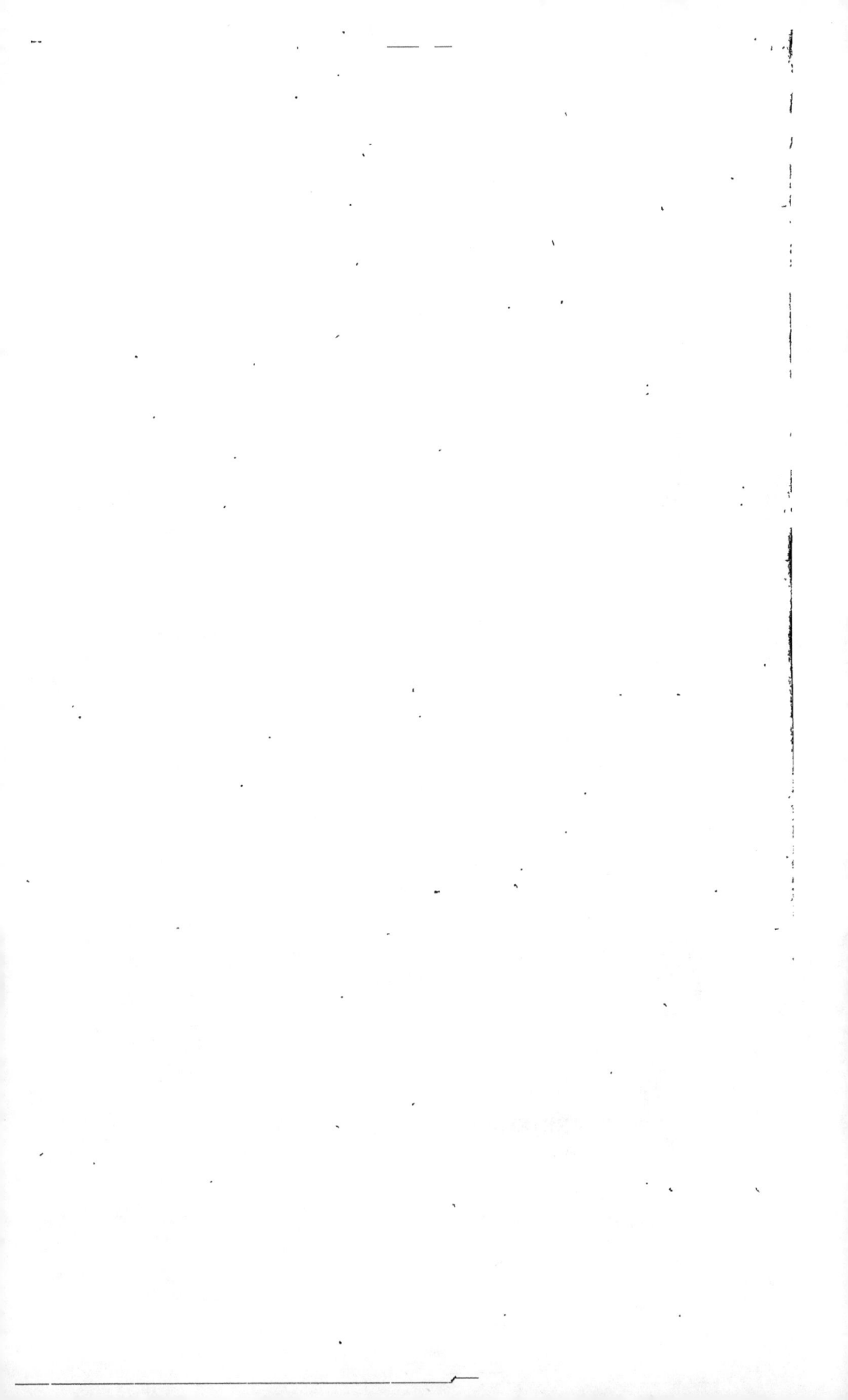

## DROIT ROMAIN

# DE LA VENDITIO BONORUM

———

## DROIT FRANÇAIS

# INFLUENCE DE LA FAILLITE

## SUR LA CONSTITUTION

## ET L'INSCRIPTION DES HYPOTHÈQUES

———

### THÈSE POUR LE DOCTORAT

Soutenue le Mercredi 23 Décembre 1891

## PAR PIERRE AUSSENAC

AVOCAT PRÈS LA COUR D'APPEL

LAURÉAT DE LA FACULTÉ ET DE LA VILLE DE MONTPELLIER

MONTPELLIER

IMPRIMERIE GUSTAVE FIRMIN ET MONTANE

DESCENTE SAINT-PIERRE (Ancienne Faculté des Sciences)

———

1891

# THÈSE

## POUR LE DOCTORAT

# FACULTÉ DE DROIT DE MONTPELLIER

MM. **Vigié,** Doyen, professeur de Droit civil, et chargé du cours de Notariat et Enregistrement.

**Valabrègue,** assesseur, professeur de Droit commercial, et chargé du cours de Droit commercial comparé.

**Brémond,** professeur de Droit administratif, et chargé du cours de Droit administratif approfondi.

**Gide,** professeur d'Économie politique, et chargé du cours de Législation coloniale.

**Laurens,** professeur de Droit civil, et chargé du cours de Droit civil approfondi.

**Pierron,** professeur de Droit romain, et chargé du cours d'Histoire des sources du Droit romain.

**Glaize,** professeur de Procédure civile, et chargé du cours de Législation financière.

**Laborde,** professeur de Droit criminel, et chargé du cours de Législation industrielle.

**Charmont,** professeur de Droit civil, et chargé du cours de Législation civile comparée.

**Chausse,** professeur de Droit romain, et chargé du cours de Droit international privé.

**Meynial,** agrégé, chargé des deux cours d'Histoire du Droit.

**Barde,** agrégé, chargé des deux cours de Droit constitutionnel.

**Souchon,** agrégé, chargé du cours de Droit international public.

**Giraud,** secrétaire.

*Membres du Jury :*

MM. **Pierron,** professeur, Président.
**Valabrègue,** professeur,
**Laborde,** professeur, } assesseurs.
**Charmont,** professeur,

## DROIT ROMAIN

# DE LA VENDITIO BONORUM

---

### DROIT FRANÇAIS

# INFLUENCE DE LA FAILLITE

## SUR LA CONSTITUTION

## ET L'INSCRIPTION DES HYPOTHÈQUES

---

## THÈSE POUR LE DOCTORAT

Soutenue le Mercredi 23 Décembre 1891

### PAR PIERRE AUSSENAC

AVOCAT PRÈS LA COUR D'APPEL

LAURÉAT DE LA FACULTÉ ET DE LA VILLE DE MONTPELLIER

MONTPELLIER

IMPRIMERIE GUSTAVE FIRMIN ET MONTANE

DESCENTE SAINT-PIERRE (Ancienne Faculté des Sciences)

—

1891

MONTPELLIER. — IMPRIMERIE GUSTAVE FIRMIN ET MONTANE.

A MON PÈRE

A MA MÈRE

A MON FRÈRE

DROIT ROMAIN

# DE LA VENDITIO BONORUM

## INTRODUCTION

L'idée, aujourd'hui si simple et si naturelle, que celui qui s'engage répond de ses obligations sur l'ensemble de son patrimoine, n'est que le résultat d'une longue et progressive évolution. Barbares et cruelles au début, les voies d'exécution ont subi la loi du progrès et, se transformant avec les mœurs et le caractère des peuples, elles ont dépouillé ce qu'elles avaient de rigoureux. Dans la logique du droit primitif, l'insolvabilité est assimilée au crime. Le débiteur qui, au mépris de ses engagements, ne restitue pas l'objet convenu, diffère peu du voleur ; l'un et l'autre tombent également sous le coup de la vengeance privée. C'est d'abord sur la personne que s'exerce le droit du créancier. A l'origine des sociétés, la loi et la justice sont remplacées par la force brutale et par la violence ; le créancier ne peut arriver à s'emparer des biens qu'après une lutte à main armée contre le propriétaire et lorsqu'il l'a réduit à l'impuissance. Il devient alors le maître, le vainqueur, et peut, au gré de sa volonté, mettre son adversaire à mort ou le réduire en esclavage et le forcer à travailler pour son propre compte.

Ces institutions, nous les retrouvons chez presque tous les peuples de l'antiquité : chez les Hébreux, en Egypte, à Athènes, chez les Germains.

A Rome, elles sont en pleine vigueur sous le régime de la loi des XII Tables. Cependant elles ont subi l'influence de la civilisation, et, si les conséquences sont toujours les mêmes, la mort ou l'esclavage, nous voyons déjà des règles de procédure. Le créancier a le droit de s'emparer de la personne de son débiteur ; mais il doit remplir quelques formalités, respecter certains délais, pendant lesquels le débiteur pourra se libérer ou être libéré par ses amis.

Peu à peu, des idées nouvelles se développent, et l'on comprend que l'individu n'est pas tellement incorporé à sa chose qu'on ne puisse pas l'en séparer. Dans certains cas particuliers nous voyons apparaître, sous le nom de *pignoris capio*, la saisie, à titre de gage, de certains biens appartenant au débiteur. Gaius (Com. IV, §§ 26 à 29) nous apprend qu'elle était donnée dans certains cas par la loi, dans d'autres par la coutume.

A côté de la *pignoris capio*, dès une époque reculée du droit romain, se développa la *sectio bonorum*, ou vente aux enchères de biens appartenant au fisc (Gaius IV, § 146). Elle avait tantôt pour objet des choses individuellement déterminées, comme le butin pris sur l'ennemi (Cicér. *De invent.* I, 45), tantôt l'ensemble d'un patrimoine. Il en était ainsi en cas de condamnation pour crime emportant la confiscation *(publicatio bonorum)*, en cas de condamnation à une amende quand le condamné ne s'exécutait pas, ou enfin au cas de succession vacante. Dans tous ces cas les questeurs du Trésor étaient envoyés en possession des biens et les faisaient vendre en bloc, en présence de la lance, symbole de la propriété romaine, par le ministère du crieur public (Tit.-Liv. XXXVIII, 60 ; L L. 1, 5 et 6 C., *De fid. et jur.*, X, 3 ; Cicér. II<sup>e</sup> *Philip.*, 26 ; Fœstus v° *Hastœ)*.

La *sectio bonorum*, mode de transmission reconnu par le droit civil, faisait acquérir la propriété *ex jure quiritium*. L'acquéreur, désigné sous le nom de *sector*, était considéré comme un véritable successeur, et pour entrer en possession des biens il jouissait de l'interdit *sectorium*. Il devenait propriétaire, créancier, débiteur à la place du condamné ; il pouvait exercer ses droits et était tenu de ses actions. (Varron, *De re rust.*, II, 10 ; L. 3, C. *de fid. et jur. hastœ*, X, 3 ; L. 41, D., *De jure fisci*, XLIX, 14).

De la *bonorum sectio* à la *bonorum venditio* il n'y avait qu'un pas. L'idée de la vente des biens, abstraction faite de la personne, était trouvée ; le préteur ne fit qu'introduire dans le droit privé et au profit des créanciers une mesure qui existait déjà dans l'intérêt du fisc.

Depuis une époque assez reculée, nous pouvons constater le désir des débiteurs de voir substituer l'exécution sur les biens à l'exécution sur la personne. Les historiens nous apprennent que le peuple demandait, dans ses réclamations et dans ses vœux, que le droit des créanciers fût limité à l'étendue du patrimoine. Servius Tullius, au moment de monter sur le trône, promit d'obliger les créanciers à respecter la personne des débiteurs et à se contenter de leurs biens (Denys d'Halicarnasse, IV, 9 ; VI, 79).

Il est difficile de déterminer avec précision l'époque où apparut la *venditio bonorum*. Gaius (IV, § 35) en rapporte l'origine à un préteur du nom de Publius Rutilius, auteur de l'action rutilienne, donnée à l'acheteur pour exercer les droits du débiteur insolvable. Cette indication est insuffisante, car nous connaissons deux préteurs de ce nom. L'un, cité par

2

Tite-Live (XLV, 44), Publius Rutilius Calvus, dont la préture remontait à l'an de Rome 586. L'autre, Publius Rutilius Rufus, dont parle Cicéron dans ses divers plaidoyers et qui exerça sa magistrature en 649 *(Pro Plancio,* 24 ; *De oratore,* II, 69 ; *Brutus,* 22 et 30). Les éléments nous manquent pour prendre parti entre ces deux dates, et l'on peut ajouter qu'il serait quelque peu puéril de fixer à une époque quelconque l'apparition de la nouvelle procédure, parce qu'on trouve à cette époque un préteur dont le nom a servi à désigner une action qui s'y rattache. La seule affirmation sérieuse que l'on puisse produire est que la *venditio bonorum* est à peu près contemporaine du système formulaire. Nous la voyons fonctionner au temps de Cicéron. Elle est en pleine vigueur au temps de sa jeunesse ; car sa première plaidoirie, prononcée en 672 en faveur de Quintius, est relative à cette voie d'exécution et nous montre qu'elle était organisée à l'époque de Sylla. Elle fonctionnait même en 643, ainsi que cela résulte de la loi agraire de cette année *(ligne* 56).

Malgré l'apparition d'un système d'exécution sur les biens, le droit des créanciers contre la personne du débiteur s'est maintenu sous le régime formulaire et même sous le système extraordinaire. On le retrouve non seulement sous l'Empire, mais encore sous Justinien.(Cicéron, *Pro Flacco,* XX ; Aul.-Gel., XXI ; *Lex Rubria,* cap. 21 et 22; Paul, sent. V, 26, §§ 1 et 2; LL., 23. D., *ex quib. caus. maj.,* IV, 6 ; 34, D., *de re jud.,* XLII, 1 ; 1, C., *qui bon. ced. poss.,* VII, 71).

Mais ce ne sont plus les formalités sacramentelles de la *manus injectio* et les effets rigoureux de *l'addictio* du système des actions de la loi. L'on constate dans ce mode d'exécution des adoucissements considérables et qui vont en s'accentuant de plus en plus. C'est le préteur qui, après l'expiration du délai légal, décerne une sorte de mandat d'arrêt, un « *duci jubeto*», permettant au créancier de s'emparer de la personne de son débiteur et de l'emmener chez lui pour le contraindre à acquitter sa dette par son travail. Mais le débiteur ne perd jamais son ingénuité ; il n'est esclave, ni en fait, ni en droit. Le créancier est obligé de le nourrir. Cependant il peut recevoir du dehors les choses nécessaires à la vie et une action pénale est donnée contre le créancier qui s'y oppose. (L. 34., D. *de re judic.* XLII. 1).

Le débiteur n'en était pas moins à la merci de son créancier, qui, la plupart du temps, pouvait abuser de ses droits sans craindre le contrôle de personne. Les prisons privées subsistaient et les édits des empereurs, qui cherchaient à les prohiber, n'étaient pas toujours observés. En 388, Valentinien, Théodose et Arcadius portent une constitution qui déclare coupable du crime de lèse-majesté quiconque aura un débiteur dans une prison particulière. (Const. unique, C. Th., IX, 11). En 486, c'est-à-dire un siècle plus tard, Zénon proscrit les prisons privées, soit à la ville soit à la campagne, et déclare coupable du même crime tout particulier qui conserve de telles prisons, ou tout officier qui, ayant connaissance d'un pareil fait, ne l'aura pas poursuivi.(L. 1, C., *de privat. carcer.*, IX, 5). Ces constitutions furent si peu observées, que Justinien dut les renouveler en confiant aux évêques le soin de veiller à l'exécution de ses ordres. (L. 23, C., *de episcop. audient.*, I, 4). Cet empereur défendit aussi d'étendre la peine du père aux enfants, de retenir ces innocents pour sa dette et de les obliger à travailler. Il interdit également la contrainte par corps contre la femme. (*Novel.* 134, *cap.* VII et IX).

Quels étaient les rapports des deux procédures ? Avaient-elles une existence séparée et indépendante, ou bien l'une n'était-elle que le complément ou le préliminaire de l'autre ? La question a divisé les interprètes. Pour les uns, les débiteurs, dont les biens vendus aux enchères n'avaient donné qu'un dividende aux créanciers, pouvaient échapper à leurs poursuites et conserver leur liberté au moyen d'une exception. Pour d'autres, l'exécution personnelle était le complément forcé de l'exécution sur les biens, l'incarcération du débiteur n'était qu'une phase de la procédure d'envoi en possession. Plusieurs textes semblent venir à l'appui de cette dernière opinion, notamment un passage de la *Lex Rubria Galliæ cisalpinæ (cap.* XXII), où il est dit : « .... *eosque duci, bona eorum possideri, proscribique, veniríque jubebo.* » Mais faut-il en conclure que l'exécution sur la personne et l'exécution sur les biens sont deux modes de procéder inséparables ? Nullement. Nous sommes seulement en présence d'une simple énumération d'attributions en matière d'exécution de sentences. Du reste Gaius et Cicéron, qui traitent avec une foule de détails de la *venditio bonorum*, ne font aucune allusion à un emprisonnement préalable. Quant à la première doctrine, elle est en contradiction avec l'histoire, qui nous montre la fréquence des exécutions personnelles, et elle conduit à décider que les créanciers avaient une option entre l'exécution sur les biens et l'exécution sur la personne, laquelle se trouverait seule possible contre les débiteurs n'ayant pas de biens. L'on a soutenu une autre opinion qui conduit au même résultat pratique. Le *duci jubebo* de la *Lex Galliæ cisalpinæ* répondrait à l'hypothèse où le débiteur n'avait pas de biens dans son patrimoine et où, par conséquent, l'exécution sur les biens était impossible. C'est restreindre beaucoup la part de l'exécution sur la personne.

Il paraît préférable d'admettre la persistance de l'exécution sur la personne et sa complète indépendance de l'exécution sur les biens. Le préteur, en créant du droit nouveau, une procédure nouvelle, n'a pas dû modifier les conséquences de l'action *judicati*, qui remontaient dans leur principe à la loi des XII Tables. Nous retrouvons ici, comme dans une foule d'autres matières, la coexistence du droit civil et du droit prétorien. Le créancier avait le choix entre les deux modes de poursuite : il pouvait les cumuler. Le débiteur insolvable était à la merci de son créancier, et, s'il ne parvenait pas à le désintéresser complètement par la vente de ses biens, il pouvait être obligé de se libérer par son travail. Nous verrons cependant que le bénéfice de la cession de biens lui a permis de s'exonérer de la contrainte par corps par une entière soumission à l'exécution sur les biens.

Dans la procédure de la *venditio bonorum* il y a deux périodes bien tranchées : l'envoi en possession et la vente. Nous consacrerons à chacune une partie distincte.

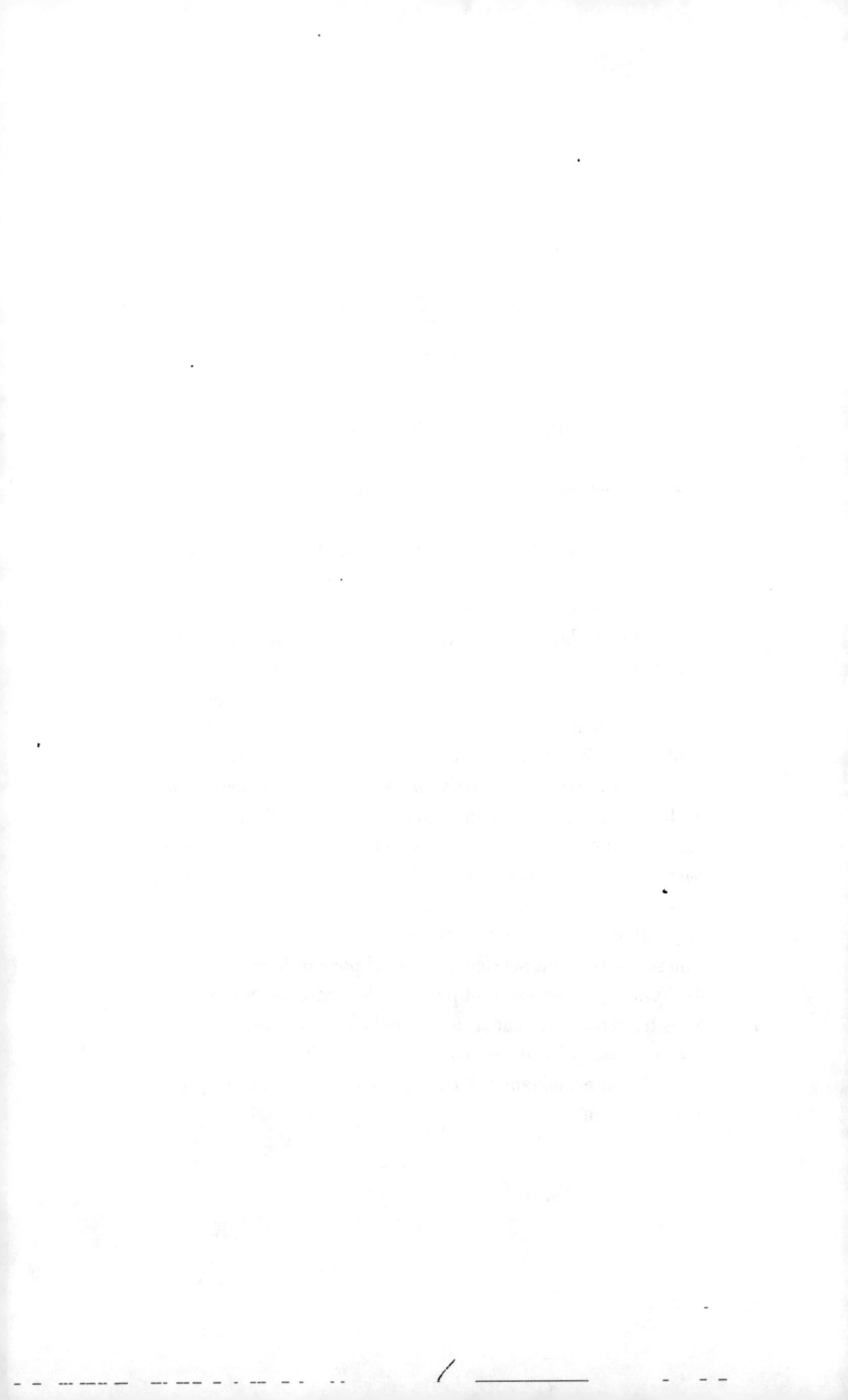

# PREMIÈRE PARTIE

---

## DE L'ENVOI EN POSSESSION

L'envoi en possession ( *missio in possessionem* ou *missio in bona* ), organisé par le préteur pour sauvegarder des intérêts que ne protégeait pas suffisamment le droit civil, pouvait avoir lieu, non seulement pour permettre aux créanciers de poursuivre l'exécution de leurs créances sur les biens des débiteurs insolvables ou récalcitrants, mais encore dans d'autres cas déterminés, soit qu'il conduisît à l'usucapion, soit qu'il ne procurât qu'une possession précaire sur un ensemble de biens. Au successible simplement conçu ou dont l'état était contesté alors qu'il était encore impubère, on accordait la *missio in possessionem ventris nomine* ou *ex edicto carboniano ;* au légataire à terme ou sous condition, auquel l'héritier refusait la caution garantissant le paiement du legs, la *missio in possessionem legatorum servandorum causa ;* au propriétaire voisin d'un héritage menaçant ruine, la *missio in possessionem damni infecti nomine.* Ces trois cas, où l'envoi en possession se trouvait au service de l'équité pour la faire triompher de *l'ipsum jus,* ne rentrent pas dans le cadre de notre sujet. Nous traiterons seulement de la *missio in possessionem rei servandæ causa,* considérée comme préliminaire de la *bonorum venditio,* en examinant ses conditions d'application, sa procédure et ses effets.

---

# CHAPITRE PREMIER

## A QUELLES CONDITIONS A LIEU LA *MISSIO IN POSSESSIONEM* ?

Ces conditions peuvent s'envisager à différents points de vue. On peut les étudier en ce qui concerne soit les cas dans lesquels la *missio in possessionem* est accordée, soit les personnes admises à la demander ou à en profiter, soit les biens qui en font l'objet.

### I. — DANS QUELS CAS A LIEU L'ENVOI EN POSSESSION ?

L'envoi en possession, accordé dans des cas très nombreux et déterminés par les textes, n'aboutissait pas toujours à la liquidation du patrimoine. Il serait utile de distinguer entre l'envoi en possession conduisant à la vente et celui qui n'y conduit pas ; mais la ligne de démarcation n'est pas assez précise en droit et se confond souvent avec la faculté accordée au préteur d'examiner l'affaire et de décider en connaissance de cause (*cognita causa*) s'il y a lieu d'accorder ou de refuser la protection qui lui est demandée. L'on ne peut baser une théorie, édifier un système sur un fondement aussi mobile. Les circonstances de fait varient à l'infini et les sentiments individuels, qui souvent font pencher la balance de la justice, changent avec chaque magistrat. Il est donc préférable d'indiquer tous les cas d'envoi en possession en insistant sur ceux qui peuvent conduire à la vente des biens.

Cicéron, nous rapportant les termes de l'édit du préteur, énumère les causes suivantes d'envoi en possession : « *Qui fraudationis causa latitarit ; cui heres non extabit ; qui exsulii causa solum verterit.* » ( *Pro Quintio,* § 19. ) Cette énumération peut se compléter par un passage de Gaius: « *Bona veneunt aut vivorum aut mortuorum : vivorum, velut eorum qui fraudationis causa latitant nec absentes defenduntur ; item eorum qui ex lege Julia bonis cedunt ; item judicatorum post tempus quod eis partim lege XII Tabularum, partim edicto prætoris, ad expediendam pecuniam tribuitur. Mortuorum bona veneunt, velut eorum, quibus certum est neque heredes, neque bonorum possessores, neque nullum aliud justum possessorum existere.* » (III, 78.)

Enfin, pour avoir une liste complète, il faut ajouter quelques cas qui nous sont révélés par différents textes du droit romain: le cas où le débiteur assigné refuse de se défendre ( Gaius, III, 84 ) ; le cas de l'envoi en possession accordé aux créanciers du *capite minutus,* que ne défend pas celui sous la puissance duquel il a passé (Just., *Instit.,* III, 10) ; le cas d'un incapable non défendu par ses représentants légaux (L. 10, D., *quib. ex caus.,* XLII. 4 ) ; celui de l'incertitude sur l'existence d'un héritier, ou sur l'acceptation de la personne à qui la succession est dévolue (L. 8, D., *quib, ex caus., eod. tit.*) et celui d'un héritier suspect refusant de fournir caution (L. 31 § 3, D., *de reb. auct. jud.,* XLII, 5).

Ces diverses causes d'envoi en possession peuvent se grouper autour de deux idées : ou bien il s'agit de ramener à effet une sentence judiciaire, de l'exécuter sur les biens du débiteur ; ou bien l'on se trouve en présence d'un adversaire qui ne s'est pas défendu, ou n'a pas été défendu d'une façon suffisante par ses représentants légaux. Pour abréger, nous désignerons ces deux situations différentes sous les noms d'exécution forcée et d'*indefensio.*

A l'exécution forcée se rattachent les cas de condamnation et de *confessio in jure;* nous y joindrons comme complément la cession de biens. L'*indefensio* comprend tous les autres cas.

### I. — Exécution forcée

Lorsqu'un débiteur a été condamné en justice, ou a reconnu sa dette devant le magistrat, il y a lieu de procéder contre lui à l'exécution de l'obligation. Il est tout naturel que le préteur ait songé à appliquer à l'exécution d'une sentence contre le débiteur un procédé semblable à celui de la *sectio bonorum,* mode d'exécution d'un *judicium publicum* (1). Il demeurait ainsi fidèle à ses principes et à la manière lente, progressive, détournée, qu'il employait pour créer du droit nouveau, ne heurtant pas de front les institutions anciennes, mais étendant les dispositions législatives à des cas analogues, non prévus par la loi, ou donnant des actions nouvelles avec le caractère d'actions fictices. La *sectio bonorum* offrait un exemple d'exécution forcée sur les biens appartenant aux débiteurs du trésor. Les *quæstores ærarii,* après avoir obtenu l'envoi en possession, faisaient la vente aux enchères publiques. Transporter dans le droit privé une institution du droit public, créer au profit des particuliers un moyen de coercition analogue à celui qui existait au profit de l'Etat n'a pas dû paraître une innovation bien radicale pour le préteur, qui conservait, du reste, les formes et les délais de l'ancienne procédure de la *manus injectio.*

La loi des XII Tables ne voulait pas frapper impitoyablement les débiteurs, les prendre par surprise ; elle leur laissait le temps de se procurer l'argent pour éteindre la dette, et le créancier ne pouvait procéder à l'exécution de la sentence sur leur

---

(1) Il est probable, chronologiquement parlant, que les premiers cas de *missio in possessionem* ont eu lieu contre le débiteur que l'on n'a pas pu mener *in jus.* hypothèse non prévue par les XII Tables.

personne qu'après l'expiration de trente jours. Le préteur n'autorisa la main-mise sur leur patrimoine qu'après le même délai, en se réservant toutefois le droit de le prolonger ou de le diminuer suivant les circonstances.

Au cas d'exécution forcée, deux intérêts opposés se trouvent en présence : celui du créancier demandant la sanction du jugement ou de l'aveu judiciaire, et celui du débiteur, qui peut se trouver momentanément sans ressources, mais avec l'espoir de se libérer dans un délai plus ou moins long. Un répit dans les voies d'exécution peut sauver sa fortune d'un désastre, sa considération d'une honte et d'un déshonneur. Aussi, la législation romaine, s'inspirant de sentiments d'équité, d'humanité et de justice, a accordé au plaideur malheureux dans toutes les périodes de son évolution, depuis la loi des XII Tables jusqu'à la législation de Justinien, un temps d'arrêt contre les poursuites de son adversaire. La durée en a varié à différentes époques, mais le principe a été toujours le même.

La loi des XII Tables fixait le délai à trente jours (Aul.-Gell. XV, 13; XX, 1 (1). Le préteur le porta à deux mois, pendant lesquels le débiteur ne pouvait être inquiété d'aucune façon (LL. 3 § 1,C. *de usur. rei. jud.*,VII, 54; 7 D. *de re jud.*,XLII,1; Gaius III, 78). Du reste, le magistrat était libre, suivant les circonstances, de l'allonger ou de le diminuer; le juge lui-même avait le droit de l'allonger, mais non de le raccourcir (LL. 2, 4 § 5, 31 *de re jud.*). Justinien décida que la suspension des poursuites durerait quatre mois à partir de la sentence ou du jugement de confirmation (LL. 2 et 3 § 1, C., *de usur. rei. jud.*, VII, 54).

---

(1) Dans ce délai, le *judicatus* pouvait transiger avec ses créanciers (Aul.-Gell. XX, 1, n° 46). C'est donc que la chose jugée n'avait pas toute son autorité avant les trente jours : car d'après une règle, qui paraît fort ancienne. on ne transige pas sur la chose jugée (L. 7 D., *de transac.*, II, 15).

Le Digeste renferme peu de documents sur ce premier cas d'envoi en possession. Cela peut s'expliquer par les deux considérations suivantes. D'abord la procédure de la *bonorum venditio* a été remplacée par une procédure nouvelle, celle de la *bonorum distractio*, qui aboutit à la vente en détail de certains biens. En outre, le débiteur devait souvent offrir lui-même de céder volontairement ses biens, parce que cette cession produisait pour lui certains avantages.

Elle le mettait à l'abri de la contrainte personnelle et lui faisait éviter l'infamie.

Le bénéfice de la cession de biens ne remonte qu'au temps de César ou d'Auguste. Néanmoins, on trouve dans l'ancien droit quelques traces d'une idée analogue dans ce que l'on appelle le *juramentum bonæ copiæ*, dont nous parle Varron à propos des *nexi* et de la loi Pætilia qui les a supprimés. Il s'exprime ainsi dans son traité *De lingua latina (lib. VI, in fine)* : « *Omnes qui bonam copiam juraverunt, ne essent nexi, dissoluti.* » C'était donc une condition mise par la loi à la libération des *nexi*. Les interprètes ne sont pas d'accord sur le sens à donner à cette disposition. Selon les uns, *bonam copiam jurare*, c'est affirmer par serment que l'on a de quoi payer. Pour d'autres, *jurare* est synonyme d'*ejurare* et signifie que l'on ne peut satisfaire ses créanciers. Les premiers exigent un serment de solvabilité, les seconds un serment d'insolvabilité. D'après M. Giraud *(Des nexi)*, ces expressions se rapportent à la promesse de mettre sa fortune entière, quelle qu'elle soit, à la disposition des créanciers. L'on ne comprend guère que des individus, possédant une fortune suffisante pour payer leurs dettes se laissent appréhender pour défaut de paiement. De plus, la première opinion est en opposition avec le but de la loi Pætilia, qui est représentée comme ayant apporté un commencement de liberté. Avec la deuxième opinion, on s'explique la mise en liberté des *nexi* sans ressources et le maintien de l'ancien état de choses envers ceux qui pouvaient, mais ne voulaient pas satisfaire leurs créanciers. Cependant il pouvait se présenter qu'un débiteur, ayant un certain patrimoine, mais n'en connaissant pas exactement la valeur, ou ne pouvant le liquider sur-le-champ, préférât l'abandonner en entier aux créanciers.

Quel que soit le sens que l'on donne à ce *juramentum bonæ copiæ*, on le retrouve après la loi Pætilia. Il en est fait mention dans la table d'Héraclée, qui date de l'année 705 et qui exclut des fonctions municipales celui « *qui bonam copiam juravit.* »

La cession de biens a été organisée seulement par la loi Julia, qui l'imposa aux créanciers. Cette origine est attestée par la rubrique d'un titre au code Théodosien (tit. XX, liv. 4) et par la constitution 4 au code de Justinien (*qui bon. ced. poss.*, VII, 71). Cette constitution des empereurs Dioclétien et Maximin nous apprend que la loi Julia, admise d'abord pour l'Italie seulement, fut ensuite étendue aux provinces.

Ce nouveau mode de libération, purement facultatif pour les créanciers sous l'empire de la loi des XII Tables, rendu obligatoire pour eux par la loi Julia, demeure un bénéfice créé essentiellement dans l'intérêt du débiteur, un privilége auquel on ne saurait le contraindre. Cependant, si personne ne pouvait le lui imposer, il devait y recourir volontiers pour profiter des avantages qu'il en retirait.

Avait-il fait l'abandon spontané de son patrimoine, sa personne devenait libre de toute contrainte. La vente de ses biens s'opérait suivant les formes ordinaires et les créanciers se partageaient le prix. S'il était égal au montant des créances, tout était fini. S'il était inférieur, les créances n'étaient pas éteintes par le fait de l'abandon et de la vente. Quelle était alors la position du débiteur ?

Il ne pouvait pas être poursuivi *ex ante gesto* tant qu'il n'avait pas fait d'acquisitions nouvelles. S'il était poursuivi, sans avoir besoin de recourir à l'exception *quod facere potest*, il pouvait repousser toute poursuite par l'exception *nisi bonis cesserit*. L'humanité et la logique l'exigeaient ainsi, autrement il eût été exposé à perdre le bénéfice de la *cessio bonorum*, c'est-à-dire la liberté de sa personne.

S'il avait fait de nouvelles acquisitions, les créanciers pouvaient se payer directement et sans formalités sur les biens nouvellement acquis. Mais leur droit d'action comportait une double limitation.

Ils ne pouvaient le poursuivre que si les biens acquis avaient une certaine importance ; autrement, ils auraient été repoussés par l'exception *nisi bonis cesserit*. Ils n'avaient aucun droit s'il avait acquis seulement de quoi subvenir à sa subsistance, par exemple s'il avait recueilli un legs alimentaire. (LL. 6 et 7, D., *de cess. bon.*, XLII, 3 ; 3, C., *de bon. auct. jud.*, VII, 72 ; *Institutes* IV, 6, § 40, et 14 § 1). Il y avait là une question d'appréciation dont la connaissance était laissée au magistrat.

Alors même qu'il y aurait eu une acquisition de quelque importance, le débiteur jouissait du bénéfice de n'être condamné que dans la limite de ses moyens, *in id quod facere possit* (L. 4 pr., D., *de cess. bon.*, XLII, 3; *Instit.* IV, 6 § 40), bénéfice qu'il pouvait opposer à tous les créanciers dont le droit était antérieur à la cession. Enfin, on devait toujours lui laisser de quoi vivre.

A côté de ces avantages purement matériels, nous trouvons un avantage moral. L'infamie, qui résultait de la vente du patrimoine, était écartée en cas de cession de biens. On évitait ainsi la honte d'être confondu dans une réprobation commune avec les comédiens, les entremetteurs, les personnes condamnées pour vol, pour violence ou pour injure, etc. Si nous considérons le soin que mettaient les Romains insolvables à instituer pour héritier un esclave, afin d'éviter à leur mémoire l'humiliation qui s'attache à la vente des biens et à l'infamie, nous serons admis à penser que ce dernier effet devait exercer une grande influence sur la détermination des débiteurs.

Conserver intacts son honneur et sa liberté, tel devait être le rêve de tout insolvable. Aussi est-il intéressant de rechercher si ces mesures de faveur étaient accordées à tous indifféremment, ou si elles demeuraient l'apanage des débiteurs malheureux. En d'autres termes, la bonne foi était-elle indispensable pour être admis à la cession de biens?

En général, les auteurs soutiennent l'affirmative, et c'est l'opinion qui, *a priori,* paraît devoir triompher. Lorsque l'on considère le rôle immense qu'a joué la bonne foi dans l'évolution de la législation romaine, lorsque l'on songe aux efforts constants du préteur pour la faire triompher des rigueurs du droit strict, l'on peut se demander s'il est admissible qu'elle ait été sans influence dans la matière qui nous occupe. Il est certain qu'après la loi Julia l'exécution sur la personne a continué dans certains cas. Cela résulte de ces expressions non équivoques qu'Aulu-Gelle met dans la bouche du jurisconsulte Sextus Cécilius : « *Addici nunc et vinciri multos videmus* » *(Nuits att.* XX, 1). Si tous les débiteurs pouvaient faire la cession de biens, comment expliquer ce maintien de la contrainte par corps? Il y a sûrement une distinction à établir. Cette distinction, dans l'opinion adverse, on est bien obligé de la reconnaître. Seulement, au lieu de la faire porter entre les débiteurs de bonne ou de mauvaise foi, on l'admet entre ceux qui ont des biens et ceux qui n'en ont pas. L'on décide que l'existence de nombreux prolétaires à Rome explique tout. Cependant il n'est pas démontré que cette classe de débiteurs fût privée de la faveur de la loi Julia. D'abord aucune limitation de fortune n'ayant été fixée, l'on peut dire qu'il fallait ne pas avoir une obole pour en être exclu. Du reste l'abandon portait, non pas sur tel ou tel bien déterminé, mais sur une universalité, sur l'ensemble du patrimoine, qui existe toujours malgré

l'absence d'éléments actifs ou passifs. Enfin, pour quelle cause
le malheureux prolétaire aurait-il été abandonné à toutes les
rigueurs de la contrainte personnelle ? Est-il moins digne d'intérêt et de pitié que le débiteur malhonnête qui dissipe sa
fortune et diminue volontairement le gage de ses créanciers ?

L'influence de la bonne foi est si légitime, qu'il faudrait à nos
adversaires un texte pour l'écarter de la matière qui nous
occupe et ce texte leur fait absolument défaut. Ils se bornent
à opposer l'absence de documents et à nous accuser de procéder par voie d'induction. Cependant M. Tambour reconnaît que
les arguments apportés à l'appui de notre thèse sont forts et
qu'il n'oserait soutenir d'une manière positive la fausseté de
cette opinion. *(Des voies d'exécution sur les biens des débiteurs,*
I, 131).

Elle repose non seulement sur des considérations générales,
mais encore sur des textes. Ils ne tranchent pas, il est vrai, la
question d'une manière positive, mais les inductions concordantes que l'on en tire amènent à la vraie solution.

La constitution une au Code Théodosien *(qui ex lege Jul.*
*bon. ced.)* est assez probante. Elle contient la décision suivante
des empereurs Gratien, Valentinien et Théodose : « *Ne quis*
» *omnino fisci debitor, vel alienæ rei in auro atque in argento*
» *diversisque mobilibus retentor ac debitor, bonorum faciens*
» *cessionem, liberum a repetitione plenissima nomen effugiat,*
» *sed ad redhibitionem debitæ quantitatis, congrua atque*
» *dignissima suppliciorum acerbitate, cogatur. Nisi forte pro-*
» *priam dilapidationem bonorum aut latrociniis adrogatam,*
» *aut naufragiis incendioque conflatam vel quolibet majoris*
» *imptus infortunio atque dispendio, docuerit effictum.* » La
question n'est-elle pas ainsi tranchée, et ne voyons-nous pas
une opposition bien marquée entre les débiteurs du fisc et les
débiteurs ou détenteurs du bien d'autrui ? L'on a vainement
essayé de soutenir que ce passage n'était relatif qu'aux pre-

miers. Le texte est clair et non équivoque et, même en admettant la signification qu'on lui donne, il n'en constituerait pas moins un argument valable, quoique affaibli, en faveur de notre opinion.

Justinien, dans sa Novelle 135, accorde une nouvelle faveur aux débiteurs; mais il maintient toujours la distinction entre celui que des malheurs ont ruiné et celui qui, par sa faute, s'est rendu insolvable. Au second, il étend le bénéfice de la loi Julia. Au premier, il épargne l'humiliation attachée à une cession de biens proprement dite. Quoique légalement l'infamie fût écartée par cette démarche, il n'en existait pas moins dans l'opinion publique la déconsidération qui s'attache à tous ceux qui ont eu de la fortune et n'ont pas su la conserver. Cette Novelle nous montre l'abus de pouvoir de certains magistrats, obligeant les débiteurs à faire cession, et le désir de ces débiteurs malheureux d'éviter l'ignominie. A l'avenir, ils n'auront qu'à faire un serment d'insolvabilité, à jurer que leur actif est insuffisant pour liquider leur passif et à laisser les créanciers exercer leurs droits.

Au règne de Justinien se rapporte une autre innovation également favorable au créancier et au débiteur. Cet empereur, régularisant une pratique antérieure, décide qu'au lieu d'accepter la *bonorum cessio*, offerte par leur débiteur, les créanciers pourront lui accorder un délai de cinq ans, pendant lequel il échappera à la prison et conservera son *existimatio* intacte. Le débiteur y gagne un délai pour se libérer, et les créanciers ont l'espoir d'être intégralement payés, alors que la vente, à la suite de la cession de biens, n'aurait peut-être donné qu'un faible dividende. Le trait caractéristique de cette innovation consiste en ce que le débiteur n'a pas besoin, pour obtenir le délai, de l'assentiment unanime de tous ses créanciers. La concession du délai, accordée par un ou plusieurs créanciers représentant ensemble plus de la moitié des dettes, lie les autres.

3

(L. 8, C., *Qui bon. ced. poss.*, VII, 71). Il y a là une situation
analogue à celle qui résulte de l'art. 507 de notre Code de
commerce, dans lequel la majorité peut imposer le concordat
à la minorité.

La bonne foi étant une condition essentielle de la cession
des biens, le débiteur devait livrer tout son patrimoine et n'en
dissimuler aucune partie à ses créanciers.

Cette cession de biens devait, d'après la majorité des auteurs,
être précédée d'une condamnation ou d'une *confessio in jure*.
On la considère comme une ressource donnée au débiteur
menacé de l'exécution sur la personne, laquelle n'est possible
qu'en vertu d'une sentence ou d'un aveu devant le magistrat.
Il est naturel d'exiger un de ces faits pour la cession. Cependant la loi 8 au Digeste (*de cess. bon.*, XLII, 3) est plus large :
« *Qui cedit bonis antequam debitum agnoscat, condemnetur, vel
in jus confiteatur, audiri non debet.* » Ces expressions se réfèrent
à trois circonstances : aveu extrajudiciaire, condamnation,
aveu devant le magistrat. Pour se débarrasser de ce texte, on
est obligé de le considérer comme interpolé. Les uns pensent
que les expressions *antequam condemnetur, vel in jus confiteatur,*
figuraient seules dans le passage d'Ulpien qui a été reproduit
dans la loi 8. Les rédacteurs du Code, voulant supprimer une de
ces deux conditions, auraient ajouté les mots *debitum agnoscat*. D'autres considèrent le texte comme exact, mais donnent
aux mots *agnoscere debitum* une signification spéciale. Ils
entendent par là une reconnaissance de dette, mais une reconnaissance telle, que le doute et la contestation ne soient plus
possibles. Ces deux opinions, dans lesquelles on discute uniquement sur l'aveu extrajudiciaire, reposent sur une idée fausse.
Si l'on se reporte au texte manuscrit, ainsi qu'il est contenu
dans le *Codex florentinus*, on voit que le mot *non* de l'expression *audiri non debet* est mis entre parenthèses. Cette circonstance indique qu'il a dû y avoir quelque chose d'anormal dans

sa présence. Il est probable qu'il a été ajouté après coup par un copiste inhabile, qui l'a marqué d'un trait particulier afin d'attirer sur lui l'attention des interprètes. Nous sommes donc admis à conclure que la cession de biens peut avoir lieu même avant un aveu extrajudiciaire, et par là il faut entendre un aveu portant sur le montant de la créance qu'il faut supposer non liquidée, car l'aveu extrajudiciaire portant sur la dette même n'a pas de sens, attendu que la cession de biens implique nécessairement cet aveu. Cette interprétation se trouve confirmée par Gaius (III, 78), qui distingue nettement ceux qui ont fait la cession de biens des *judicati*.

Il reste à résoudre une dernière question : celle de savoir si la cession de biens devait être accompagnée de certaines formalités, ou bien si elle pouvait se faire *extra jus*.

Dans une première opinion, l'on estime qu'il y avait dans le droit antérieur des formes consacrées et que, vraisemblablement, la cession de biens se faisait *in jure*. A l'appui de cette manière de voir l'on invoque la constitution 6 de Théodose (C., *qui bon. ced. poss.*, VII, 71) qui porte : « *In omni cessione bonorum, ex qualibet causa facienda, scrupulositate priorum legum explosa, professio sola quærenda est. — Idem dixit : in omni cessione sufficit voluntatis sola professio.* » Le mot *professio*, qui s'applique notamment aux déclarations faites devant l'autorité, convient à cette idée. L'on pense que Théodose a supprimé les rites symboliques accompagnant la *cessio bonorum*, et que c'est seulement Justinien qui, introduisant dans la matière un changement nouveau et plus important, a décidé qu'elle ne serait plus désormais assujettie à cette condition d'une déclaration en justice. C'est ce que prouve la loi 9 (D., *de cess., bon.*, XLII, 3). « *Bonis cedi non tantum in jure, sed etiam extra jus potest. Et sufficit et per nuntium vel per epistolam id declarari.* » Il est vrai que ce texte est attribué à Marcien ; mais Zimmern le regarde comme interpolé, sans quoi il démentirait formellement les mots de la constitution 6 : « *scrupulositate priorum legum explosa* ».

Dans une autre opinion, considérant que le mot *professiô* de la constitution 6 ne peut avoir que la signification d'une pure communication aux créanciers, l'on pense que l'obligation primitive de recourir devant le magistrat, *in jure*, pour accomplir la cession de biens, a été abolie par Théodose.

Admettant une théorie plus radicale, nous pensons que la cession de biens pouvait se faire, même dans l'ancien droit, *extra jus*, pourvu toutefois qu'elle fût certaine. Elle pouvait même se faire, nous dit la loi 9, *per nuntium* ou *per epistolam*. Il est vrai que Zimmern et Tambour considèrent cette loi comme interpolée et prétendent le prouver en tirant argument des mots *scrupulositate priorum legum explosa*. Mais n'est-ce pas cette expression elle-même qui est interpolée? Elle ne figure pas dans la constitution 3 au code Théodosien, qui est le texte original de la constitution de Théodose, et dont la constitution 6 au code de Justinien n'est que la reproduction infidèle. Théodose n'a donc fait que confirmer ce qui existait déjà.


## II.— *Indefensio*


Nous avons envisagé l'envoi en possession comme conséquence d'une condamnation, d'une *confessio in jure* ou d'une *cessio bonorum*. Avec l'étude de l'*indefensio*, nous l'examinerons comme moyen, pour le créancier, d'obtenir un titre exécutoire ou une garantie.

A Rome, sous l'empire de la procédure formulaire, comme du reste sous celui des actions de la loi, l'instance se divise en deux phases : l'une se passe devant le magistrat, l'autre devant le juge. Dans la première, la présence des deux adversaires est indispensable. La délivrance de la formule et la

*litis contestatio* ne peuvent avoir lieu en l'absence du défendeur. C'est en ce sens qu'on a pu dire qu'il n'y avait pas de
jugements de défaut. Le débiteur récalcitrant et de mauvaise
foi trouvait dans cette institution un moyen facile d'échapper
aux légitimes réclamations de ses créanciers. On pouvait, il
est vrai, le traîner de force devant le magistrat, *obtorto collo*,
le *vocare in jus;* mais pour cela il fallait le rencontrer. S'il
se cachait, s'il s'exilait, s'il s'enfermait dans l'asile inviolable
de sa maison, le droit civil ne fournissait aucun moyen de
contrainte.

La situation était analogue lorsque le débiteur, quoique
présent, était incapable et n'était pas défendu par ses représentants légaux.

Absence et incapacité, telles étaient les deux choses qui
réduisaient à l'impuissance les réclamations des créanciers.
Le préteur y porta remède par l'introduction de la *missio in
bona.*

*a) Absence du débiteur.* — Tant que la *litis contestatio* n'a
pas eu lieu, l'absence du débiteur empêche toujours l'instance
de se lier. Il importe d'exercer contre lui une contrainte en le
privant de la détention de ses biens et en même temps de sauvegarder les droits du créancier. Ce double but est atteint
par l'envoi en possession.

Les motifs de l'envoi en possession, bien qu'avec une in-
tensité différente, se rencontrent toutes les fois que l'absence
du débiteur empêche de lier l'instance ; aussi l'on peut, *a priori*,
penser que dans tous les cas cette mesure sera possible. Les
textes confirment cette opinion. Ils n'établissent aucune différence suivant que l'absence est ou n'est pas frauduleuse,
suivant qu'elle empêche la *vocatio in jus*, ou ne se produit
qu'après cette *vocatio.*

L'édit prétorien (rapporté par Ulpien, L. 2 pr., D., *quib. ex*

*caus. in poss.*, XLII, 4 ) suppose que la *vocatio in jus* a eu lieu.
Il se place dans l'hypothèse où le défendeur a promis de comparaître et a fourni un *fidejussor judicii sistendi causa* et
décide que, s'il ne s'est pas défendu, il y aura lieu à l'envoi en
possession. Dans la loi 7, § 17 ( *eod. tit.* ), Ulpien suppose que
la demande de comparaître en justice n'a pas été faite ( cela
résulte clairement des termes *quem petere volo*), et donne la
même solution.

L'envoi en possession des biens du débiteur qui se cache
frauduleusement, ne peut faire doute : il est du reste admis
par les textes de l'édit rapporté par Ulpien (L. 7 § 1, D., *quib. ex
caus.* XLII, 4 ). Quant à la possibilité de l'envoi en possession,
quoiqu'il n'y ait pas *latitatio*, elle résulte des termes généraux
employés par Ulpien dans la loi 21 §2 (D., *ex quib.caus. maj.*IV,
6) où il est dit : « *Si vero non latitent, licet non defendantur, in
bona tantum mitti.* » L'on peut encore tirer argument dans ce
sens de la loi 7, § 17 (*précitée*), où celui qui est simplement
absent, est opposé à celui qui *latitat*.

Au point de vue de l'envoi en possession, peu importe le
motif de l'absence ; il en est autrement au sujet de la vente.
Toutes les fois que les créanciers auront obtenu la *missio in
bona* ils ne pourront pas procéder à la *venditio*.

Il importe de distinguer si le débiteur est simplement absent,
ou s'il cherche à se soustraire aux poursuites de ses créanciers.

Les biens de celui qui cherche à se soustraire aux créanciers
peuvent être vendus. C'est la disposition formelle de l'Edit :
« *Qui fraudationis causa latitavit, si boni viri arbitratu
non defendetur, ejus bona possideri vendique jubebo.* » (L. 7 § 1,
D., *quib. ex caus., in pos.*, XLII,4.) Cela résulte encore d'un texte
de Paul ( L. 6 § 1, *eod. tit* ). Ce jurisconsulte, rapportant un
passage de l'Edit, dans lequel il est défendu de vendre les
biens de celui qui « *reipublicæ causa sine dolo malo abfuit* ».

décide qu'il faut entendre ce passage dans ce sens, que néanmoins ces biens peuvent être vendus si l'absence s'est produite par dol ( *dolo malo* ).

Dès qu'il y a *fraudatio* et *latitatio,* la vente est possible. Cependant Ulpien semble ajouter une nouvelle condition par ces mots « *si res exegerit* » ; c'est, sans doute, un rappel du pouvoir discrétionnaire du préteur, qui pouvait n'autoriser la vente que si les circonstances le demandaient (L. 21 § 2, D., *ex quib. caus. maj.*, IV, 6).

Dans certains cas, les causes de l'absence se justifient d'elles-mêmes et mettent le débiteur à l'abri de la vente. Il en est ainsi lorsque le débiteur est un pupille, ou se trouve absent pour un service public ; ou bien encore lorsqu'il est captif chez l'ennemi. ( L. 6 § 1 et 2, D., *quib. ex caus.* XLII, 4. )

Mais, si le débiteur est parti pour l'exil, son *indefensio* est, en quelque sorte, la conséquence du crime, et on la considère comme frauduleuse (Cicéron, *pro Quintio,* § 19. — L. 13, D., *eod. tit.* )

Lorsque les débiteurs sont simplement absents, sans qu'il y ait eu ni *fraudatio* ni *latitatio* de leur part, il semble, d'après les termes de l'Edit, tel qu'il est rapporté par Paul ( L. 6 § 1, précitée ), que la vente peut également avoir lieu : « *Et ejus,* dit ce texte, *cujus bona possessa sunt a creditoribus, veneant.* » Cette manière de voir doit être repoussée. D'abord le passage de l'Edit rapporté par Paul est en opposition avec le passage rapporté par Ulpien au fragment suivant, dans lequel le préteur exige que l'absence ait lieu *fraudationis causa.* En outre, si dans tous les cas la vente des biens était possible, l'on ne s'expliquerait pas la loi 13 (D., *quib. ex caus. in pos.* XLII, 4), dans laquelle il est établi que les biens de celui qui est en exil pourront être vendus. A quoi bon une disposition spéciale pour ce cas, puisqu'il rentrerait dans le droit commun. Enfin l'on ne comprendrait pas que la *latitatio* ait été soigneusement distinguée par les jurisconsultes romains (1).

Les créanciers, pour demander l'envoi en possession et ensuite la vente, devaient avoir un droit sérieux. Par conséquent, ils ne pouvaient pas y recourir toutes les fois que le droit invoqué par eux n'était pas fondé, ou que, fondé en droit civil, il pouvait être repoussé par une exception. ( L. 7 § 14, D., *quib. ex caus. in poss.*, XLII, 4). C'est ainsi que Cicéron, voulant prouver que l'adversaire de Quintius n'a pas obtenu l'envoi en possession des biens de son client, prouve que celui-ci ne devait rien (*Pro Quint.*, ch. X, XI et XII). Il en sera de même lorsque le défendeur aurait dû être absous s'il y avait eu *judicium ;* ou bien lorsque l'action a été portée devant un tribunal incompétent (L. 18, D., *judicat. solvi*, XLVI, 7 ).

Justinien a restreint la portée de l'envoi en possession en établissant une procédure nouvelle pour arriver à un jugement par défaut (Nov. 69, ch. II et III). Cependant la Novelle ne vise que le défendeur, qui, averti de l'action dirigée contre lui, ne se met pas en mesure de se défendre. L'ancien moyen de coercition subsiste toujours contre le débiteur absent auquel on ne peut reprocher aucune faute.

Il est possible que le débiteur se présente devant le magistrat, mais refuse de répondre et d'accomplir les formalités nécessaires pour engager l'instance. Cette situation est analogue à la précédente : aussi la *lex Galliæ cisalpinæ* (ch. XXI et XXII) décide qu'il sera traité comme un *damnatus*, et Ulpien l'assimile à celui qui se cache frauduleusement. (L. 52, D., *de diversis, reg. jur.*, L. 17).

L'envoi en possession des biens d'une succession vacante

---

(1) V. également L. 52 (D., *de diver. reg. jur.*, L, 17) dans laquelle Ulpien assimile à celui qui *latitat* celui qui refuse de se défendre.

s'explique et se justifie par le même principe, à savoir, l'impossibilité de lier une instance. A la mort du propriétaire, les
droits et les actions qui composent son patrimoine au point
de vue actif et passif, passent aux héritiers, ses représentants
légaux et les continuateurs de sa personne. Les créanciers
peuvent exercer contre eux toutes les réclamations qu'ils pouvaient diriger contre le *de cujus*. Mais, lorsque les héritiers
étaient admis à renoncer à la succession, dans les cas et avec
les distinctions que je n'ai pas à indiquer, lorsqu'ils pouvaient
invoquer le bénéfice d'abstention ; ou bien, lorsque personne
ne se présentait pour recueillir le patrimoine du défunt, les
créanciers se trouvaient en présence de biens constituant leur
gage, sans avoir devant eux une personnalité juridique pour
répondre à leurs actions. Rien de plus naturel et de plus juste
que de leur accorder la *missio in possessionem*, suivie de la
*venditio*.

Cependant, il ne faudrait pas restreindre ce bénéfice dans des
limites trop étroites, et exiger d'une manière rigoureuse que la
déshérence fut certaine. Une incertitude prolongée sera une
condition suffisante pour permettre au préteur d'apprécier en
connaissance de cause s'il convient d'accorder l'envoi en possession. La loi 8 (D., *quib. ex caus. in poss.*, XLII, 4) pose le
principe en cette matière et est confirmée par plusieurs textes
qui en font des applications de détail.

L'incertitude d'une condition mise à l'institution est également une cause d'envoi en possession et de vente.

Dans certains cas, l'acceptation de l'héritier, au lieu de sauvegarder les intérêts des créanciers, peut les compromettre gravement. Par exemple, le débiteur était solvable, l'héritier ne
l'est pas. Si on laisse confondre les deux patrimoines sans
prendre aucune garantie, il est possible que l'actif soit insuffisant pour liquider le passif, et que les créanciers du défunt
aient à souffrir de son décès. Contre ce danger, deux mesures

sont possibles : demander la séparation des patrimoines, ou
exiger une caution dont le refus est sanctionné par l'envoi en
possession.

Les créanciers ont devant eux une personne pour répondre
à leur action et leur permettre de lier une instance ; mais le
débiteur, refusant devant le magistrat de donner les garanties qui lui sont demandées, peut en quelque sorte être
assimilé à celui qui refuse de se défendre.

Cependant le préteur ne doit prononcer la *missio* qu'en connaissance de cause. Il aura à examiner le degré de solvabilité
de l'héritier, et, pour le déclarer suspect, il tiendra compte de
ses ressources pécuniaires et non de son honnêteté. Néanmoins,
comme la probité est un des éléments de la confiance et une
garantie sérieuse, si l'héritier n'a pas fait d'aliénations et qu'on
ne puisse lui reprocher autre chose que sa pauvreté, le préteur
devra se contenter de lui interdire de diminuer les biens du défunt (L. 31 § 4, D., *de reb. auct. jud.*, XLII, 5). Le paragraphe 5
ajoute, dans l'intérêt du débiteur, que, si les créanciers l'ont
représenté à tort comme insolvable et suspect et ne peuvent
pas prouver sa détresse (*inopiam laborantem*), ils seront tenus
de l'action d'injures.

Enfin, les créanciers doivent demander cette caution ou cet
envoi en possession dans un bref délai, à partir de l'adition
d'hérédité, à moins de prouver le dol de l'héritier. Pour la séparation des patrimoines, le délai est de cinq années et commence
à courir à la même époque.

Si l'on veut comparer ces deux mesures de protection, lorsqu'elles sont l'une et l'autre applicables, on peut déterminer
leur rôle respectif en disant que l'envoi en possession est dirigé contre l'héritier et la séparation des patrimoines contre
ses créanciers. On pourra les cumuler et les combiner entre
elles pour obtenir le résultat demandé.

*b) Incapacité.* — Indépendamment de toute mauvaise volonté du débiteur, la défense peut se trouver impossible à raison de son incapacité. Le pupille, le fou, le prodigue, le mineur de vingt-cinq ans, n'ont pas la capacité nécessaire pour figurer dans une instance. La loi a voulu protéger leur faiblesse et leur inexpérience en plaçant à côté d'eux un tuteur ou un curateur, chargé de veiller à leurs intérêts et sans lesquels ils ne peuvent accomplir certains actes importants de la vie juridique. Les créanciers auraient été désarmés contre eux, si le préteur ne leur eût offert la ressource de l'envoi en possession, mesure bien rigoureuse, mais qu'il s'efforçait de restreindre dans la mesure du possible.

Lorsque le pupille se présente seul devant la justice, il doit être considéré comme absent « *pro absente habendus est* » (L. 10, D., *quib. ex caus. in poss.*, XLII, 4). Le préteur invite alors son tuteur, ses parents, ses amis, tous ceux qui lui sont unis par les liens de l'intérêt ou de l'affection, à venir le défendre. Ce n'est que sur le refus de toutes ces personnes de prendre en main les intérêts de l'incapable, qu'on accorde à ses créanciers l'envoi en possession.

Les effets de cette mesure varient suivant l'origine de la créance. La dette a-t-elle pris naissance sur la tête du pupille, soit qu'il ait contracté lui-même, régulièrement autorisé, soit que l'obligation provienne de son tuteur, ou qu'il se trouve tenu *de peculio* par le fait d'un esclave, l'envoi en possession n'apparaît que comme une mesure conservatoire, ne pouvant jamais aboutir à la vente avant l'époque de sa puberté. Au contraire, si les créanciers tiennent leurs droits d'un tiers, dont le pupille a recueilli la succession, leur situation ne saurait se trouver changée par le fait du décès. Dans ce cas, la vente peut avoir lieu, mais porte seulement sur les biens compris dans la succession.

Le fou, le prodigue, le mineur de vingt-cinq ans, ne sont

pas *sui defensores*, selon l'expression de la loi 5 (D., *de reb. auct. jud.*, XLII, 5). Ils ont besoin d'être défendus en justice. S'ils ne le sont pas, il y a lieu à l'envoi en possession.

La loi 7 § 10 (D., *quib. ex caus. in pos.*, XLII, 4) le dit expressément en ce qui concerne le fou ; mais elle n'est pas d'une grande clarté. Le paragraphe 10 porte d'abord : « *Plane si non defendatur furiosus, curatorem ei dandum, aut bona ejus ut possideantur, nominatim permittendum est* ». M. Tambour ne pense pas qu'il faille voir là un envoi en possession sur quelques biens seulement, c'est contraire au caractère de la *missio in possessionem* ; il croit que le mot *nominatim* doit s'entendre comme indiquant la nécessité d'une décision spéciale que le préteur rendra d'après les circonstances, l'édit ne parlant pas du fou, ou bien comme faisant allusion à ce que le préteur doit permettre l'envoi en possession seulement et non la vente (*op. cit.*, t. I, p. 150). Il semble résulter du texte que le préteur avait le choix entre l'envoi en possession et la nomination d'un curateur, qui pouvait être pris parmi les créanciers. Le curateur chargé de l'administration devait vendre seulement ce qu'il était nécessaire d'aliéner, soit qu'il s'agit de biens susceptibles de se détériorer, soit qu'il fallût subvenir aux besoins du mineur. C'est dans ce sens qu'il faut entendre les mots « *ut non amplius quam necesse est veneat* ». Cette expression ne peut pas signifier qu'on vendra de quoi payer les dettes ; elle est placée en opposition avec le paragraphe suivant, qui décide que la vente sera obligatoire dans le cas où l'intérêt des créanciers ne peut pas souffrir de retard.

La loi 7 assimile au fou le prodigue et quiconque doit recevoir un curateur.

En ce qui concerne le mineur de vingt-cinq ans, la loi 5 d'Ulpien (D., *de reb. auct. jud.*, XLII, 5) paraît admettre, d'une manière générale, que ses biens pourront être vendus quand il est *indefensus* : « *Si minor vigentiquinque annis, qui habet cura-*

*tores, a curatoribus non defendatur, nec alium defensorem inve-*
*niat, bonorum venditionem patitur, etsi non latitet, licet non*
*fraudationis causa latitare videtur, qui sui non est idoneus de-*
*fensor.* » M. Tambour estime néanmoins qu'il ne faut pas laisser
à ce texte toute l'étendue qu'il paraît avoir; qu'il n'a eu d'autre
but que de repousser l'idée que la vente ne serait jamais possible, parce qu'il ne peut pas y avoir *latitatio* frauduleuse de la
part du mineur (*op. cit.*, t. I, p. 206 et 207). La loi 7 précitée
assimile le fou, le prodigue et toute personne ayant un curateur, et l'on ne comprendrait pas que le mineur de vingt-cinq
ans fût moins bien traité que le prodigue, dont la condition est
assimilée à celle du fou.

Un dernier cas d'envoi en possession, que l'on peut rattacher à l'idée d'*indefensio*, se produisait lorsqu'un débiteur *sui*
*juris* passait sous la puissance d'autrui et subissait une *minima*
*capitis deminutio*. Ce changement d'état avait cette conséquence
bizarre et injuste à la fois de faire passer les biens au père de
famille, tandis qu'il éteignait toutes les obligations (Gaius III,
84), du moins celles qui naissaient *ex contractu* ou *quasi ex*
*contractu* (L. 2 § 3, D., *de cap. min.*, IV, 5). C'est-à-dire que,
d'après le droit civil, les dettes cessaient absolument de grever
le *capite minutus* et ne grevaient aucune autre personne à sa
place. Mais le préteur, corrigeant cette iniquité, accordait aux
créanciers la *restitutio in integrum*. (L. 2 § 1, *de cap. min.*) Par
conséquent, puisque la *capitis deminutio* était considérée
comme n'ayant pas eu lieu, si le père de famille ne venait pas
défendre à l'action intentée contre la personne entrée sous sa
puissance, les créanciers obtenaient l'envoi en possession de
tous les biens qui, sans la *capitis deminutio*, auraient appar-
tenu à leur débiteur. (Gaius III, 84.)

## II. — Qui peut demander l'envoi en possession ou en profiter.

L'envoi en possession étant une mesure générale, un mode d'exécution sur l'ensemble du patrimoine, doit profiter à la masse des créanciers. Il répond ordinairement à un état complet d'insolvabilité ; car si, en droit, il sert à garantir l'exécution des jugements ou la comparution des défendeurs, en fait, le débiteur, qui a des biens pour répondre de ses obligations, n'ira pas se soumettre aux poursuites ou résister à une condamnation pour s'exposer ainsi aux mesures extrêmes. Il est juste, puisque l'actif est présumé insuffisant pour solder le passif, que chaque dette subisse une retenue proportionnelle et soit payée au marc le franc. Pour obtenir ce résultat, l'envoi en possession avait lieu *in rem*. La demande faite par un des créanciers sauvegardait le droit des autres. Un effet collectif était attaché à un acte individuel. Ulpien définit la situation de celui qui a obtenu l'envoi en possession en disant : « *Non sibi sed omnibus possidet* » (L. 5 § 2, D., *ut in poss.*, XXXVI, 4) et le jurisconsulte Paul confirme cette solution (L. 12 pr., D., *de reb. auct. jud.* XLII, 5). Il est vrai que Théophile semble exiger l'accord des créanciers, mais son opinion ne saurait faire échec aux opinions concordantes de Paul et d'Ulpien. Il doit statuer sur le *plerumque fit*.

La seule condition exigée pour demander l'envoi en possession est la qualité de créancier. Si elle est contestée, ce sera un point à débattre. Mais si un tiers, trompant la justice, avait obtenu de mettre la main sur les biens du débiteur, ses actes seraient nuls et de nul effet. Tandis qu'un véritable créancier acquiert irrévocablement le bénéfice de l'envoi en possession pour lui et pour les autres, qui pourront continuer les pour-

suites dans le cas où il viendrait à être désintéressé, la poursuite d'un étranger ne produit aucune conséquence.

Tous les créanciers doivent profiter de la *missio in bona* et de
la *venditio bonorum*, qui en est le dénouement. Pour prendre
part à la répartition, ils n'ont qu'à se présenter. Ne doit-on
pas leur apprendre la situation obérée du débiteur, les mettre
en mesure et en demeure de se faire connaître, leur impartir un
délai à la suite duquel ils seront forclos ? Dans le droit classique ils sont avertis par des affiches apposées durant la procédure ; mais aucun délai ne leur est imparti. Aussi s'est-on
demandé à partir de quel moment, ou de quel acte de procédure, ils ne seraient plus admis à faire valoir leurs droits. Justinien constate la controverse et décide, pour mettre un terme aux
discussions, que les créanciers qui voudront profiter de l'envoi en possession obtenu par leurs cocréanciers devront, sous
peine de déchéance, se présenter et leur notifier leurs droits
dans les deux ans s'ils demeurent dans la même province, dans
les quatre ans s'ils habitent hors de la province. (Const. 10 C.,
*de bon. auct. jud.*, VII, 72).

Une question fort délicate à résoudre, et qui divise les commentateurs modernes, est celle de savoir si les créanciers à
terme ou sous condition peuvent demander l'envoi en possession ou en profiter ; en d'autres termes s'ils jouissent des mêmes
droits que les créanciers purs et simples. La difficulté provient
de la divergence des textes du droit romain. Non-seulement
Paul et Ulpien ne sont pas d'accord ; mais Paul se contredit
lui-même. Dans son traité sur l'édit, il s'exprime en ces termes :
« *In possessionem mitti solet creditor, etsi sub conditione pecunia
ei promissa sit* » (L. 6 pr., D., *quib. ex caus. in poss.*, XLII, 4).
Dans ses *Quæstiones* il est d'un avis contraire. « *Creditor autem
conditionalis in possessionem non mittitur, quia is mittitur, qui
potest bona ex edicto vendere.* » (L. 14 § 2, *eod. tit.*). Cette dernière manière de voir se trouve confirmée par Ulpien : « *Si in*

*diem vel sub conditione debitor latitet, antequam dies vel conditio veniat, non possunt bona ejus venire. »* (L. 7, § 14, *eod. tit.*).

Devons-nous voir dans ces passages la trace d'une controverse, qui avait divisé les jurisconsultes romains, ou bien ne sommes-nous pas en présence de fragments tronqués et incomplets se rapportant à des hypothèses différentes ? La réponse est difficile, et l'on peut dire que chaque auteur a son explication particulière. Je me contenterai d'en exposer quelques-unes.

Doneau distingue selon que le créancier à terme ou sous condition se présente seul, ou qu'il est en concours avec des créanciers purs et simples. Dans le premier cas, il ne pourra pas obtenir l'envoi en possession. Dans le second, il profitera de l'envoi en possession accordé à ses cocréanciers.

Cujas et avec lui Pothier décident que l'envoi en possession sera accordé comme mesure conservatoire, mais ne permettra pas de procéder à la vente.

Garraud, dans son *Traité de la déconfiture*, pense que ces textes ne peuvent pas être conciliés et qu'il y a eu, sur cette question difficile et dans laquelle des intérêts contradictoires sont en jeu, une divergence entre les jurisconsultes romains. Paul, préoccupé dans son ouvrage sur l'*Édit* de l'intérêt des créanciers, ne voyant dans la *missio in possessionem* qu'une mesure conservatoire, autorisait les créanciers conditionnels à la demander. Dans ses *Quæstiones*, l'intérêt du débiteur paraît l'avoir emporté. Il n'y a rien d'étonnant à ce qu'il ait varié d'opinion dans l'intervalle compris entre ces deux ouvrages.

M. Accarias suppose, dans son *Précis de droit romain*, que Paul devait faire des distinctions, dont les compilateurs n'ont pas conservé la trace. Peut-être admettait-il le créancier conditionnel à demander la *missio in possessionem* dans le cas où le débiteur était mort sans héritiers, tandis qu'il lui refusait ce droit lorsque le débiteur se cachait frauduleusement. Cette opinion est corroborée par un passage de Papinien : « *Nam etsi in diem vel sub conditione debeatur, fraudationis causa non videtur latitare.»* (L. 50, pr., D., *de peculio*, XV, 1). Le débiteur qui est tenu à terme ou sous condition est considéré momentanément comme libre de toute obligation. Aucune voie d'exécution ne peut être dirigée contre lui et ses créanciers ne peuvent pas l'accuser de fraude lorsqu'il ne répond pas à leur ajournement. La solution donnée par Ulpien et par Paul dans la loi 14 est parfaitement logique. Mais lorsque la mort, enlevant le débiteur, laisse son patrimoine sans maître et à la merci du premier venu ; lorsque les biens peuvent devenir la proie d'un usurpateur, n'est-il pas juste de venir au secours du créancier et de lui permettre, nonobstant le terme ou la condition, des mesures conservatoires ? Nous rentrons ici dans l'opinion de Cujas et de Pothier. Mais nous nous séparons de ces auteurs en limitant le bénéfice de l'envoi en possession au cas de succession vacante. Cette restriction s'impose en présence du texte de Papinien.

Si les créanciers à terme ou sous condition ne peuvent pas prendre l'initiative des poursuites, sauf dans un cas particulier, l'action de leurs cocréanciers ne saurait leur nuire. Cela résulte des conditions de la vente et des obligations du *bonorum emptor*, qui est mis aux lieu et place du débiteur expulsé.

III. — QUELS BIENS FONT L'OBJET DE L'ENVOI EN POSSESSION

L'envoi en possession porte, non pas sur tels ou tels biens en particulier, mais sur l'ensemble du patrimoine considéré comme universalité juridique (1). Le débiteur est dessaisi de

―――――――――

(1) Cicéron le dit en termes très explicites dans le *Pro Quintio* ( chap. XXIX ) : « Bonorum possessio spectatur, non in aliqua parte sed in universis qui teneri ac possideri possunt. »

tous ses biens, droits et actions, et les créanciers en sont saisis à sa place (L. 18, D, *si serv.*, *vend.*, VIII, 5).

Cependant, si générale que soit la règle, elle comporte certaines limitations et certaines exceptions.

Le dessaisissement ne frappe que le patrimoine. Les droits qui sont considérés comme des attributs de la personne, droits de famille, de puissance paternelle, maritale et tutélaire, restent en dehors des poursuites. Ce qui étonne, c'est que la pratique ait manifesté la tendance d'assimiler aux choses les personnes libres en puissance et que les constitutions impériales aient eu besoin d'interdire aux créanciers de retenir les enfants de leur débiteur.

Il est évident que la *missio* ne porte que sur les biens personnels du débiteur. Ceux dont il n'a que l'administration, comme par exemple le patrimoine de ses pupilles, ne sauraient être atteints. Il en est de même de ceux qui, par suite d'une séparation, sont considérés comme formant une masse indépendante. Cette situation se présente dans trois cas :

1° A la suite d'une séparation des patrimoines demandée par les créanciers d'une personne dont le débiteur devient héritier ;

2° Lorsqu'un esclave, affranchi par testament et devenu héritier nécessaire de son maître, invoque le bénéfice de la séparation ;

3° Lorsqu'un fils, héritier sien et nécessaire, a usé du bénéfice d'abstention.

Dans ces hypothèses, les créanciers héréditaires sont traités, par rapport aux biens de la succession, comme si le défunt existait encore. Ils ne pourront pas comprendre dans l'envoi en possession les biens de l'héritier.

Ces limitations apportées au principe d'après lequel l'envoi en possession s'étend sur l'ensemble du patrimoine, nous pouvons rechercher les véritables exceptions qu'il comporte.

D'abord nous rencontrons des droits attachés à la personne et qui ne peuvent pas s'en séparer. Dans cette catégorie se rangent les *operæ liberti*, droits personnels au patron et qui ne passent ni aux envoyés en possession ni au *bonorum emptor*.

Dans un but d'humanité, on laissait au débiteur certains biens pour lesquels il était présumé avoir une affection particulière. On épargnait parmi ses esclaves ceux qui lui rappelaient les joies de la famille et de la paternité, sa concubine et ses enfants naturels. Ils étaient exceptés de l'envoi en possession et de la vente ( L. 38, D., *de reb. auct. jud.*, XLII, 5 ).

L'on respectait également les statues élevées en l'honneur du débiteur dans les lieux publics, lors même qu'elles n'appartenaient pas à la ville, mais à celui en l'honneur de qui elles avaient été élevées. Elles demeuraient comme ornement de la cité et pour perpétuer le souvenir de la gloire passée et du malheur présent.

La *missio in bona* n'a pas toujours conservé le caractère d'universalité qui lui était propre à l'origine. Elle s'en est dépouillée graduellement, et lorsque la *distractio bonorum* a remplacé la *venditio bonorum*, elle a subi le contre-coup de cette modification et s'est trouvée limitée à certains biens.

Sous le système formulaire, toute condamnation étant pécuniaire, il n'y avait pas à distinguer entre les actions personnelles et les actions réelles au point de vue de l'envoi en possession. Il n'existait pas de motifs pour le faire porter sur tel bien plutôt que sur tel autre.

Cependant, en ce qui concerne l'*indefensus* l'on s'était demandé s'il fallait, dans l'action *in rem*, envoyer en possession de tous ses biens, ou seulement de la chose litigieuse. Ulpien se prononce pour la généralité de l'envoi en possession au cas où il y a *latitatio*, et appuie sa décision de l'autorité de Nératius et d'un rescrit d'Adrien (L. 7 § 16, *quib. ex caus. in pos*, XLII, 4). Mais il reconnaît au paragraphe suivant qu'il existait une réponse de Celsus en faveur de l'envoi en possession portant seulement sur la chose réclamée. Il concilie cette opinion avec sa propre décision, en faisant remarquer que la réponse de Celsus est relative au cas où le débiteur absent est simplement *indefensus*, mais ne doit pas s'appliquer au cas où il y a de plus *latitatio*. Cela se conçoit parce que, dans ce dernier cas, l'on devait arriver promptement à la vente, tandis que lorsqu'il y avait simple absence, l'envoi en possession avait plutôt un caractère conservatoire.

L'on admettait plus facilement l'envoi en possession restreint au cas de pétition d'hérédité. Même au cas où le possesseur de l'hérédité se cachait frauduleusement pour se soustraire aux poursuites, Ulpien paraît approuver la décision de Celsus, confirmée par le rescrit d'Adrien, et limiter en conséquence l'envoi aux biens héréditaires. Toutefois, si celui contre qui on agit a cessé de posséder par dol, l'envoi redevenant universel, portera aussi sur ses biens personnels (L. 7 §§ 18 et 19, *eod. tit.*).

Enfin, dans deux cas spéciaux, l'envoi en possession ordonné au cours d'une instance ne portait que sur la chose litigieuse. Il avait alors un but tout spécial, celui de changer le rôle des parties en cause. Le premier est celui où le défendeur refusait de fournir la caution *judicatum solvi*. Le demandeur se faisait mettre en possession par l'interdit *quem fundum*, et se trouvait constitué défendeur au procès (Paul., *Sent.*, *l.* 1, *t.* 2, § 1). Le second cas est celui où, sur l'*interrogatio in jure*, le défendeur à l'action réelle déclarait faussement ne pas posséder (L. 20 § 1, D., *de interrog. in jur.*, XI, 1).

L'apparition de la procédure extraordinaire et de la condamnation portant sur la chose elle-même donna une nouvelle impulsion à la procédure qui commençait à s'introduire, et sous Justinien, alors que la vente au détail a remplacé la vente en masse, l'envoi en possession ne comprend plus nécessairement le patrimoine tout entier. Dans la Novelle 53 (chap. IV, § 1), on trouve cette expression : « *In possessionem mittat acto-rem rerum ejus secundum mensuram declarati debiti* ». Elle signifie bien que l'envoi en possession n'aura lieu que sur une partie des biens, dans la mesure de la créance. L'exécution générale ne reste plus que comme moyen de liquidation, lorsque le patrimoine du débiteur est complétement obéré et le montant de ses dettes supérieur ou tout au moins égal à la valeur de ses biens.

# CHAPITRE II

## PROCÉDURE DE L'ENVOI EN POSSESSION

L'envoi en possession n'a pas lieu de plein droit. Lorsque le créancier a un titre lui permettant d'arriver à l'exécution forcée, il ne peut pas y procéder de son autorité privée ; il doit s'adresser au magistrat. Celui qui s'empare des biens sans recourir à cette intervention s'expose, selon les circonstances, à la peine du *furtum* ou de la *rapina* ; c'est ce que nous dit Ulpien dans la loi 6 § 2 (D., *de re jud.*, XLII, 1) : « *Qui judicati bona auctoritate sua distraxit, furti actione et vi bonorum raptorum tenetur* ».

Le pouvoir d'exécution découlait, pour le magistrat, de l'*imperium mixtum*, qui ne se séparait guère de la *jurisdictio*. Sous la République il appartenait, à Rome, aux préteurs et probablement aussi aux édiles dans les limites de leur juridiction ; en Italie, aux magistrats municipaux, et, dans certaines villes, aux *præfecti* envoyés de Rome pour les remplacer ; dans les provinces, aux gouverneurs.

Avec l'Empire, les pouvoirs conférés aux anciens magistrats se modifient et tendent à disparaître. De nouveaux fonctionnaires, complètement dévoués à l'empereur, entrent en scène et ne tardent pas à acquérir une autorité prépondérante. Les attributions des préteurs déclinent et les préfets de la ville, qui leur étaient d'abord subordonnés, deviennent leurs supérieurs dans l'ordre hiérarchique. Le droit d'exécution devait certainement leur appartenir. Il leur fut donné à Rome et à Constantinople. Dans les provinces, les gouverneurs conservèrent plus longtemps leur autorité ; mais à partir de Constantin, les préfets du prétoire et leurs *vicarii* acquirent le droit de présider à la procédure d'envoi en possession.

Des divers magistrats ayant une compétence générale pour ordonner l'exécution, auquel fallait-il s'adresser? La loi 15 (*pr*:, D., *de re jud.*, XLII, 1) attribue l'exécution au magistrat qui a donné le juge. Cependant il peut arriver qu'une sentence, émanée du magistrat ou du juge par lui donné, soit exécutée par l'ordre d'un autre magistrat. Ulpien nous apprend que les présidents de province pouvaient, en vertu d'une commission rogatoire, faire exécuter les sentences rendues à Rome (L. 15 § 1, *eod. tit.*).

La question se complique lorsqu'il s'agit d'une liquidation générale, d'une *venditio bonorum*, la seule qui doive nous occuper ici. Les biens peuvent se trouver disséminés dans plusieurs provinces. Quel sera alors le magistrat compétent? Devra-t-on s'adresser à un seul ou à plusieurs? Que deviendra le principe de la procédure unique sur l'ensemble du patrimoine? L'obligation de s'adresser à chaque magistrat pour la portion de biens comprise dans sa circonscription territoriale, paraît résulter de la loi 12 § 1 (D., *de reb. auct. jud.*, XLII, 5) : « *Is qui possidere jubetur, eo loco jussus videtur, cujus cura ad jubentem pertinet* ». Quelque positif que semble ce texte, il est contraire aux principes du droit. Le caractère essentiel que présente l'exécution sur l'ensemble du patrimoine, c'est l'unité et l'indivisibilité de l'action. Le patrimoine, objet des poursuites, est considéré comme un tout, comme une universalité juridique, indépendamment des éléments actifs et passifs qui le composent. Dès lors, puisque l'objet est unique, comment concevoir des poursuites séparées? Si l'on admet que deux ou plusieurs magistrats distincts peuvent intervenir, l'unité d'exécution n'existe plus. Chacun apprécie les faits à sa manière, et l'envoi en possession, accordé par l'un, sera peut-être refusé par l'autre.

En présence de principes si formels, il y a lieu de rechercher quel est le véritable sens du texte précité, d'examiner s'il
est en contradiction avec ces principes, ou bien si l'on ne peut
pas trouver une conciliation et décider qu'il reçoit son application dans un cas nettement défini. Cette dernière hypothèse
paraît justifiée par un texte de Gaius (L. 13, D. *de reb. auct.
jud.*, XLII, 5). L'envoi en possession confère aux créanciers la
détention des biens du débiteur ; elle peut avoir lieu bien qu'il
n'y ait aucun objet dont la détention matérielle soit possible.
Ne peut-on pas considérer que l'envoi en possession est autorisé par un seul magistrat et porte sur l'ensemble du patrimoine ? Telle est la portée d'application des principes. Si,
d'autre part, la possession matérielle ne peut être appréhendée
par les créanciers, soit par le fait d'un événement fortuit tel
que l'éloignement, une inondation, etc., soit par la résistance
du débiteur ou l'opposition d'un tiers, alors il y aura lieu de
faire à des biens particuliers l'application de la mesure générale ; cette application est ordonnée par les magistrats compétents dans les lieux où sont situés ces biens. Ils se bornent,
en ordonnant l'envoi en possession, à rendre exécutoire dans
leur ressort la décision antérieure. Le texte de l'édit prétorien
paraît confirmer cette idée en nous montrant que le préteur
donnait l'interdit *ne vis fiat ei qui in possessionem misus erit* à
ceux qui avaient obtenu l'envoi d'un autre que de lui : « *Si quis
dolo malo fecerit quominus qui permissu meo, ejusve, cujus ea
jurisdictio fuit, in possessionem bonorum sit....*» (L. 1, D., *ne vis
fiat*, XLIII, 4).

Le magistrat préside à la procédure d'exécution ; mais son
rôle se borne à cette présidence, c'est-à-dire à donner des au-
torisations moyennant lesquelles les créanciers se font ensuite
justice eux-mêmes. Ils s'adressent d'abord au magistrat pour
lui demander la permission d'agir. Ce dernier répond par un

décret, puis ils prennent immédiatement possession des biens de leur débiteur.

Mais quelle était la forme dans laquelle ce décret d'envoi était rendu ? Etait-ce un acte de juridiction gracieuse, rendu *de plano* en dehors de l'audience par une simple ordonnance sur requête, ou bien un acte de juridiction contentieuse exigeant, pour être valable, la solennité de l'audience ? La question dépend du point de savoir quel était le rôle du magistrat. S'il ne devait prononcer la *missio in possessionem* qu'après avoir pris connaissance de l'affaire, *cognita causa*, il ne pouvait statuer qu'à son tribunal ; dans les autres cas, il lui était loisible de répondre en quelque lieu qu'il se trouvât. Cette distinction ressort d'un passage d'Ulpien : « *Omnia quæcumque causæ cognitionem desiderant, per libellum expediri non possunt.* » (L. 71 D., *de div. reg. jur.*, L. 17) et de divers autres textes où l'on oppose le *decretum* rendu *cognita causa pro tribunali* et l'ordre n'exigeant pas la *causæ cognitio*, donné *per libellum, de plano* (LL. 2 § 1, D., *quis ordo*, XXXVIII, 15 ; 9 § 1, D., *de offic. procons.*, 1, 16).

La *causæ cognitio* était sûrement exigée dans le cas où la succession du débiteur était vacante (L 8, D., *quib. ex caus.*, XLII, 4), et quand il se cachait pour échapper aux poursuites de ses créanciers. (L. 18, D., *si serv. vind.*, VIII, 5).

En dehors de ces deux hypothèses, les textes ne renferment aucune indication précise. Cependant, à l'égard des incapables, la loi, en prenant tant de précautions pour bien constater qu'ils sont *indefensi*, nous autorise à penser que le créancier est obligé de faire la preuve de son droit et que, par conséquent, l'envoi en possession a lieu *cognita causa*. Il est aussi probable que dans les cas d'exécution d'une sentence, dans laquelle la preuve de fait donnant lieu à l'envoi se confondait avec la preuve du droit, l'envoi en possession devait être demandé à l'audience. Dans tous les autres cas, on pouvait obtenir la *missio in possessionem sine causæ cognitione, per libellum*.

Il pouvait arriver qu'une personne se fît envoyer en possession des biens d'une autre qui n'était pas sa débitrice. Cicéron nous en cite un cas dans le *Pro Quintio*. Mais le décret du préteur ne préjugeait en rien de l'affaire, et le débiteur avait le droit de faire tomber l'envoi et toutes ses conséquences en prouvant le mal fondé de la prétention de son adversaire. (LL., 7 § 3, D., *quib. ex caus.*, XLII, 4 ; 30 D., *de reb. auct. jud.*, XLII, 5). Il pouvait en outre, s'il le préférait, agir par l'action d'injures.

Sous Justinien, l'examen préalable du droit invoqué par le demandeur paraît avoir toujours été nécessaire. (Nov. 53, ch. IV, § 1).

# CHAPITRE III

L'envoi en possession est une phase de la procédure d'exécution. Il modifie la situation des créanciers, restreint la capacité du débiteur et entraîne pour les biens une administration nouvelle.

1° *Situation des créanciers.* — Ils ne deviennent pas propriétaires, ils n'acquièrent pas même la possession proprement dite, pouvant conduire à l'usucapion. C'est seulement un droit de garde et de surveillance qui leur est conféré sur les biens qui sont leur gage : aussi Ulpien leur refuse l'interdit *uti possidetis, quia non possident* (L. 3 § 8, D., *uti possid.*, XLIII, 17). Cependant, bien que possédant au nom d'autrui, ils sont détenteurs du patrimoine, et leurs droits doivent être protégés. Pour vaincre les résistances qui peuvent leur être opposées, soit de la part du débiteur, soit de la part des tiers, le préteur met à leur disposition deux mesures différentes : l'emploi de la force publique, de la *manus militaris*, ou la procédure de l'interdit *ne vis fiat ei qui in possessionem missus erit*. Le premier procédé sert à triompher des obstacles de fait et de la résistance injuste contre le décret du magistrat. Le second fait l'objet du livre XLIII, titre 4, au Digeste ; il demande quelques explications.

Cet interdit s'applique d'une manière générale à toute espèce d'envoi en possession. Il sert à acquérir ou à conserver la détention matérielle des biens. Pour en permettre l'application, il n'est pas besoin d'une violence commise, mais seulement d'un dol ; c'est ce qui résulte du texte même de l'interdit, tel qu'il est rapporté par Ulpien (L. 1 *pr.*, D., XLIII, 4) et de la loi 1 § 3 (*eod. tit.*), où le même jurisconsulte tranche la question en ces termes : « *Nec exigitur, ut vis fecerit, qui prohibuit.* » Par application de ce principe, l'interdit sera refusé lorsqu'on ne pourra établir aucune mauvaise foi à la charge de l'adversaire ; il en sera ainsi lorsque le possesseur croyait que la chose lui appartenait, ou n'appartenait pas au débiteur, ou bien encore lorsqu'il était un pupille *non doli capax*.

La violation de l'interdit donnait naissance à une action *in factum*, mixte, rei persécutoire du côté du demandeur, pénale du côté du défendeur. Elle aboutissait à une condamnation dont le montant était égal à l'intérêt du demandeur ; mais à cause de son caractère rei persécutoire on ne pouvait à la fois obtenir la condamnation et poursuivre le paiement de la créance en se faisant envoyer en possession.

Outre la simple détention, les créanciers acquéraient encore par suite la *missio in possessionem* un droit de gage ou d'hypothèque appelé *pignus prætorium*. Cette hypothèque a la même portée et la même étendue que l'envoi en possession dont elle n'est qu'une conséquence. Comme lui, elle affecte tous les biens du débiteur, corporels ou incorporels, et profite à la masse des créanciers, sans établir entre eux aucune cause de préférence, pas même au profit de celui qui a pris l'initiative de la poursuite. Cependant ce *pignus* ne dépend pas seulement du décret de la *missio in bona*, il n'existe que lorsqu'il y a eu prise de possession effective (L, 26 § 1, D., *de pign. actione*, XIII, 7).

Quelles seront les conséquences de ce *pignus* au point de vue du droit de préférence et du droit de suite ?

La situation des divers créanciers se trouve définitivement réglée par la *missio in possessionem*, et le principe de l'égalité entre eux ne subit aucun échec ; mais quel sera le sort de ceux qui traiteront postérieurement avec le débiteur ? Le *pignus*

donne-t-il à la masse des créanciers un droit de préférence
contre eux ? Les textes sont muets sur ce point. On admet généralement que ce droit de préférence existe. L'on arrive ainsi
à quelque chose d'analogue à l'hypothèque prise au profit de
la masse des créanciers d'une faillite, dont parlent les art. 49
et 517 de notre Code de commerce. Il n'y a là qu'une conjec-
ture. Cependant cette opinion rend compte de la nécessité où
sont les créanciers de donner de la publicité à l'envoi en possession pour avertir les tiers. Elle assure, en outre, aux créanciers une protection qui deviendrait illusoire si on laissait
au débiteur la faculté de contracter de nouvelles dettes qui
seraient payées au même rang que les anciennes, sous la seule
réserve de l'action paulienne. Enfin, on peut invoquer un texte
d'Ulpien (L. 10 § 3, D., *quæ in fraud. cred.*, XLII, 8), dans lequel
ce jurisconsulte se demande ce qui arrivera si une personne a
acheté des biens d'un débiteur et les lui a payés malgré l'avis
de ses créanciers. Ce tiers acquéreur tombera sous l'application
de l'édit ; car on l'a averti de la situation du vendeur ; il ne peut
pas prétendre qu'il a été exempt de fraude. Ne peut-on pas
généraliser cette idée et dire que la publicité donnée à l'envoi
en possession met en état de mauvaise foi les tiers qui traitent avec le débiteur ?

En ce qui concerne le droit de suite, son existence était
discutée dans l'ancien droit. Justinien, tranchant la controverse, se prononce dans le sens le plus favorable aux créanciers et leur permet de recouvrer la possession qu'ils auraient
perdue, fût-ce même par leur faute (Const. 2. C., *de præt.
pig.*, VIII, 21 ).

2° *Situation du débiteur.* — Sa condition est gravement modifiée tant au point de vue social qu'au point de vue juridique.

Il n'est pas encore noté d'infamie ; mais sa réputation est
déjà atteinte par la *missio in possessionem*, qui fait peser sur

lui une présomption d'insolvabilité. On en trouve la preuve dans l'insistance avec laquelle Cicéron montre la *fama* de son client Quintius menacée et fait de sa cause une *causa capitis*. Le grand orateur va jusqu'à s'écrier : « *Cujus bona ex edicto possidentur, hujus omnis fama et existimatio cum bonis simul possidetur.* » ( *Pro Quint.*, ch. 15 ). Sans prendre à la lettre ces expressions, échappées dans un mouvement oratoire et appropriées à la cause, il est difficile de supposer qu'un certain déshonneur ne s'attachait pas à la personne du débiteur.

Plusieurs déchéances édictées par le préteur étaient la conséquence de cette atteinte à *l'existimatio*. Désormais, le débiteur devra fournir la caution *judicatum solvi* dans toutes les actions où il jouera le rôle de défenseur ( Gaius, IV, 102 ). De même la table d'Héraclée ( chap. VIII ) nous apprend que celui dont les biens étaient possédés par les créanciers, ne pouvait pas être appelé aux fonctions municipales. Toutefois, cette dernière déchéance ne frappe ni le pupille *indefensus* ni celui qui, sans dol de sa part, est absent pour un service public.

L'effet principal de l'envoi en possession est de dessaisir le débiteur, de lui enlever à la fois l'administration et la jouissance de ses biens. Il en conserve néanmoins la propriété et la possession juridique. Jusqu'au jour de la vente il lui reste la faculté de reprendre son patrimoine en désintéressant ses créanciers, ou en démontrant en justice le mal fondé de leurs prétentions. Ceux-ci ne détiennent les biens qu'à titre conservatoire *rei servandæ causa* et pour leur débiteur ( Cicér., *pro Quint.* 27 ).

La situation est analogue à celle qui résulte chez nous, pour un commerçant, du jugement déclaratif de faillite. Faut-il pousser plus loin l'assimilation et décider, ainsi que cela se produit chez nous au cas de faillite, que tous les actes du débiteur postérieurs au décret d'envoi en possession seront nuls par rapport aux créanciers antérieurs et que cette nullité rejail-

lira même sur certains actes passés antérieurement ? La
loi 6 (*quæ in fraud. cred*, XLII, 8) nous donne une solution
d'espèce dans un cas particulier. Il s'agit d'un créancier qui,
sachant son débiteur insolvable, se fait payer ce qui lui est dû.
On se demande si ce paiement pourra être annulé par l'action
Paulienne. Ulpien, reproduisant une solution de Julien, décide
qu'une distinction est nécessaire : si le remboursement a eu
lieu avant l'envoi en possession, il est valable, parce que le
créancier n'a fait que veiller à ses intérêts « *sibi enim vigilavit* » :
si, au contraire, le remboursement a été fait après l'envoi, le
créancier subira une réduction, indépendamment de sa bonne
ou de sa mauvaise foi.

Ulpien donne une solution analogue, que nous avons rapportée plus haut, en ce qui concerne la vente des biens. Il décide que l'acquéreur tombe sous le coup de l'édit s'il paie
après avoir été averti par les créanciers.

Nous voyons par ces exemples qu'aucune nullité de plein
droit n'est édictée par les textes ; c'est seulement par l'action
Paulienne, précieuse invention du préteur, qu'on pourra atteindre les actes frauduleux et nuisibles aux créanciers,
accomplis soit avant, soit après l'envoi en possession. Mais il
faut dire que les conditions de cette action seront bien plus
faciles à démontrer lorsqu'il s'agira d'un acte postérieur à la
*missio in bona*. Le préjudice, autrement dit l'insolvabilité, sera
établi par la vente. La fraude du débiteur sera prouvée par la
date même de l'acte. La complicité des tiers sera présumée
facilement ; parfois, elle sera censée exister de plein droit,
comme dans le cas de la loi 6 précitée.

Pour que les créanciers pussent être considérés comme
étant de mauvaise foi, il fallait que la situation obérée du débiteur leur fût révélée. Cela explique un des premiers actes
que devaient accomplir les envoyés en possession, la *proscriptio* ou apposition d'affiches. Théophile (sur le *pr. de cur. bon.*

*dand.*, XLII, 7) la place un peu plus loin dans le cours de la procédure ; mais Gaius (III, 79) et Cicéron (*pro Quint.* 95) la mettent au début. Cette dernière opinion paraît préférable. La publicité a pour but, non seulement d'avertir les acquéreurs, mais surtout de prévenir les autres créanciers et les tiers du dessaisissement, dont la *missio* a frappé le débiteur. Tous les actes passés postérieurement avec ce dernier pouvant être annulés par l'action Paulienne, il est juste de prévenir, dès le début, les intéressés, afin de leur éviter le recours que l'on pourrait exercer contre eux. Une affiche était apposée dans les lieux les plus fréquentés, et Théophile nous rapporte dans quels termes elle était conçue : « *Ille debitor noster in ea causa est, ut bona ejus divendi debeant. Nos creditores patrimonium ejus distrahimus.* »

3° *Administration des biens.* — Le dessaisissement du débiteur, par suite de l'envoi en possession, a pour effet de transporter l'administration de ses biens à la masse des créanciers, qui en seront responsables. La double mission de les conserver et de les gérer leur est imposée.

A la fin de leur détention, ils doivent rendre compte des biens qui composaient le patrimoine de leur débiteur. Pour que la garde et la surveillance qui leur incombent puissent s'exercer d'une manière efficace, ils sont autorisés à prendre possession des biens ; cependant ils doivent garder certains ménagements envers la personne du débiteur. Il ne leur est pas permis d'employer contre lui la force ou la violence pour le chasser de ses domaines. Le dépouillement n'est pas la conséquence forcée de l'envoi en possession. Le vœu de la loi est que les créanciers n'aient recours à cette mesure extrême que pour les objets faciles à cacher et à détourner, et dont la présence, entre les mains du débiteur, est incompatible avec leur droit de surveillance et leur obligation de restituer.

Afin d'éviter tout conflit, et pour permettre de déterminer la consistance du patrimoine qu'ils auraient à représenter, les créanciers étaient autorisés à dresser un inventaire. Ce n'était pas une obligation pour eux, mais une simple faculté à laquelle ils devaient recourir assez volontiers. Ils pouvaient même, pour se mettre au courant des affaires de leur débiteur, vérifier ses comptes. Pour empêcher que ce droit d'inquisition ne dégénérât en une véritable vexation, la loi le resserrait dans des limites étroites. Il était défendu de prendre copie des titres, à moins d'une autorisation spéciale que le préteur n'accordait qu'en connaissance de cause. De plus, cette communication ne pouvait avoir lieu qu'une fois. Cependant, un simple examen pouvant se trouver parfois insuffisant, Ulpien, dans un sentiment extrême de libéralisme, en autorisait un second, à la condition que les créanciers jurassent qu'ils n'agissaient pas par esprit de chicane. En aucun cas, cette limite ne pouvait être dépassée (L. 15, § 1, D., *de reb. auct. jud.*, XLII, 5).

Ces mesures préliminaires prises pour garantir la conservation des biens, les créanciers devaient songer à en assurer la bonne administration. S'ils étaient d'accord entre eux, ils pouvaient agir collectivement, ou bien déléguer leurs pouvoirs à un mandataire chargé de les représenter, et qui pouvait être choisi indifféremment dans leur sein ou parmi des étrangers. La nomination d'un curateur était même obligatoire toutes les fois qu'il s'agissait d'ester en justice. Le préteur ou le président de la province devaient intervenir pour ratifier leur choix et donner à ce curateur un caractère officiel.

Dans ces conditions, le curateur représentait la masse entière des créanciers, même ceux qui étaient demeurés étrangers à sa nomination. La seule différence entre ceux qui l'avaient élu et ceux qui n'avaient pas pris part au vote, consistait dans l'action par laquelle on pouvait le poursuivre. Les premiers

5

avaient l'action de mandat, les seconds l'action de gestion d'affaires (L. 22 § 1, D., *mandati vel contra*, XVII, 1).

La situation juridique du curateur était tout autre si le magistrat n'était pas intervenu pour ratifier sa nomination. Il était alors considéré comme le représentant de ceux-là seuls qui l'avaient élu et tenu envers eux de l'action de mandat. Ceux qui n'avaient pas participé à sa nomination n'avaient pas d'action contre lui. Il ne faudrait pas croire, pour cela, que leurs droits fussent entièrement sacrifiés. Ils avaient une action contre les autres créanciers. Cette action variait suivant les cas. Tantôt c'était l'action *negotiorum gestorum*, lorsque les créanciers ayant nommé le curateur avaient connu l'existence de leurs cocréanciers, parce qu'alors ils étaient censés avoir voulu jouer envers ces derniers le rôle de gérants d'affaires ; tantôt une action *in factum*, si les créanciers ayant nommé le curateur s'étaient cru seuls créanciers (L. 22 § 10, D., *mandati vel contra*, XVII, 1).

Les fonctions de curateur n'étaient pas obligatoires ; ce mandat pouvait être refusé. Cependant, dans certaines circonstances graves, l'empereur intervenait pour imposer cette charge (L. 2 § 3, *de curat. bon. dan.*, XLVII, 7).

Parmi les commentateurs modernes, on a soulevé la question de savoir si ce curateur, dont parle le Digeste, est le même que le *magister* que nous rencontrons dans Gaius et dans Théophile et dont le nom aurait été changé par les compilateurs de Justinien. Cette assimilation paraît inexacte. Nous sommes en présence de deux personnes distinctes, investies de fonctions différentes. Le *magister* apparaît toutes les fois qu'il y a lieu de procéder à la vente ; le curateur n'existe que lorsque l'envoi en possession devant se prolonger, il y a des actes d'administration à faire ou des actions à exercer. En second lieu, le *magister* n'est nommé que quinze ou trente jours, suivant le cas, après l'envoi en possession (Gaius III, 79) ; le curateur est appelé dès que les circonstances l'exigent sans tenir compte d'aucun délai (LL. 14, pr., D., *de reb. auct. jud.*, XLII, 5; 8, *quib. ex caus. in poss.*, XLII, 4). Enfin, on peut trouver une différence dans le mode de nomination. Le préteur donne l'autorisation de choisir le *magister*; il confirme le choix des créanciers lorsqu'ils ont désigné le curateur. Dans un cas, son intervention apparaît avant le vote des créanciers ; dans l'autre, elle se manifeste après.

Le curateur, régulièrement investi de ses fonctions, a le droit de faire les actes d'administration que les créanciers auraient pu faire eux-mêmes. Par une particularité remarquable, son pouvoir se trouve, dans deux cas, plus étendu que celui de ses mandants. Il peut intenter les actions au nom du débiteur ou y défendre, tandis que les créanciers ne le peuvent pas. Il est également autorisé à acquitter des dettes pour éviter une clause pénale. On peut dire, pour expliquer cette anomalie, que le curateur, de même que nos syndics de faillite, représente à la fois la masse des créanciers et le débiteur. Il doit défendre les intérêts des uns et des autres.

Les actes permis aux créanciers ou à leur mandataire sont les actes d'administration. Ulpien nous en donne l'énumération (LL. 8 et 9, D., *de reb. auct. jud.*, XLII, 5). Ils peuvent cultiver les biens et en percevoir les fruits, ou bien les donner à bail et les baux qu'ils auront consentis seront maintenus quelle que soit leur durée, pourvu qu'ils soient passés de bonne foi. Ils ont le droit de louer les esclaves et les animaux domestiques, de percevoir les revenus des capitaux, de faire les réparations utiles. Dans tous ces cas, ils ne sont responsables que de leur dol, auquel il faut assimiler sans doute la faute lourde.

L'on doit respecter tous les actes faits sans fraude par le débiteur. Les ventes et les baux qu'il aura faits seront valables, bien qu'il en résulte un préjudice pour les créanciers.

L'action Paulienne sera la seule voie admise pour les faire tomber.

Il ne faut pas oublier que les créanciers sont détenteurs dans l'intérêt de la masse. Ils doivent conserver les biens et les restituer à la fin de l'envoi en possession, soit au *magister* chargé de les vendre, soit au débiteur. Les fruits qu'ils perçoivent pendant leur gestion ne leur appartiennent pas; ils doivent les capitaliser ou les imputer sur le montant de leurs créances. Cependant, par une faveur spéciale, Paul décide qu'il faudra prélever sur les revenus une somme nécessaire pour fournir des aliments au pupille qui n'a pas été défendu (L. 39, D., *de reb. auct. jud.*, XLII, 5 ).

Ils sont responsables de toutes les dégradations qu'ils ont commises ou laissé commettre sur les biens.

Enfin, ils doivent gérer le patrimoine en bons pères de famille et imputer à leur faute le manque de revenus que leur négligence empêche de percevoir (L. 9 § 6, D., *de reb. auct. jud.*, XLII, 5).

Les créanciers ne peuvent retirer aucun avantage personnel de l'administration. Par une juste réciprocité, elle ne doit pas être pour eux l'occasion d'un préjudice. Les dépenses qu'ils auront faites de bonne foi leur seront intégralement remboursées, lors même qu'il n'en serait résulté aucun profit pour le patrimoine du débiteur.

Les différents comptes s'établissent à la fin de l'envoi en possession et le règlement en est opéré soit entre les créanciers et le débiteur, si celui-ci met fin à l'envoi, soit entre les créanciers et le *magister* chargé de la vente. Si une des parties refuse de liquider le compte ou de payer le reliquat, dont elle peut se trouver débitrice, on pourra l'y contraindre. Le créancier aura, pour réclamer ses avances, une action *in factum,. rei persecutoria*, perpétuelle, transmissible contre les héritiers du défendeur; mais il ne pourra pas invoquer l'action *negotio-*

*rum gestorum*, car il a géré sa propre affaire en administrant les biens de son débiteur. S'il s'agit, au contraire, d'une action intentée contre un envoyé en possession à raison de son dol, cette action n'est plus *rei persecutoria*, on ne demande pas à cet envoyé *quod percepit*, mais bien *quod dolo fecit quominus percipiat*. On agit contre lui par l'action *de dolo*, qui est annale et ne peut être intentée, après l'année ou contre les héritiers, que dans la mesure du profit retiré.

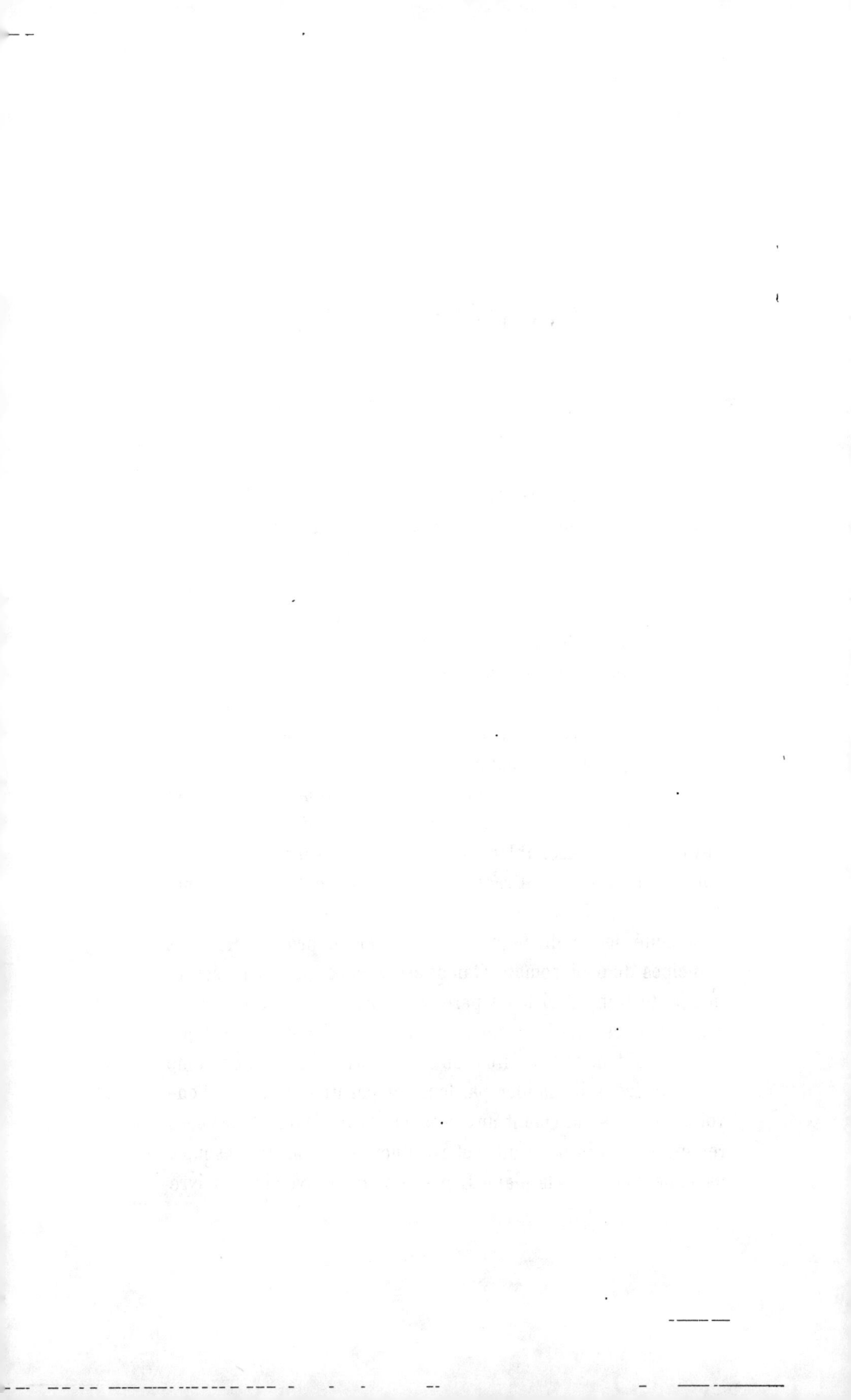

# DEUXIÈME PARTIE

## DE LA VENTE

L'envoi en possession était une mesure accordée aux créanciers pour obliger le débiteur à acquitter la condamnation ou à venir se défendre. Pour le faire cesser, ce dernier n'avait qu'à payer ou à se présenter au procès. Les créanciers pouvaient aussi renoncer volontairement aux poursuites ; mais, s'ils n'étaient pas tous unanimes, Paul nous apprend que la volonté de la majorité ne s'imposait pas à la minorité. « *Cæteri enim poterunt peragere bonorum venditionem.* » (L. 12, pr., D., *de reb. auct jud.*, LXII, 5).

Il n'est guère admissible qu'un homme solvable se laisse arracher du même coup son honneur et son patrimoine pour suivre les erréments de son caprice et de son obstination. Celui qui ne payait pas avait probablement un actif insuffisant pour liquider son passif. L'on devait rencontrer plus souvent des débiteurs solvables *indefensi*, soit qu'ils fussent absents, soit que leur incapacité les rendît impropres à figurer au procès. Mais les principes du droit romain étaient assez larges pour leur assurer une protection, et si leurs parents ou leurs amis ne prenaient pas leur place dans l'instance pour venir les défendre, c'est que très probablement leur situation était obérée. Ils n'avaient donc aucun intérêt à demander par leur comparution la fin de l'envoi en possession. Quant aux créanciers, ils devaient rarement renoncer à leurs poursuites et restituer les biens sur lesquels ils avaient déjà mis la main. L'exécution définitive devait suivre presque toujours les mesures provisoires et conservatoires, le but principal poursuivi par les créanciers n'étant pas la garde et l'administration des biens du débiteur, mais leur aliénation et le paiement de leurs créances.

Nous avons vu, en étudiant les différentes causes d'envoi en possession, dans quels cas la vente était possible. Il ne reste plus qu'à en déterminer la procédure et les effets.

# CHAPITRE PREMIER

## PROCÉDURE DE LA VENTE

Gaius, dans son Commentaire III (§§ 79 et 80), et Théophile, dans sa paraphrase des Institutes (III, 12) nous indiquent la marche de cette procédure.

La vente des biens ne pouvait pas suivre immédiatement l'envoi en possession. Les créanciers devaient attendre trente jours s'il s'agissait du patrimoine d'un vivant, quinze jours s'il s'agissait des biens composant une succession. Ces délais, établis dans l'intérêt du débiteur, lui permettaient de se libérer ou de se présenter pour défendre à l'action. Ils étaient d'une longueur différente parce que le débiteur vivant paraissait plus digne d'intérêt. On voulait lui éviter l'infamie et les autres conséquences désastreuses qui résultent de la vente.

A l'expiration de ce premier délai, les créanciers s'adressaient au magistrat, qui avait probablement le droit de l'allonger, et sollicitaient de lui l'autorisation de choisir parmi eux un *magister* chargé de procéder à la vente. Nous savons qu'il ne faut pas le confondre avec le curateur institué pour les besoins de l'administration.

Théophile nous apprend que la nomination de ce *magister* devait être suivie de la *proscriptio bonorum*. Nous avons déjà vu que, d'après Gaius, cette *proscriptio* devait accompagner l'envoi en possession. Si l'on voulait essayer une conciliation entre ces deux opinions, l'on pourrait admettre une double apposition d'affiches correspondant à deux buts différents : l'une suivant l'envoi en possession, destinée à prévenir les tiers du dessaisissement et à inviter les créanciers à se joindre à la procédure ;

l'autre venant après la nomination du *magister* dans le but de
publier la vente et d'appeler les acheteurs.

Peu de jours après *(paucis diebus elapsis)*, les créanciers
s'adressaient pour la troisième fois au magistrat et obtenaient
de lui la faculté de rédiger une sorte de cahier des charges, la
*lex bonorum vendendorum*, qui, d'après Théophile, s'ajoutait à
la première affiche. Cette *lex* était destinée à fixer les conditions de la vente et la mise à prix. Elle fournissait aux tiers
des indications sur la nature et la situation des biens du débiteur, sur le nombre des créanciers et le montant de leurs
créances. Il est probable que les privilèges et hypothèques
figuraient également dans ce cahier des charges ; car on ne
comprendrait pas l'existence de ces garanties si elles devaient
cesser au moment de la *venditio bonorum*, c'est-à-dire au
moment où elles sont le plus nécessaires. La consistance du
patrimoine était ainsi révélée aux acquéreurs dans un tableau
complet comprenant l'actif et le passif.

Cette mesure était nécessitée par le mode de vente. Les
offres ne consistaient pas en un prix unique, mais en un dividende que l'acheteur s'engageait à payer sur le montant des
créances. Il est probable qu'il ne devait rien pour les créances
qui ne figuraient pas dans la *lex*.

Enfin, après un dernier délai de trente jours ou de vingt,
suivant qu'il s'agissait du patrimoine d'un vivant ou de celui
d'un mort, on procédait à la vente. Elle devait avoir lieu là où
l'on aurait pu poursuivre le débiteur, c'est-à-dire au lieu de son
domicile ou au lieu du contrat (LL. 1, 2 et 3., D., *de reb. auct.
jud.*, XLII, 5). La loi 3 nous indique que par lieu du contrat on
n'entend pas toujours l'endroit où s'est conclue l'affaire, à l'occasion de laquelle sont nées les poursuites, mais encore
l'endroit convenu pour l'exécution.

Le jour de l'adjudication était annoncé par des affiches
portant les mots : « Biens de Porsenna à vendre. » D'après

Tite-Live (II, 14) et Denys d'Halicarnasse (V, 34), cette expression rappelle la vente de nombreux objets abandonnés par Porsenna au moment où il levait le siége de Rome.

Il est probable que la vente avait lieu aux enchères publiques. Il en était ainsi dans la *sectio bonorum*, qui a servi de modèle au préteur pour introduire la *venditio*. Le procédé employé par les questeurs a dû passer du droit public dans le droit privé. Un passage de Cicéron vient à l'appui de cette opinion. Il dit en parlant du débiteur dont les biens sont vendus : « *De quo homine præconis vox prædicat et pretium conficit.* » (*Pro Quintio*, 15). Cependant un passage de Théophile semble contredire le texte de Cicéron : « *Cum molestum esset quotidie in unum coire, unum ex numero suo creabant, qui magister dicebatur ; et de cætero ille cum iis qui emere vellent contrahebat.*» Ce texte n'est pas très probant. Il peut faire allusion à cette particularité que le *bonorum emptor* ne contractait pas avec les créanciers , mais avec le *magister* seul. On pourrait même l'entendre dans ce sens que le *magister* pouvait, avant la vente, recevoir les offres d'achat et les mises à prix. C'est là l'opinion de Tambour (t. I, p. 216).

Le patrimoine était attribué au plus offrant. Si plusieurs acquéreurs faisaient des offres égales, Gaius nous indique lequel devait être préféré. (L. 11, D., *de reb. auct. jud.*, XLII, 5). Le créancier était préféré à l'étranger. Entre créanciers on choisissait celui dont la créance était la plus élevée. A défaut de créanciers, les parents avaient la priorité.

Le prix, avons-nous dit, consistait en un dividende que le *bonorum emptor* s'engageait à payer aux créanciers. Tel était le cas le plus ordinaire, celui où il s'agissait du patrimoine d'un insolvable. Deux textes du Digeste supposent une vente portant sur le patrimoine d'une personne solvable et semblent indiquer qu'outre le paiement intégral des dettes, l'acheteur pouvait être tenu de verser une certaine somme. Ulpien, se référant au cas où l'on vendait les biens d'un fou, dit : « *Ita autem vendenda, ut, quod superavit, furioso detur.* » (L. 7 § 11, *quib. ex. caus. in poss.*, XLII, 4). Paul, supposant la vente d'une succession dont un pupille s'était abstenu, s'exprime ainsi : « *Prætor bona defuncti venire permittit, ut quod superavit pupillo restituatur.*» (L. 6, *pr.*, D., *de reb. auct. jud.*, XLII, 5.) Dans ces deux exemples, il est bien certain que le propriétaire des biens vendus avait droit à la partie du prix qui excédait le montant des créances. Il faut généraliser ces solutions, qui sont trop conformes au bon sens et à l'équité pour qu'on puisse les considérer comme des exceptions, et décider qu'il devait en être de même dans tous les cas. C'est d'autant plus probable que la *venditio bonorum* est d'origine prétorienne et que le préteur se laissait guider dans toutes ses réformes par la seule équité.

# CHAPITRE II

Pendant tout le cours de la procédure, les mesures prises par les poursuivants ne sont que provisoires. La vente, au contraire, produit des effets définitifs. Nous les examinerons successivement en ce qui concerne le tiers acquéreur, le débiteur exproprié et les créanciers.

## I. — EFFETS DE LA VENTE A L'ÉGARD DE L'ACQUÉREUR

Le *bonorum emptor* succède *in universum jus* au débiteur. Il n'est pas héritier, parce que le droit civil seul peut faire des héritiers ; mais, de même que le *bonorum possessor,* autre appelé du droit prétorien, il est *loco heredis.* Il devient sans doute maître de tous les biens qui appartenaient au débiteur ; mais il n'acquiert pas sur eux le *dominium ex jure Quiritium.* Il a seulement la propriété bonitaire ; pour la transformer en propriété du droit civil, il aura besoin de l'usucapion, dont le délai ne commence à courir qu'à partir de la prise de possession effective.

Cependant il résulte d'un passage incomplet de Gaius (III, 80), que dans une hypothèse exceptionnelle, le *bonorum emptor* ne pouvait pas acquérir la propriété quiritaire par l'usucapion. L'état du manuscrit n'a pas permis de découvrir quelle était cette hypothèse. L'on en est réduit à des conjectures. Les uns estiment qu'il s'agit du cas où la vente était nulle pour défaut de conformité à l'édit ; d'autres qu'il était question du cas où le *bonorum emptor* était pérégrin et, par conséquent, ne pouvait pas acquérir la propriété quiritaire. D'autres restituent ainsi le texte : « *Usucapio ne contingit veluti si per eos in possessionem sit bonorum emptor quibus concessa est usureceptio.* » Le doute le plus complet règne sur la question.

L'*emptor* représente la personne juridique du débiteur exproprié ; il lui succède dans son patrimoine, par conséquent il est investi de ses droits et tenu de ses obligations. Cependant, si générale que soit cette règle, elle souffre des exceptions. Nous avons vu que certains droits essentiellement attachés à la personne, comme par exemple le droit aux *operæ*, ne tombaient pas sous le coup de l'envoi en possession ; ils ne peuvent être détachés de la personne qui en est investie et l'*emptor* ne saurait les acquérir. D'un autre côté, si l'acquéreur est tenu de payer les dettes, il ne peut être contraint que jusqu'à concurrence du dividende promis.

Ces droits et ces obligations nécessitaient une sanction. Comme il s'agissait d'une institution prétorienne, les actions du droit civil ne pouvaient pas intervenir. Le préteur a alors recouru à des actions utiles, dont les formules nous sont rapportées par Gaius (IV, § 35) : l'action Rutilienne et l'action Servienne.

L'action Rutilienne, la plus ancienne des deux, remonte au préteur Publius Rutilius, à qui l'on attribue l'introduction de la *bonorum venditio*. Elle se distingue par la rédaction de la formule : l'*intentio* contient le nom du débiteur, la *condemnatio* est prononcée au profit du *bonorum emptor*.

Toutefois, cette action ne pouvait pas être employée quand il s'agissait de la vente des biens d'un défunt. Aussi dut-on de bonne heure voir apparaître l'action Servienne dans laquelle le *bonorum emptor* est considéré comme héritier. Son nom figure à la fois dans l'*intentio* et dans la *condemnatio*.

Ces formes d'action s'appliquent indifféremment en matière

personnelle et en matière réelle. Dès lors, on peut se demander si, dans ce dernier cas, elles ne font pas double emploi avec l'action Publicienne. Dans certains cas, le *bonorum emptor* aura un libre choix entre l'une ou l'autre de ces actions, mais il n'en sera pas toujours ainsi. Pour intenter l'action Publicienne, il faut avoir eu la possession, n'eût-elle duré qu'un instant. Cette action ne pouvait donc être exercée par l'acquéreur que pour les biens qu'il avait déjà possédés et non pour ceux qu'il n'avait pas encore appréhendés. C'est en vain que l'acquéreur prétendrait invoquer la possession du débiteur auquel il succède, il n'est pas son véritable héritier, puisqu'on est obligé de recourir à une fiction. Par conséquent, on ne peut pas le considérer comme représentant sa personne.

Pour faire obtenir au *bonorum emptor* la possession qu'il n'a jamais eue et qui lui sera utile, soit pour commencer d'usucaper, soit pour intenter l'action Publicienne, le préteur avait créé un interdit spécial appelé *possessorium*. Gaius (IV, § 145) le rapproche de l'interdit *sectorium* donné à l'adjudicataire des biens du condamné et de l'interdit *quorum bonorum*. Tous trois présentent ce caractère commun de n'être jamais donnés que *adipiscendæ possessionis causa*. Ils ne peuvent pas faire recouvrer une possession qu'on a déjà perdue.

Gaius nous signale dans l'exercice des actions du *bonorum emptor* une règle toute particulière (IV, §§ 65 à 68). Il est possible que la même personne se trouve à la fois créancière et débitrice de celui dont les biens ont été vendus, du *defraudator*. Dans ce cas, le *bonorum emptor* qui veut la poursuivre doit déduire la dette du *defraudator* de sa créance et n'intenter l'action que pour le surplus. Cette opération s'appelle la *deductio* (1). C'est une sorte de compensation analogue à celle que

(1) On doit présumer que la *deductio* se faisait seulement jusqu'à

doit subir l'*argentarius*, lorsqu'il poursuit un de ses clients. Cependant plusieurs différences peuvent être signalées entre ces deux institutions. L'*argentarius* doit faire la compensation dans l'*intentio*, l'*emptor* n'est tenu de l'indiquer que dans la *condemnatio*. La *compensatio* ne s'applique qu'aux dettes exigibles, la *deductio* a lieu même pour les dettes à terme. Enfin, la *compensatio* ne se produit qu'entre dettes de même nature ; dans la *deductio*, les deux dettes peuvent avoir des objets différents.

### II. — Effets de la vente a l'égard du débiteur.

A l'égard du débiteur, la vente produit des effets très importants ; elle le dépouille à la fois de ses biens et de son honneur.

Son patrimoine est vendu en bloc et sa personnalité juridique passe en quelque sorte sur la tête de l'acheteur, qui est investi de ses droits et tenu de ses obligations, sous les réserves que nous venons d'indiquer. Sa succession est considérée comme ouverte de son vivant ; il est mort à la vie civile, et Cicéron a pu, avec quelque apparence de vérité, le comparer à un défunt, *quasi funus*. Il est dépouillé de tous les droits nés antérieurement à la vente ; aucune action ne peut lui être donnée pour en poursuivre l'exécution en justice. Ce principe résulte

---

concurrence du dividende promis et non pas sur le pied de la valeur nominale de la créance du défendeur. L'*emptor* ne doit pas toute la dette, mais une partie seulement. Telle est l'opinion de Demangeat (Instit. III, p. 652). Elle peut au besoin se justifier par les termes de Gaius : « *Deducto eo quod invicem sibi defraudatoris nomine debetur.* » (IV, § 65).

par *a fortiori* de la loi 4 (D., *de curat. bon. dan.*, XLII, 7) qui établit une règle identique pour le cas de *bonorum distractio*. D'ailleurs la loi 40 (D., *de op. libert.*, XXXVIII, 1) en fait une application d'espèce à la *venditio*. Il s'agit, dans ce texte, d'un patron dont les biens ont été vendus. Nous avons vu que le droit aux *operæ*, attaché à la personne, ne peut pas être transmis à l'acquéreur ; le débiteur continuera à en profiter. Papinien décide qu'il pourra seulement exiger de l'affranchi les services demandés après la vente, et non ceux qu'il aurait demandés auparavant, et cela pour le motif qu'il ne peut pas agir *ex ante gesto*.

La vente en masse des biens du débiteur, établissant son insolvabilité, entraîne comme conséquence la dissolution de la société dont il faisait partie en qualité d'associé. Le crédit disparaissant avec la perte des biens, la présence du *defraudator* dans les opérations commerciales serait une cause de discrédit et de ruine.

La *venditio bonorum*, qui dépouille le débiteur de tous les droits actifs, a-t-elle aussi pour conséquence de le libérer complétement de ses anciennes obligations, de telle sorte qu'il ne puisse plus être recherché à raison du passif qui grevait son patrimoine antérieurement à la vente ?

Ecartons tout d'abord un cas pour lequel nous avons un texte formel, celui où la vente est précédée de la cession de biens. La loi une au code (*qui bon. ced. poss.*, VII, 71) décide que le débiteur ne sera libéré que si les créanciers ont reçu le montant intégral de leurs créances. Nous avons vu cependant que tant qu'il n'avait pas acquis de nouveaux biens ayant une certaine importance, il pouvait repousser les poursuites par l'exception *nisi bonis cesserit*.

En est-il de même dans les autres cas ? La question paraît délicate et une controverse est née du rapprochement de deux textes, qui, à première vue, paraissent contradictoires. D'une

6

part Gaius dit (III, § 155) : « *Quorum bona venierunt pro portione, si quid postea adquirant, etiam sæpius eorum bona veniri solent.* » (1) D'un autre côté Vénuléius s'exprime en ces termes : « *Hæc actio in ipsum fraudatorem datur, licet Mela non putabat, in fraudatorem eam dandam, quia nulla actio in eum ex ante gesto post bonorum venditionem daretur, et iniquum esset, actionem dari in eum, cui bona oblata essent. Si vere quædam diperdidisset, si nulla restitutione recuperari possent, nihilominus actio in eum dabitur; et Prætor non tantum emolumentum actionis intueri videtur in eo, qui exutus est bonis, quam pænam.* » (L. 25, § 7, D., *quæ in fr. cred.*, XLII, 8).

Pénétré de cette idée qu'il existe une relation étroite entre les droits et les obligations qui composent le patrimoine, un parti dans la doctrine admet que le débiteur, dépouillé de l'ensemble de ses biens, ne doit pas rester grevé de ses dettes antérieures à la vente. Il invoque à l'appui le texte de Vénuléius.

L'opinion contraire paraît plus conforme aux principes et aux textes. Nous savons que le débiteur qui a fait cession des biens reste tenu de ses dettes envers les créanciers dans la mesure où elles n'ont pas été payées. Il serait difficile de comprendre qu'une situation meilleure fût réservée à celui qui, laissant saisir ses biens, a encouru l'infamie. L'on ne peut pas objecter qu'il est impossible de réclamer quelque chose au débiteur, dont la personnalité a disparu dans le passé, et qu'un texte de Cicéron a assimilé à un mort. La personnalité n'a pas moins disparu lorsque la vente a été précédée d'une cession de biens, et pourtant, dans cette hypothèse. le débiteur n'est pas définitivement libéré.

---

(1) Les mots *pro portione* ne doivent pas être entendus dans le sens d'une vente partielle ; ils indiquent que le prix de la vente a consisté seulement en un dividende payé aux créanciers.

De plus, nous devons reconnaître avec Tambour (t. I, p. 228), ce qu'il y aurait de singulier à voir la *venditio*, création prétorienne, éteindre complétement et de plein droit les obligations reconnues par le droit civil.

Enfin, le texte de Gaius est formel et ne laisse nul doute sur la question.

L'on peut même aller plus loin, et soutenir que non seulement la loi 25 ne contredit pas notre thèse ; mais encore qu'elle vient à son appui. Remarquons que ce texte, placé sous la rubrique *quæ in fraudem creditorum,* se rapporte à l'action Paulienne, dont le but est de faire révoquer les actes passés en fraude des créanciers. Cette action se donne tout d'abord contre les tiers, puis vient la question de savoir si elle ne peut pas atteindre également le débiteur lui-même ; tel est l'objet du paragraphe 7. Vénuléius pose le principe en ces termes : « *Hæc actio in ipsum fraudatorem datur.* » Il expose ensuite l'opinion d'un autre jurisconsulte, Méla, qui s'était prononcé en sens contraire, et enfin, dans une troisième partie, il expose les conditions de recevabilité de l'action Paulienne. Ce que l'on peut tirer de ce passage, c'est qu'une controverse avait existé entre les jurisconsultes romains. Certains avaient considéré l'extinction des dettes comme une compensation équitable de la perte des droits, mais leur opinion n'avait pas prévalu. La discussion soulevée au temps de Méla était terminée à l'époque de Vénuléius ; c'est ce qui ressort des expressions mêmes du texte. Le jurisconsulte, tranchant la question, affirme « *hæc actio datur* » ; tandis que, lorsqu'il rapporte l'opinion opposée, il se sert de l'imparfait « *Mela non putabat* ». L'on peut donc conclure que les créanciers peuvent se plaindre lorsque le *defraudator* a dissipé des biens acquis depuis la vente. Si une action leur est donnée pour faire rentrer ces biens dans le patrimoine de leur débiteur, n'est-ce pas parce que leur droit de gage a survécu à la *venditio* ? car, si les créanciers avaient perdu leurs droits au moment de la vente, à quel titre viendraient-ils demander une restitution?

Le débiteur après la *venditio bonorum* reste donc tenu de ses obligations ; il continue à en répondre sur ses biens et sur sa personne. Cependant, nous avons vu que celui qui avait fait la cession de biens jouissait de certaines faveurs. Ces faveurs ne devaient pas s'étendre à tous les cas d'exécution. S'il en avait été autrement les textes en auraient parlé, ou, tout au moins, ils ne les auraient pas présentées comme spéciales à la cession de biens.

Par la force des choses, l'exécution sur la personne pouvait toujours avoir lieu, tandis que l'exécution sur les biens devait se restreindre aux hypothèses où le *decoctor*, revenu à meilleure fortune, comptait un actif dans son patrimoine.

La *venditio bonorum* produisait aussi un effet très important sur la considération du débiteur, dont les biens étaient vendus à la requête des créanciers ; elle lui faisait encourir l'infamie avec toutes ses conséquences légales.

Pour assurer au débiteur une protection contre cet effet infamant, une action d'injures était donnée contre celui, qui, de mauvaise foi, faisait afficher les biens d'une personne, dont il se prétendait à tort créancier (Gaius III, 220).


### III. — Effets de la vente a l'égard des créanciers

Le *bonorum emptor*, étant un acquéreur à titre universel, recueillait l'ensemble du patrimoine vendu ; il prenait l'actif et en même temps il était tenu du passif à l'égard des créanciers, qui pouvaient le poursuivre par des actions fictices. Il est permis de conjecturer que ces derniers avaient à leur disposition la formule Servienne et la formule Rutilienne. Seulement ils ne pouvaient pas réclamer à l'acheteur le montant

intégral des obligations dont leur débiteur était tenu ; mais
uniquement le dividende promis.

Le *bonorum emptor* ne s'obligeait pas directement envers les
créanciers, mais envers le *magister*, entre les mains duquel il
devait verser le dividende, sauf au *magister* à distribuer le prix
aux créanciers (1).

Est-ce à dire que le *bonorum emptor* devait payer deux fois ?
Nullement. Le préteur refusait l'action aux créanciers si le
prix avait été versé entre les mains du *magister*.

Le prix ne consistait pas en une somme déterminée, mais en
un dividende, un tant pour cent sur le montant des créances, ce
qui revenait à peu près au même ; car, étant donné le total des
créances, il était facile de déterminer le montant du prix. C'est
ce montant qui était versé en bloc entre les mains du *magister*,
pour que celui-ci en fît la répartition.

Les créanciers acquéraient ainsi un droit contre lui. Ceux
qui avaient concouru à sa nomination avaient à leur disposition l'action de mandat ; ceux qui, n'ayant pas pris part au vote,
s'étaient présentés avant l'adjudication, avaient l'action de gestion d'affaires pour le contraindre à exécuter son obligation.

Quant aux autres créanciers, qui ne s'étaient pas fait connaître, leur position n'était pas aussi bonne. Ils n'avaient aucun
droit contre l'adjudicataire, qui n'avait pu raisonnablement
s'engager que pour les dettes connues (2) ; ils n'avaient, en
principe, aucune action contre le *magister*, celui-ci n'ayant été
ni leur mandataire ni leur gérant d'affaires (L. 5, D., *de cur. bon.
dand.*, XLII, 7). On leur donnait pourtant l'action de gestion
d'affaires contre les créanciers présents, si ceux-ci avaient connu

---

(1) Théophile nous représente ce *magister* comme contractant
avec l'acquéreur « *et de cætero ille cum iis qui emere vellent contrahebat* » (III, 12) — V. Accarias, t. II, n° 484 *in fine*.

(2) Telle est l'opinion de Bonjean (*Traité des actions*, t. II, p. 534).

leur existence, sinon une action *in factum* contre le *magister*,
mais seulement à la condition que les deniers par lui tou-
chés n'eussent pas encore été tous distribués aux créanciers.

A côté des créanciers simplement chirographaires, on pouvait rencontrer des créanciers ayant un privilége, c'est-à-dire
un simple droit de préférence, dû à leur qualité personnelle
ou à la nature de la dette, et opposable seulement aux créanciers chirographaires. Le privilége ne comportait pas de droit
de suite. Nous appliquerons à ces créanciers les mêmes règles
qu'aux créanciers chirographaires, sous la réserve toutefois
de leur droit de préférence.

Enfin, certains créanciers peuvent être nantis d'une hypothèque sur les biens de leur débiteur, d'un *jus in re*, véritable
droit réel, emportant droit de préférence et droit de suite. En
ce qui concerne le droit de préférence, nul doute n'est possible. S'ils viennent à la distribution, ils primeront les créanciers
chirographaires et même les créanciers privilégiés. Mais que
décider lorsque les biens auront été vendus sans qu'ils se
soient fait connaître? Pourront-ils, usant de leur droit de
suite, poursuivre entre les mains de l'acquéreur ces biens, qui
sont leur gage, et l'obliger à solder le montant intégral de leurs
créances ou à délaisser? Les textes font absolument défaut
sur ce point et l'on est réduit à des conjectures. Dans un sens,
l'on peut prendre en considération le sort du *bonorum emptor*
et celui des débiteurs, et dire qu'une pareille mesure serait
pour le premier une menace perpétuelle et pour les seconds
une cause de vente à vil prix. Les hypothèques étant occultes,
on ne serait jamais assuré contre les réclamations ultérieures.
D'un autre côté, l'on ne peut pas laisser aux créanciers chirographaires la faculté de dépouiller les créanciers hypothécaires de leur droit de gage en procédant à la *venditio*.
L'hypothèque deviendrait alors une garantie inutile, dont les créanciers seraient privés parfois à leur insu, puisque leurs droits

n'étant pas révélés aux tiers, ceux-ci n'auraient pas pu les avertir par une notification. Cette opinion paraît préférable, car, si la *venditio bonorum* avait emporté purge des hypothèques, les textes nous l'auraient dit. De plus, les textes comparent la *venditio* à une succession et en cas de succession les hypothèques subsistent. Enfin, le créancier a un droit réel qu'il tient de la convention ou de la loi et qui ne peut être ni modifié ni amoindri par l'insolvabilité d'un débiteur, puisqu'il est destiné à se prémunir contre elle. Cette solution, il est vrai, entraîne un danger pour les débiteurs et pour l'acquéreur ; mais la solution contraire aurait fait trop bon marché des droits du créancier hypothécaire, et, si quelqu'un mérite une protection, elle doit être accordée de préférence à celui qui, soucieux de ses affaires, a exigé une sûreté spéciale pour la garantie de sa créance. Ceux qui ont suivi la bonne foi du débiteur ont à se reprocher, comme une faute, leur trop grande confiance en une personne insolvable. (1)

Ces notions connues, nous pouvons déterminer dans quel ordre les créanciers seront payés. L'acquéreur ne doit que son prix d'adjudication, c'est-à-dire le dividende promis, sous réserve, bien entendu, du droit de suite conféré aux créanciers hypothécaires. Si, par exemple, la *lex venditionis* a porté à 100.000 sesterces les dettes et qu'il ait offert un dividende de 50 pour cent, il sera tenu de payer 50.000 sesterces. Sur cette somme, les créanciers munis d'un droit de préférence seront les premiers désintéressés ; ils passeront dans l'ordre suivant : 1° les créanciers hypothécaires et entre eux le rang se déterminera par l'antériorité de la date, en vertu de la règle *prior tempore, potior jure* ; 2° les créanciers privilégiés, suivant un

---

(1) V. en ce sens Tambour, *op. cit.*, t. I, p. 234 ; Bonjean, *op. cit.*, t. II, p. 557.

ordre qui sera fixé d'après la qualité des personnes ou la
nature des créances, par application du principe *privilegia non
ex tempore æstimantur, sed ex causa.* La masse qui restera sera
attribuée aux créanciers chirographaires d'après la loi du
dividende.

Par les développements qui précèdent, l'on peut voir que la
*venditio bonorum* présentait plusieurs inconvénients. Elle en-
traînait toujours la note d'infamie, même contre le débiteur
malheureux et de bonne foi, qui n'avait pas fait la cession de
biens. Elle constituait une mesure de liquidation générale, portant sur l'ensemble du patrimoine, même dans le cas où la
vente de quelques biens particuliers aurait suffi pour désintéresser les créanciers. Enfin, l'adjudication était faite dans
des conditions défavorables, qui empêchaient les acquéreurs de
se présenter ou d'offrir une somme en rapport avec la valeur
des biens vendus. Cette voie d'exécution ne pouvait être le dernier mot du progrès. Acceptable seulement dans le cas d'insolvabilité, elle devait être remplacée avantageusement dans les
autres cas par la vente au détail, plus apte à attirer une foule
de petits acheteurs et à augmenter le produit de la vente.

Le premier pas fait dans la voie des réformes eut pour but
de soustraire le débiteur à l'infamie. La *distractio bonorum*, ou
vente au détail, apparut comme une faveur accordée aux insolvables de haut rang, aux *personæ claræ,* par exemple aux sé-
nateurs et à leurs femmes. Son introduction est due à un sénatus-consulte, dont nous ne connaissons pas la date précise; mais
qui est certainement antérieur à Nératius, qui vivait sous Tra-
jan, car il en est question dans la loi 9 (D., *de curat. fur.*,
XXVII, 10), tirée des œuvres de ce jurisconsulte. Dans ce
texte, la vente au détail est indiquée comme facultative pour
les créanciers, qui restent maîtres de choisir entre la *venditio* et
la *distractio*, mais sans pouvoir revenir sur leur choix. Cepen-

dant cette mesure, destinée à protéger la dignité des hauts personnages, devait présenter pour eux un caractère obligatoire. Il faut donc admettre, pour expliquer la loi 9, que la vente en détail s'était déjà étendue du vivant de Nératius à d'autres insolvables, sur lesquels nous ne possédons aucun renseignement.

La *bonorum venditio* disparut sous Dioclétien en même temps que le système formulaire, et alors la *distractio bonorum* devint le régime général, comme les *extraordinaria judicia* devinrent la procédure de droit commun.

Justinien et Théophile voient dans la disparition simultanée de la *venditio* et de la procédure formulaire un rapport de cause à effet. Ces deux institutions leur paraissent rattachées par un lien tellement intime que la perte de l'une devait entraîner l'abolition de l'autre. Le jour où le magistrat dut connaître lui-même du fond du procès et renoncer, à raison de ce surcroît d'occupation, à aller tenir des *conventus* dans les provinces, une procédure qui demandait si souvent son intervention devenait impossible et devait être remplacée. M. Demangeat estime que l'entente entre les créanciers, nécessaire pour arriver à la *venditio*, avait paru une obligation gênante et incommode. Il paraît logique de dire qu'à raison des avantages de la vente en détail et des inconvénients de la vente en masse, la première de ces procédures devait forcément se substituer à la seconde et que la suppression de la formule n'a été que la cause occasionnelle d'une modification qui s'imposait.

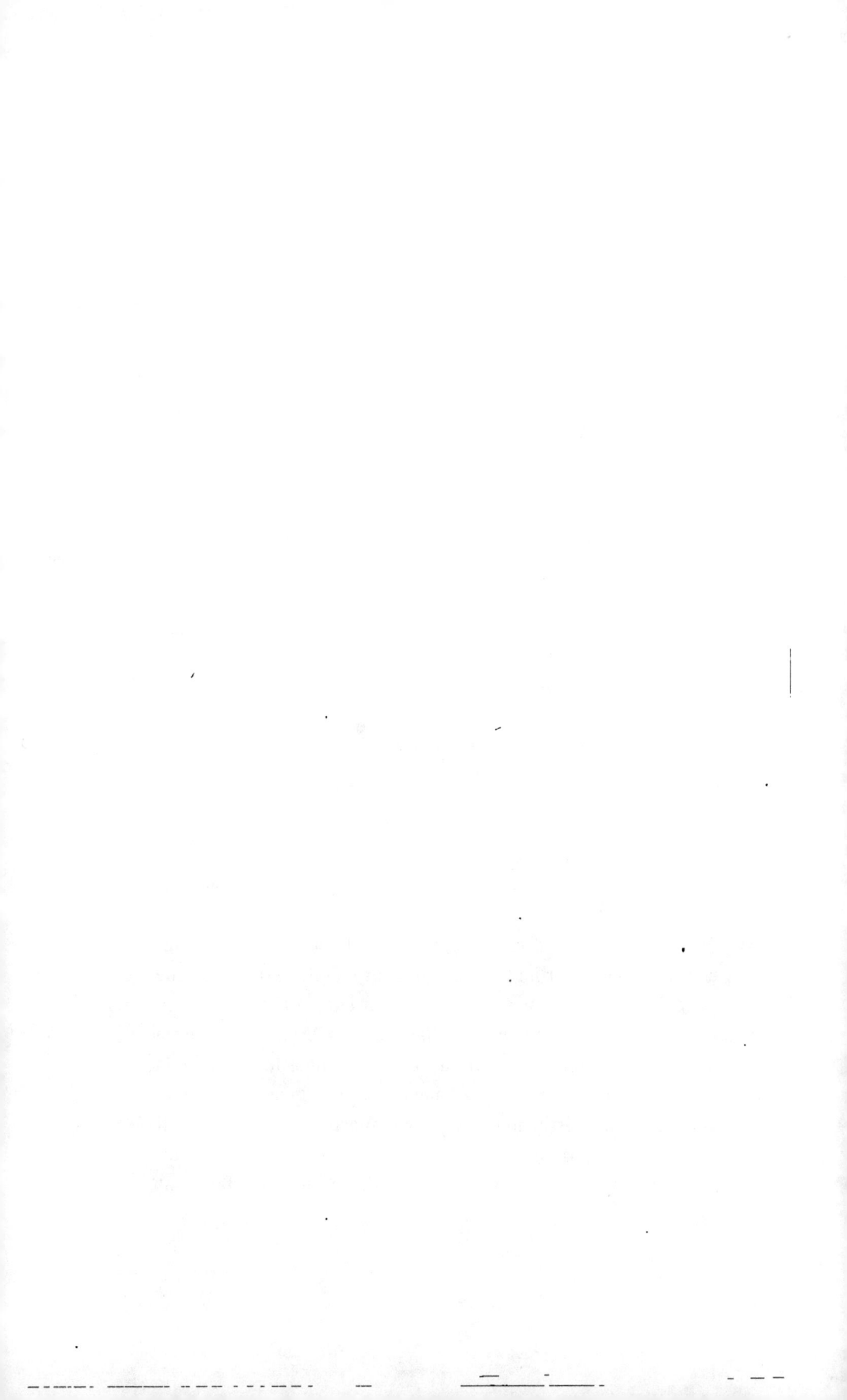

# INFLUENCE DE LA FAILLITE

## SUR LA CONSTITUTION

## ET L'INSCRIPTION DES HYPOTHÈQUES

## INTRODUCTION

Le débiteur qui s'engage répond de son obligation sur l'ensemble de son patrimoine. Tous les biens qu'il possède actuellement, mobiliers ou immobiliers, tous ceux qu'il acquerra dans la suite, à titre gratuit ou onéreux, sont frappés par l'art. 2093 du Code civil d'un droit de gage général au profit des créanciers. Cependant il ne faut pas entendre cette expression de gage dans le sens restreint que lui donne l'art. 2072. Il ne s'agit pas ici d'un nantissement mobilier, qui confère au créancier la possession matérielle de la chose et lui donne le droit de la conserver jusqu'à parfait paiement. Le gage général laisse au débiteur l'administration et la libre disposition de ses biens. Il peut gérer son patrimoine, l'augmenter, le diminuer, en modifier la nature et la composition. Les aliénations qu'il fait sont valables et les biens sortis de son patrimoine sont également sortis du gage de ses créanciers, qui ne peuvent pas les poursuivre entre les mains des tiers. Les nantissements mobiliers ou immobiliers consentis par acte ultérieur conservent toute leur force et assurent à l'obligation, dont ils garantissent le paiement, une situation privilégiée. Les nouvelles dettes viennent se placer à côté des anciennes et les créanciers premiers en date ne peuvent pas se plaindre ; car ils ont suivi la foi de leur débiteur, ils ont eu confiance dans son crédit et sa solvabilité.

Tous les actes passés par le débiteur sont, en principe, opposables aux créanciers. Cependant cette liberté d'administration peut devenir pour eux un véritable danger. Ils sont exposés à subir, non seulement les conséquences de mauvaises spéculations, mais encore les effets de combinaisons frauduleuses. Lorsqu'une personne voit péricliter ses affaires et se creuser sans cesse plus béant le gouffre du déficit ; lorsque son actif est insuffisant pour répondre du passif et que son crédit ébranlé ne lui offre même plus la ressource de nouveaux emprunts ; lorsque la faillite ou la déconfiture viennent frapper à sa porte, elle cherche à sauver du naufrage quelques épaves de sa fortune. Dissimuler ses biens, les passer sur la tête de sa femme et de ses enfants, frustrer les créanciers d'une partie de leur gage, telle est trop souvent l'unique préoccupation du débiteur malheureux.

Les auteurs anciens, pénétrés de cette idée, considéraient la fraude comme l'auxiliaire inséparable de l'insolvabilité. Aussi avaient-ils posé cet axiome, trop absolu sans doute, mais qui répondait néanmoins à une réalité démontrée par l'expérience : *fallitus ergo fraudator*. Sans voir une relation aussi intime entre ces deux choses, sans établir entre elles un rapport de cause à effet, Ansaldus reprend la même pensée et fait peser sur le débiteur en état de déconfiture une présomption de

mauvaise foi, qui tombera seulement devant la preuve contraire :
« *decoctus semper dolosus præsumitur in judicio civili, donec
contrarium probetur.* » (1)

L'attente des créanciers peut ainsi se trouver trompée, leurs
droits compromis et leur patrimoine injustement diminué. Le
législateur ne pouvait manquer de s'émouvoir d'une pareille
situation ; aussi les rédacteurs du Code civil, consacrant une
vieille institution romaine, connue sous le nom d'action Paulienne, ont-ils admis la faculté pour les créanciers de faire
révoquer les actes passés par leurs débiteurs en fraude de
leurs droits (art. 1167).

Dans la rigueur des principes on pourrait douter que les créanciers aient le droit de se plaindre. Ils ont à se reprocher d'avoir
légèrement suivi la foi de leur débiteur, et négligé d'employer
les moyens que la loi mettait à leur disposition pour se garantir contre son insolvabilité. Ils auraient pu stipuler un nantissement, exiger une sûreté personnelle ou réelle, une caution
ou une hypothèque, pour assurer le remboursement de leurs
créances. Ils doivent s'imputer à faute leur trop grande confiance dans une personne qui n'en était pas digne. Le débiteur ne s'est dépouillé ni du droit, ni de la capacité d'aliéner
ses biens, de contracter de nouvelles dettes et d'en garantir
le paiement par la constitution d'hypothèques sur ses immeubles, ou par la remise en gage d'effets mobiliers.

Sans doute, le débiteur a le droit d'administrer son patrimoine et d'en disposer ; mais, en s'obligeant, il a donné à ses
créanciers un droit de gage sur ses biens ; il ne peut y porter
atteinte ni par des aliénations frauduleuses, ni par d'autres actes
passés de mauvaise foi. Les conventions, dit l'art. 1134 C. civ.,
doivent s'exécuter de bonne foi. Si le débiteur aliène ses biens,

----

(1) *De comm. disc.*, 75, n° 4.

ou constitue sur eux des droits réels en agissant de bonne foi, les créanciers ne peuvent pas se plaindre, parce qu'ils n'ont aucun droit de suite. Mais si, au contraire, l'aliénation ou la constitution de droits réels sont entachées de fraude, on ne peut plus dire que le débiteur a usé de son droit ; car la fraude n'est pas un droit. Il a contrevenu à ses obligations.

L'impossibilité ou le refus de tenir ses engagements peut produire une perturbation plus grande dans le monde des affaires lorsque le débiteur est commerçant ; car il ne vit le plus souvent que de crédit, c'est-à-dire de dettes ; il agit et spécule sur les fonds d'autrui. Le commerce ne peut exister sans la confiance ; il repose sur de rapides et perpétuels échanges, sur la ponctuelle exécution des engagements. Le nombre des créanciers s'accroît tous les jours, et cependant ceux-ci n'ont d'autre garantie que la solvabilité et la moralité de leur débiteur ; car les sûretés sont rares dans le commerce, avec lequel elles sont presque incompatibles. La rapidité des transactions ne permet pas d'exiger des garanties spéciales. D'un autre côté, le nombre des opérations se multipliant peut donner lieu à des fraudes plus nombreuses, plus variées et plus faciles à dissimuler. Les créanciers, souvent éloignés et disséminés non seulement sur le territoire continental de la France, mais encore dans les colonies et même dans les pays étrangers, ne peuvent pas suivre les agissements de leur débiteur et surveiller sa conduite ; ils ont besoin d'une protection toute spéciale. On ne pouvait, sans porter une atteinte profonde au crédit et à la prospérité publique, permettre au débiteur de favoriser les uns au détriment des autres, les présents au préjudice des absents. Les législateurs du Code de commerce de 1807 l'ont compris. Après eux, et marchant sur leurs traces, les rédacteurs de la loi du 28 mai 1838, qui a modifié l'organisation des faillites et des banqueroutes, ont considéré comme insuffisante en matière commerciale la protection de droit commun accordée aux créanciers par l'article 1167 du Code civil.

Dans la déconfiture chaque intéressé veille seul à ses intérêts, dans la faillite la loi veille pour les absents. Elle déclare nuls et sans effets, relativement à la masse des créanciers, certains actes énumérés dans l'art. 446 C. com., lorsqu'ils sont faits depuis l'époque déterminée par le Tribunal comme étant celle de la cessation des paiements, ou dans les dix jours antérieurs. Elle permet d'attaquer les actes postérieurs à la cessation des paiements, à la condition de prouver non pas la complicité frauduleuse des tiers, comme dans l'action Paulienne, mais le simple fait qu'ils connaissaient la cessation des paiements ( art. 447 C. com. ) Elle décide que, dans certains cas, les inscriptions des priviléges et des hypothèques seront nulles ou pourront êtres annulées ( art. 448. ) Enfin le jugement déclaratif de faillite dessaisit le débiteur de l'administration de ses biens et est le point de départ d'une procédure générale de liquidation, dans laquelle chaque créancier profitera de toutes les actions en nullité intentées par les syndics.

La fraude peut se présenter de bien des manières différentes. Les rédacteurs de la loi de 1838 ont cherché à l'atteindre sous toutes ses formes. Le but de cette étude n'est pas de les suivre dans l'ensemble de leurs dispositions et de présenter une théorie générale sur le système des nullités introduites par les art. 446 et suivants du Code de commerce révisé. J'ai circonscrit mon sujet dans un cadre plus restreint. Examiner quelle influence exerce la faillite sur la validité des hypothèques, telle a été mon unique pensée.

La validité dépend à la fois de la constitution et de l'inscription. La constitution donne naissance à l'hypothèque, elle est son point de départ. Mais seule, elle demeure inefficace et ne produit aucun effet au regard des tiers. Pour leur être opposable et engendrer le droit de préférence et le droit de suite, l'hypothèque a besoin d'être rendue publique par une inscription prise sur les registres du conservateur. Cette inscription la vivifie et lui donne sa force. (1)

Il est possible qu'une hypothèque, bien que constituée et inscrite conformément aux règles du droit, devienne inefficace par suite d'un fait postérieur, la mise en faillite du débiteur. Lorsque ce dernier est commerçant, la loi veut que tous ses créanciers aient une situation égale dans le cas où il ne peut plus faire face à ses engagements. Elle a considéré que la constitution et l'inscription des hypothèques sont des actes de nature à couvrir la mauvaise foi des parties et peuvent aboutir à causer un préjudice considérable à la masse des créanciers. Aussi les voit-elle avec méfiance lorsqu'elles sont intervenues à une époque voisine de la faillite. Elle établit dans certains cas à leur encontre une présomption légale de fraude et les déclare nulles ou annulables suivant le degré de faveur qu'elles paraissent lui inspirer.

Nous examinerons tout d'abord quelle est l'influence de la faillite sur la constitution des hypothèques, en tenant compte de ce fait qu'elles ne dérivent pas toutes de la même cause. Elles sont conventionnelles, judiciaires ou légales, suivant qu'elles naissent d'une convention, d'une décision judiciaire ou de la loi. Le Code de commerce ne s'est directement occupé

(1) Il en est autrement pour les hypothèques légales des mineurs, des interdits et des femmes mariées. L'art. 2135 C. civ. décide qu'elles sont dispensées d'inscription. Cependant il ne faudrait pas se méprendre sur la portée de ce terme « sont dispensées ». La dispense est plutôt une suspension. Ces hypothèques doivent, sous peine de déchéance, être inscrites pour produire effet ; c'est ainsi qu'elles ne peuvent avant l'inscription, ni figurer dans un ordre, ni servir de base à une surenchère en cas de purge. La loi veut seulement dire qu'elles se conservent indépendamment de toute publicité.

que des deux premières catégories ; nous aurons à rechercher si certaines de ses dispositions ne s'appliquent pas à la troisième et quelles sont ces dispositions. Ce sera l'objet des trois premiers chapitres.

Dans le quatrième, nous étudierons l'influence de la faillite sur l'inscription des hypothèques.

Avec le cinquième, nous verrons quelles sont la nature et la portée d'application des nullités édictées par la loi.

Enfin, dans un appendice, nous nous demanderons quel est le sort de la constitution et de l'inscription des hypothèques, lorsque le commerçant, au lieu d'être déclaré en faillite, obtient le bénéfice de la liquidation judiciaire.

Observons que l'hypothèque conférée par l'art. 490 C. com. à la masse des créanciers, ne présente pour nous aucun intérêt. Naissant de la faillite, elle ne peut en aucune manière être modifiée par elle. Nous la laisserons en dehors de notre étude.

7

# CHAPITRE PREMIER

## INFLUENCE DE LA FAILLITE SUR LA CONSTITUTION DES HYPOTHÈQUES CONVENTIONNELLES.

Toute personne qui contracte une obligation a le droit de conférer une hypothèque sur ses biens pour en assurer le paiement à l'échéance ; de même tout créancier peut exiger, comme condition de son prêt, une sûreté spéciale pour se prémunir contre les risques d'insolvabilité. Si aucune hypothèque n'a été attachée à la dette au moment de sa naissance, les parties demeurent toujours libres d'en constituer une qui prendra rang à sa date. Mais lorsque le débiteur est un commerçant, la loi se préoccupe avant tout de maintenir l'égalité entre les créanciers et de leur assurer une situation commune. Elle les unit dans le malheur pour subir ensemble et proportionnellement à leurs droits les conséquences de l'insolvabilité. La perte, répartie sur un plus grand nombre de têtes, sera plus légère pour chacune et plus facile à supporter. Au point de vue social et économique, il est préférable que chaque intéressé subisse une réduction et ne reçoive qu'un simple dividende. Rédigée sous l'influence de ces idées, la loi du 28 mai 1838, qui régit actuellement la matière, s'est montrée hostile aux constitutions d'hypothèques qui interviennent à l'époque de la cessation des paiements et ne les laisse subsister que lorsqu'elles lui paraissent exemptes de toute fraude.

Pour étudier avec méthode les nullités des hypothèques, pour se rendre compte de leurs causes et de leur étendue, il est bon de suivre le commerçant dans les différentes phases de sa vie commerciale. La loi française, d'accord sur ce point avec la plupart des législations étrangères, ne le fait pas tomber brusquement de l'état de pleine capacité à l'état d'incapacité absolue. Elle procède par degrés et, suivant une marche progressive, elle amoindrit d'abord ses droits et sa liberté de contracter, avant de lui retirer complétement la gestion et la disposition de son patrimoine et, par suite, de lui interdire les actes qui s'y rapportent.

L'on peut poser ce principe, que les hypothèques sont annulées avec d'autant plus de facilité qu'elles ont été constituées à une époque plus voisine de la solution de la faillite. Il nous servira de guide dans la suite de cette étude, et son examen nous permettra de suivre le sort des hypothèques dans les différentes étapes que traverse la capacité du commerçant. Nous le trouverons au début pleinement capable, ne relevant que des dispositions générales du droit civil ; nous le verrons ensuite, lorsque le désordre s'empare de ses affaires, entrer dans une période de demi-capacité, pour tomber enfin dans un état d'incapacité absolue. Nous assisterons ainsi à ce que l'on pourrait appeler la virilité, la décrépitude et la mort de la capacité du failli au point de vue de la constitution des hypothèques.

Les deux périodes extrêmes, qui correspondent à la pleine capacité et à l'incapacité, demandent peu d'explications. Nous les examinerons tout d'abord, réservant de plus amples développements pour la période intermédiaire.

## I. — Première et troisième périodes

La première période commence avec les opérations commerciales et se prolonge jusqu'à la cessation des paiements ou aux dix jours antérieurs, suivant que l'on se place dans le champ d'application de l'art. 447 ou de l'art. 446 C. com.

Tant que le commerçant fait face à ses engagements, exécute ses obligations avec ponctualité, acquitte à l'échéance les traites tirées sur lui, il est placé, au point de vue de la capacité, sur la même ligne que le non-commerçant. L'un et l'autre jouissent de la liberté d'administrer leurs biens et d'en disposer. Il n'est porté atteinte à cette liberté que par les règles de l'action Paulienne, dont l'exposition étrangère à cette étude trouve naturellement sa place dans les commentaires sur le Code civil (1).

En fait, l'exercice de l'action Paulienne se présente rarement. La déclaration de faillite assure des avantages considérables. Elle ne peut être prononcée, il est vrai, qu'au cas de cessation de paiements ; mais le plus souvent celui qui est en état d'insolvabilité n'acquitte pas ses obligations et tombe ainsi sous le coup de l'art. 437 C. com. Si le poursuivant, renonçant à ce moyen, préférait intenter l'action révocatoire de l'art. 1167 C. civ., de manière à éviter la liquidation générale et le régime

---

(1) La jurisprudence n'a pas hésité à appliquer l'action Paulienne aux actes passés par les commerçants avant la cessation des paiements. La Cour de Lyon (1re ch. civ. 15 déc. 1881, Dalloz, 82, 2, 134), annulant un jugement du Tribunal de commerce de St-Etienne, pose nettement le principe que les créanciers peuvent attaquer les actes passés par un débiteur failli en fraude de leurs droits. Elle se demande ensuite en vertu de quel texte, et alors, après avoir constaté que dans l'espèce les art. 446 et 447 C. com. ne pouvaient pas s'appliquer, le premier parce que l'acte incriminé était à titre onéreux, le second parce qu'il était antérieur à la cessation des paiements, elle prononce la nullité en vertu de l'art. 1167 C. civ. La Cour de Paris a également adopté cette doctrine (4 juin 1886, Dal. 87, 2, 100).

Cette interprétation est en quelque sorte consacrée législativement. L'ancien art. 447 C. com. disait : « Tous actes ou paiements faits en fraude des créanciers sont nuls. » Une disposition analogue avait été introduite dans le projet qui est devenu la loi de 1838 ; au cours des travaux préparatoires on l'a retranchée comme inutile et comme faisant double emploi avec l'art. 1167 C. civil.

d'égalité entre les créanciers, ceux-ci ont un intérêt trop direct à arrêter les poursuites individuelles, à diminuer les frais de procédure et à s'assurer une distribution des biens par voie de contribution, pour ne pas provoquer la déclaration de faillite.

Cependant cette déclaration n'est pas toujours possible. Alors l'exercice de l'action Paulienne s'impose comme la seule voie de recours contre les actes nuisibles et frauduleux (1).

Si, faisant momentanément abstraction de la seconde période, nous sautons à la troisième, qui commence avec le jugement déclaratif de faillite, nous trouvons la situation du commerçant profondément modifiée.

Il importait, à partir de cette époque, de prévenir la fraude qui est surtout à craindre au moment où, la faillite étant dé-

---

(1) Il en est ainsi dans deux cas.

Le premier est celui où un commerçant mort en état de cessation de paiements n'a pas été déclaré en faillite dans l'année de son décès (art. 437 C. com.).

Le second est celui où le débiteur, soldant régulièrement ses dettes commerciales, ne laisse en souffrance que des obligations civiles.

Ce second cas, contesté par quelques auteurs, est définitivement admis par la jurisprudence depuis deux jugements du tribunal de Marseille, en date des 17 février et 25 mai 1869 (Jurispr. com. du trib. de Marseille 1869, 1,126 et 178) — (En ce sens, Cas. req. 2 déc. 1868, Sirey, 69, 1, 128, Dalloz, 69, 1, 129 ; Paris 30 août 1871, D. 72 5, 241 et 21 janv. 1873, D. 74, 5, 263 ; Nancy 23 mai 1874, D. 75, 2, 117 ; Paris 13 fév. 1877, *Droit* : 13 avril).

Cette manière de voir est facile à justifier. Sous l'empire du Code de commerce, l'art. 441 était formel : « L'ouverture de la faillite, disait-il, est déclarée par le tribunal de commerce ; son époque est fixée soit par la retraite du débiteur, soit par la clôture de ses magasins, soit par la date de tous actes constatant le refus d'acquitter ou de payer des *engagements de commerce*...» En 1838, cette disposition n'a pas été reproduite ; faut-il en conclure qu'elle a été rayée de notre droit et qu'il n'y a plus aucune distinction à établir entre

clarée, le débiteur convaincu de sa ruine peut tenter de soustraire quelques débris de son patrimoine au droit de gage des créanciers. Il importait encore, soit de confier la direction des affaires à une personne plus expérimentée que le commerçant, dont l'administration, jugée par les résultats, ne pouvait pas utilement se continuer, soit de permettre aux véritables intéressés de se rendre un compte exact de la situation du commerçant et de veiller eux-mêmes aux soins de la liquidation.

Pour arriver à ces fins, il n'était pas besoin d'enlever au débiteur sa capacité ou de frapper ses biens d'expropriation. Il suffisait de lui retirer l'administration de son patrimoine. Aussi l'art. 443 C. com. a-t-il décidé que « le jugement déclaratif de faillite emporte de plein droit, à partir de sa date,

---

les dettes civiles et les dettes commerciales ? Je ne le pense pas. Rien dans l'exposé des motifs du gouvernement, ni dans les rapports des commissions, ni dans les discours des orateurs, ne laisse soupçonner un pareil changement. L'art. 437 implique, au contraire, le maintien de l'ancienne distinction. Il parle de cessation de paiements ; or cette expression ne peut se rapporter qu'aux dettes commerciales, dont les échéances, assez rapprochées pour former en quelque sorte une chaîne continue, justifient les expressions de cessation ou de continuation des paiements, expressions qui ne sauraient s'appliquer aux obligations civiles. Enfin, un commerçant ne peut être soumis au droit commercial que pour les actes qu'il fait en cette qualité. S'il manque aux engagements contractés comme simple particulier, il demeure régi par le droit commun et ne peut pas être l'objet d'une déclaration de faillite, qui, aux termes de l'art. 437, n'atteint que les commerçants.

La jurisprudence va jusqu'à décider que le jugement déclaratif de faillite peut être rapporté sur l'appel du failli, si, depuis ce jugement il s'est libéré de ses obligations commerciales et ne se trouve plus tenu que d'obligations civiles, même exigibles (Bordeaux 25 juin 1869, D. 74, 5, 263 ; Rouen 27 juil. 1872, D. 74, 5, 263 ; Paris, 21 janv. 1873 *précité*).

dessaisissement pour le failli de l'administration de tous ses biens, même de ceux qui peuvent lui échoir tant qu'il est en état de faillite. » La situation doit se trouver définitivement fixée par le jugement déclaratif. Dès que les juges consulaires l'ont rendu, la loi arrête sur l'heure le commerçant dans la gestion de ses biens. Tous les actes qu'il accomplira, toutes les obligations qu'il pourra souscrire ne seront pas opposables à la masse. A-t-il commencé un marché, un contrat, un passement d'écritures, une missive, etc., sa faculté d'agir se trouve momentanément arrêtée et ses actes demeureront imparfaits. MM. Delamarre et Le Poitevin (1) ont dépeint sa situation d'une façon expressive en le comparant à un homme frappé soudain de paralysie : « Tout à coup et au moment même où il en est atteint, elle arrête en lui tout mouvement volontaire et le tient soudé dans l'attitude où il était au commencement de l'attaque. Par exemple, s'il avait les bras ouverts ou la main sur la tête, il reste les bras ouverts ou la main sur la tête; s'il écrivait, il reste dans la posture d'un homme qui, à une certaine distance, semble écrire. Mais sa main immobilisée ne continue pas ce qu'elle a commencé. »

Cependant, il ne faudrait pas que cette image, prise à la lettre, fît penser que le failli est frappé d'une incapacité absolue. La loi ne veut pas le mettre en état d'interdiction ; elle désire seulement protéger la masse contre les conséquences des actes qu'il pourrait faire. Il ne saurait donc arguer de nullité les contrats qu'il aura passés après la déclaration de faillite ; ils demeureront valables vis-à-vis de lui ; mais ils ne pourront pas être exécutés au détriment de la masse.

Le véritable effet du dessaisissement est de frapper ses biens d'indisponibilité, de telle sorte qu'il ne pourra en disposer

---

(1) *Traité de droit commercial,* t. 8, p. 182, n° 66.

d'aucune manière, soit directement, soit indirectement. Par conséquent, il devient inhabile à conférer sur ses immeubles des droits de préférence par la constitution d'hypothèques.

Il peut être fait exception à cette règle dans deux hypothèses :

La première est celle où les créanciers, approuvant d'avance les actes du failli, se les sont rendus propres et en ont accepté toutes les conséquences (1). Dans certains cas, on ne pourrait arrêter sur-le-champ l'exploitation du fonds de commerce sans en déprécier la valeur et sans causer, par cela même, un préjudice à la masse. L'art. 469 C. de com. a prévu cette situation, et dans la pratique il arrive souvent que la déclaration de faillite n'interrompt pas les opérations. Le failli, avec le consentement des créanciers, reste dans son magasin, où il continue à débiter ses marchandises, à faire les achats et les ventes nécessaires à l'entretien du fonds et aux besoins de la clientèle. Il agit alors au nom et dans l'intérêt des créanciers, dont il est le mandataire, et ses actes ne produisent effet qu'envers les mandants, qui ne peuvent pas les critiquer lorsqu'il est demeuré dans les limites de son mandat.

Cette hypothèse ne présente pour nous qu'un intérêt fort secondaire, puisque les droits du failli sont limités par la convention et que, dans la mesure de ses pouvoirs, il joue le rôle d'intermédiaire. Lorsqu'il contracte il ne s'oblige pas personnellement, il n'oblige que la masse des créanciers, qui est considérée comme ayant figuré elle-même à l'acte.

Dans la seconde hypothèse, la personnalité du failli se dégage nettement. C'est celle où, après le jugement déclaratif, il s'est livré à un travail ou a entrepris une industrie nouvelle avec des capitaux avancés par des parents, des amis ou des

---

(1) V. Massé, *Droit commercial*, t. 2, p. 355.

personnes qui ont encore confiance dans son crédit. Si les
ressources qu'il se procure ainsi ne font que suffire à ses besoins et à ceux de sa famille, nul ne s'occupera de ses affaires,
et la liquidation de son patrimoine se continuera sans que
l'on s'intéresse à lui. Cependant, il existe des personnes à
l'âme ferme et bien trempée, qui, sans se laisser abattre par
l'adversité, se raidissent contre le malheur ; qui, après une
première défaite, loin de déserter la lutte, se remettent ardem-
ment à l'œuvre pour réparer leur fortune et préparer la réhabilitation, et finissent par acquérir de nouveaux biens. Ces
biens sont frappés de dessaisissement par l'art. 443 du Code
de commerce, comme ceux que le failli possédait au jour de la
catastrophe. Au fur et à mesure de leur acquisition, ils sont
enlevés à son administration pour passer dans celle de ses
créanciers.

L'art. 443 ne fait aucune distinction suivant l'importance
des valeurs advenues au failli ; il s'exprime en termes trop
généraux et trop formels pour que l'on puisse légalement en
introduire. L'on est réduit à protester, avec MM. Pardessus (1),
Lyon-Caen et Renault (2) et la jurisprudence (3) contre une
pareille rigueur. Lorsque le commerçant failli se livre à un
travail personnel ou à une industrie, le dépouiller jour par
jour de sa rétribution et de ses profits, constitue une mesure
aussi inhumaine pour lui et pour sa famille que peu avanta-
geuse pour les créanciers. L'on ne peut que constater la bizar-
rerie et l'inconséquence qu'il y a à voir la loi autoriser, d'une
part, le failli à contracter et, par suite, à exercer un commerce,
et, d'autre part, à le priver de tous les produits qu'il peut en

---

(1) *Cours de droit commercial*, t. 5, p. 52.
(2) *Précis de droit commercial*, t. 2, p. 663, note 3.
(3) Paris, 6 juillet 1855, D., 55, 2, 360, S., 55, 2, 479.

retirer, quelque minimes qu'ils soient, dès qu'ils dépassent la quotité indispensable pour ses besoins (1).

En fait, il peut arriver, et il arrive souvent, que les créanciers, moins rigoureux que la loi, laissent le failli exercer librement son commerce et ne se retournent contre lui pour exercer leur droit de gage sur les biens acquis ultérieurement au jugement déclaratif, que lorsque ces biens ont acquis une certaine importance. Il n'est pas douteux que le dessaisissement s'applique à ces biens et que la masse doive triompher dans ses réclamations. Seulement il importe de rechercher quels sont ses droits et si, en vertu du dessaisissement général de l'art. 443 C. com., elle pourra méconnaître les actes faits par le débiteur et ne tenir aucun compte des obligations par lui contractées.

Il est aujourd'hui universellement admis, en doctrine et en jurisprudence, que les opérations faites par le failli avec des biens autres que ceux qu'il possédait au jour de la faillite son

---

(1) Il faut apporter à cette règle trop absolue les tempéraments qui résultent soit du Code de commerce, soit du Code de procédure, ou de lois particulières, en vertu desquels certains biens peuvent être laissés au failli ou sont déclarés insaisissables et ne peuvent, sous aucun prétexte, être enlevés au débiteur. La jurisprudence est même allée plus loin. La Cour de Paris, poussée par un sentiment d'équité, a décidé que le failli doit recevoir une part rémunératoire de ses travaux et de ses soins. lorsque ses travaux et ses soins se rapportent à une industrie exercée postérieurement au jugement déclaratif. (Arrêt précité du 6 juillet 1855).

En outre, demander compte jour par jour des bénéfices que le commerçant a pu retirer de son nouveau commerce constituerait une véritable tracasserie, et la jurisprudence ne la tolérerait pas, alors surtout qu'elle admet que l'on doit laisser au failli les coudées franches en tant que ses actes se réfèrent aux valeurs qu'il s'est procurées par son travail ou qui lui ont été confiées.

valables en elles-mêmes (1). Elles ne peuvent être critiquées par les créanciers antérieurs que tout autant qu'elles aggravent leur situation. En d'autres termes, s'il en résulte un profit, ils ont le droit de se l'approprier ; mais, si elles leur causent un préjudice, ils ne sont pas obligés de le subir. Cependant cette liberté d'action laissée au failli ne va pas jusqu'à lui permettre d'agir en fraude et au préjudice de la masse. Celle-ci, par l'organe des syndics, peut exercer un droit de contrôle et de surveillance, et par suite intervenir, le cas échéant, pour s'opposer à tout engagement ou à tout acte qui, de la part du failli, serait de nature à lui nuire ; elle peut prendre les mesures nécessaires pour assurer le recouvrement des valeurs acquises par le débiteur et prévenir tout détournement (2). Mais si aucune mesure n'est prise, les transactions intervenues entre le failli et les tiers ne peuvent pas être critiquées par les créanciers ou les syndics, qui ont à s'imputer de les avoir laissé accomplir sans intervention ni opposition de leur part (3). Les actes faits sans fraude doivent être maintenus soit que les personnes qui ont traité avec le failli aient connu son état, soit qu'elles l'aient ignoré (4).

Par conséquent, les obligations contractées par le failli dans l'intérêt de son commerce doivent être respectées ; elles sont opposables à la masse. S'il a emprunté, ses dettes seront acquittées sur les valeurs provenant de son commerce avant que les créanciers de la faillite puissent rien prétendre. Cela résulte encore du principe d'équité que nul ne peut s'enrichir

---

(1) Cas. req., 16 nov. 1887, D. 88, 1, 325.

(2) Cas. req., 4 janv. 1858, D. 59, 1,197; Cas. civ. 25 juin 1860, D. 60, 1, 286 et 12 janv. 1864, D. 64, 1,130 ; Cas. req., 8 mai 1878. D. 79, 1,101.

(3) Cas. civ., 12 janv. 1864 (arrêt précité).

(4) Cas. req., 2 fév. 1876, D. 77, 1,422.

aux dépens d'autrui. Or, les créanciers de la masse feraient un gain illicite et s'enrichiraient au préjudice des créanciers ultérieurs s'ils profitaient des acquisitions sans tenir compte des dettes (1).

On pourrait encore invoquer dans le même sens la maxime *bona non dicuntur nisi deducto œre alieno* et considérer les nouveaux biens et les nouvelles dettes du failli comme formant un tout unique, un patrimoine composé d'un actif et d'un passif. Cette maxime conduirait forcément à décider que toutes les dettes postérieures au jugement déclaratif doivent être acquittées avant que la masse puisse venir exercer son droit de gage sur les biens nouvellement acquis. Cependant les auteurs repoussent la prétention de ceux dont la créance n'a pas été contractée en vue du commerce et leur opinion paraît fondée, parce que le failli ne peut pas, par des actes qui lui sont personnels, causer un préjudice à la masse. Mais comme toutes les obligations souscrites par un commerçant sont réputées l'être en vue de son commerce, ce sera à la masse à prouver que l'argent emprunté avait une destination différente.

Le failli étant libre de contracter des obligations pour les besoins de son commerce, a également la faculté d'en garantir le paiement par une sûreté spéciale et de conférer sur les immeubles qu'il peut avoir acquis une hypothèque au profit de certains créanciers. Par conséquent, si ces nouveaux biens sont

---

(1) En ce sens : Paris, 22 janv. 1840, D. J. G. v° Faillite n° 497 ; Cas. civ. 12 janv. 1864 (arrêt précité) — Massé, *Le droit commercial* t. 2, p. 360; Lyon-Caen et Renault, *Précis de droit commercial*, t. 2, p. 664 ; Demangeat sur Bravard, t. 5, p. 75, note ; Alauzet, *Commentaire du Code de commerce*, t. 7, p. 108 ; Bédarride, *Des faillites et banqueroutes*, t. 1, p. 97 ; Pardessus, *Cours de droit commercial*, t. 5, p. 54 ; Renouard, *Traité des faillites et banqueroutes*, t. 1, p. 292 ; Dalloz, *Répertoire général*, v° Faillite n° 196.

insuffisants pour désintéresser tous les nouveaux créanciers, non seulement la masse sera complétement écartée, mais encore ceux qui auront obtenu une hypothèque seront payés par préférence à tous autres.

Lorsque la faillite prend fin, le dessaisissement disparaît et le commerçant recouvre son entière capacité. Il se trouve dans la situation où il était dans la première période ; il peut librement vendre, acheter, s'obliger. Cependant, sa situation vis-à-vis des anciens créanciers diffère selon que la faillite s'est terminée par un concordat ou par l'union.

Dans le premier cas, il est entièrement libéré de son passif par suite de la remise de tout ou partie de ses dettes. Dans le second, il demeure tenu de ses obligations, et, s'il revient à meilleure fortune, ses créanciers pourront le poursuivre et obtenir de lui le paiement intégral de ce qui leur est dû.

Cependant il faut observer que la réhabilitation ne lui sera accordée que lorsqu'il aura entièrement liquidé son passif.

## II. — DEUXIÈME PÉRIODE

La deuxième période présente un intérêt considérable et donne lieu à de graves et nombreuses difficultés.

Elle a sa base et son point de départ dans la cessation des paiements et se termine par le jugement déclaratif de faillite. On la désigne généralement sous le nom de période suspecte ou période douteuse.

Pendant sa durée, le commerçant se trouve dans un état de demi-capacité. Sans doute, il demeure à la tête de ses affaires ; mais la loi, soucieuse des intérêts de ses créanciers, ne lui permet plus de faire des libéralités et, se montrant sévère dans l'appréciation des actes à titre onéreux, auxquels il concourt, elle les annule avec une extrême facilité dès qu'ils lui paraissent inspirés par la mauvaise foi. Elle va même, pour arriver plus sûrement à son but, jusqu'à établir des présomptions légales de fraude, contre lesquelles aucune preuve n'est admise (Art. 1352 C. civ.)

Notons, tout d'abord, que dans cette période, comme dans la première, les constitutions d'hypothèques demeurent soumises, au point de vue de leur validité, aux règles générales du droit. Elles peuvent être attaquées en vertu de l'article 1167 C. civ., si les conditions requises se trouvent réunies. L'action Paulienne est de droit commun ; elle existe parallèlement aux actions naissant de la faillite et nous devons donner aux créanciers la faculté de l'intenter toutes les fois qu'ils y auront intérêt. Le bénéfice de la loi commerciale ne leur enlève pas les avantages conférés par le Code civil. Le Code de commerce, après avoir déclaré quels actes ou paiements intervenus pendant la période suspecte seraient présumés frauduleux, réservait expressément pour les autres l'application du droit commun. Son art. 447 portait : « Tous actes ou paiements faits en fraude des créanciers sont nuls. » Cette disposition n'a pas été reproduite dans la loi de 1838. Résulte-t-il de cette omission que le principe de l'ancien article 447 ait été supprimé et que l'on ne puisse, en cas de faillite, faire tomber les actes frauduleux qu'en invoquant les articles 446 et suivants du Code de commerce révisé ? Nullement. Si l'ancien article 447 a disparu, c'est qu'il était inutile à côté de l'art. 1167 C. civ. et faisait double emploi avec lui. Le Code civil, au titre *des contrats ou des obligations conventionnelles en général*, dans lequel se trouve l'art. 1167, pose des règles générales applicables à tous les contrats civils et commerciaux (art. 1107). A côté de ces règles générales peuvent se trouver des règles particulières à certains contrats. Ces dernières dérogent aux règles générales et les abrogent toutes les fois qu'elles leur sont opposées ; mais elles ne les empêchent pas de s'appliquer, à moins d'une prescription formelle, lorsqu'elles ne sont pas en contradiction avec elles.

En posant les règles des articles 446 et suivants, les législateurs de 1838 ont voulu faciliter pour les créanciers la découverte et la répression de la fraude ; ils n'ont pas entendu leur retirer le droit d'invoquer l'art. 1167 C. civ.

C'est ce qu'a pensé la jurisprudence, qui n'a jamais hésité à accorder cette voie de recours contre les actes frauduleux. La Cour de cassation, dans un arrêt du 13 novembre 1867, s'exprime en ces termes : « Attendu que les nullités édictées par les art. 446 et suivants C. com. pour les actes faits depuis la cessation des paiements ou dans les dix jours qui ont précédé, ne sont pas exclusives de l'action en nullité qui peut être intentée aux termes de l'art. 1167 C. civ. (1) »

En droit romain, l'action Paulienne était la seule voie de recours contre les actes frauduleux. Cette protection était bien insuffisante pour les créanciers lorsque le débiteur était commerçant. Aussi les rédacteurs du Code de commerce, s'inspirant de principes déjà admis dans le règlement du 2 juin 1667 pour la ville de Lyon, dans l'ordonnance de 1673 ( Code marchand ) et dans la déclaration du 18 novembre 1702, avaient introduit un système de nullités qui frappaient de plein droit toute hypothèque constituée depuis la cessation des paiements ou dans les dix jours antérieurs. « Nul, disait l'art. 443, ne peut acquérir privilége ou hypothèque sur les biens du failli dans les dix jours qui précèdent l'ouverture de la faillite. » Si nous considérons que la faillite était réputée ouverte du jour de la cessation des paiements, nous verrons quelle protection énergique était assurée aux créanciers.

Mais le Code de commerce n'avait-il pas dépassé son but, et

(1) D. 68, 1.212, S. 68, 1.116. Dans le même sens, Cas. civ. 4 janv. 1847, D. 47, 1, 130 : Cas. req. 9 mars 1858, D. 58, 1,303 ; Orléans 16 janv. 1861, D. 61, 3, 225 ; Besançon 10 avril 1865, D. 65, 2, 82.

ses garanties excessives n'avaient-elles pas entravé la marche des affaires, porté atteinte aux relations commerciales et altéré le crédit dans une de ses bases ? C'est en vain que le commerçant possédait des immeubles d'une valeur même considérable, ces immeubles étaient regardés par les capitalistes comme un gage insuffisant, sur lequel ils ne pouvaient pas prêter en toute sécurité. L'emprunt hypothécaire dénote une certaine gêne dans les affaires ; il est toujours insolite chez un négociant. L'embarras financier peut cesser par l'entrée de nouvelles sommes dans la caisse ; mais le bailleur de fonds, toujours soucieux de ses intérêts, doit prévoir l'hypothèse inverse et envisager la situation qui lui sera faite si son argent ne rétablit pas l'ordre dans les affaires. Que le débiteur cesse plus tard de répondre à ses engagements, et la faillite dans son effet rétroactif frappera peut-être de nullité la constitution d'hypothèque et privera le créancier de la garantie en vue de laquelle il avait contracté. Proscrire l'hypothèque, c'était rendre le prêt impossible, frapper les ressources du commerçant d'une stérilité funeste, lui en ravir la disposition au moment le plus critique et le condamner parfois à un désastre qu'un emprunt aurait pu facilement conjurer.

Un pareil système était critiquable et conduisait à des conséquences injustes.

Il divisait ce qui dans l'intention des parties était indivisible. Supposons qu'un prêt eût été consenti à un commerçant et que celui-ci eût en même temps donné une garantie pour en assurer le remboursement, l'opération formait un tout unique, elle devait être maintenue ou annulée dans son entier. Il est injuste de frapper une hypothèque qui a été dans la pensée du prêteur la condition *sine quâ non* du contrat. Il est inconséquent de considérer le créancier de bonne foi lorsqu'il s'agit de valider sa créance et d'annuler comme frauduleuse la sûreté qu'il a stipulée.

En second lieu, les rédacteurs du Code de commerce avaient confondu et assimilé deux cas très différents, qu'il importe de distinguer. Lorsque le débiteur, depuis la cessation des paiements ou dans les dix jours qui précèdent, constitue une hypothèque pour sûreté d'une dette préexistante et transforme en créancier hypothécaire un créancier qui jusque-là s'était contenté de la qualité de chirographaire, il lui confère un avantage gratuit sans rien recevoir en échange, il lui donne le droit de se faire payer par préférence et l'espoir d'obtenir un paiement intégral, alors que les autres ne recevront qu'un simple dividende. Il cause un préjudice considérable à la masse. Au contraire, lorsque le débiteur en contractant un engagement a accordé une hypothèque sur ses biens, cette garantie participe de la nature du contrat, dont elle est une condition ; elle est comme lui à titre onéreux. Les créanciers chirographaires n'ont pas à se plaindre ; car, si la constitution d'hypothèques est nuisible à leurs intérêts, ils ont profité des valeurs entrées dans le patrimoine de leur débiteur et employées à payer ses dettes. Il y a là une sorte de compensation.

Enfin le législateur de 1807 était inconséquent avec lui-même. Il reconnaissait valable l'aliénation qui ne présentait aucun caractère de fraude, et il prohibait toute constitution d'hypothèque sur des biens qu'il permettait d'aliéner. Le commerçant, pressé de besoins, était libre de recourir à la vente ; mais un intérêt d'affection, des souvenirs de famille pouvaient le rattacher à ses immeubles ; il aurait souvent préféré les donner en garantie d'une obligation, et conserver ainsi une propriété, amoindrie sans doute, mais qu'il avait l'espoir de dégrever un jour de toutes les charges qu'il ferait peser sur elle. Etait-il décidé à s'en séparer, il n'est pas toujours facile de trouver un acquéreur et de retirer des immeubles un prix égal à leur juste valeur. Les ventes sont plus ou moins favorables, suivant les époques et les circonstances ; mais il est un fait certain, démontré par la pratique des affaires, c'est que celui qui est forcé d'aliéner à brève échéance, aliène toujours dans des conditions très préjudiciables à ses intérêts et à ceux de ses créanciers. C'est pour lui que l'art. 1674 du Code civil a admis la rescision de la vente pour cause de lésion.

La règle absolue de l'ancien article 443 du Code de commerce avait soulevé de vives réclamations, et les tribunaux, interprétant les textes, essayaient d'introduire une jurisprudence qui ne respectait ni la lettre, ni l'esprit de la loi. Le législateur de 1838, entrant dans la voie des réformes, a consacré une distinction très raisonnable, et universellement demandée, entre les hypothèques constituées après coup pour dettes préexistantes et les hypothèques constituées par le contrat même d'où résulte la créance qu'elles garantissent. Les premières, considérées comme constituées à titre gratuit, tombent sous l'application de l'art. 446 ; les secondes, présentant le caractère d'actes à titre onéreux, sont soumises à l'art. 447.

Il importe tout d'abord de rechercher les conditions d'application et les principaux effets de ces deux articles et de montrer quels avantages considérables ils ont réalisés sur le droit commun de l'art. 1167 C. civ. Nous examinerons ensuite une série de questions controversées, qui ne sont pas directement prévues par les textes et qui donnent lieu à de nombreuses difficultés.

### Conditions d'application et effets des articles 446 et 447 du Code de commerce.

Les nullités des art. 446 et 447, comme celle de l'art. 1167, sont basées sur le préjudice et la fraude ; mais la preuve de ces faits est rendue plus facile et remplacée parfois par des présomptions légales.

Le préjudice dans l'action Paulienne résulte de l'insolvabilité, dont la preuve, mise à la charge du créancier, ne pourra souvent se faire que par la discussion des biens. Les créanciers doivent établir que cette insolvabilité a été créée ou augmentée par l'acte attaqué, et que cet acte est postérieur au droit en vertu duquel ils agissent. Il est donc indispensable de rechercher dans chaque cas particulier si le débiteur, au moment où il contractait, avait un passif plus considérable que son actif. Toute action nouvelle nécessite une nouvelle preuve et ce qui est déclaré constant vis-à-vis d'un premier demandeur peut ne pas l'être vis-à-vis d'un second et réciproquement.

Dans la faillite, au contraire, la cessation des paiements fait présumer l'insolvabilité et sa date est fixée d'une manière uniforme au regard de tout intéressé par le jugement déclaratif ou par un jugement ultérieur. La preuve en est facile, puisqu'elle résulte d'un acte authentique. De plus, l'action collective de la masse étant substituée à l'action individuelle de chaque créancier, le syndic représente des intérêts communs, et lorsqu'il poursuit en justice la nullité d'un acte, il n'a pas à établir que cet acte a créé ou augmenté l'insolvabilité, et qu'il est postérieur aux droits en vertu desquels il agit.

Enfin, il résulte de ce fait que l'insolvabilité est plutôt présumée que réelle, que l'on peut la faire remonter dans certains cas aux dix jours qui ont précédé la cessation des paiements.

La fraude, au point de vue de l'art. 1167, s'apprécie différemment, suivant que l'on se trouve en présence d'un acte à titre gratuit ou d'un acte à titre onéreux. Dans le premier cas, elle n'est exigée que chez le débiteur et consiste dans la connaissance qu'il a de sa situation obérée; dans le second cas, elle doit être commune aux deux contractants. La preuve, souvent fort difficile est à la charge du demandeur.

En droit commercial, la fraude est toujours présumée de la part du débiteur ; d'où il suit que dans les actes à titre gratuit aucune preuve n'est nécessaire. Dans les actes à titre onéreux, suivant les principes de l'action Paulienne, reproduits par l'art. 447 C. com., il faut montrer la complicité frauduleuse du tiers. Cette complicité, la loi de 1838 la fait résulter de ce fait qu'il connaissait la cessation des paicments.

Il est facile d'expliquer pourquoi l'art. 446 est muet sur la fraude, pourquoi l'art. 447 ne parle que de la fraude des tiers. Un simple particulier peut se faire illusion sur la situation de sa fortune ; mais un commerçant habitué à l'ordre et à la régularité des écritures, obligé de tenir une comptabilité et de dresser annuellement un inventaire de ses biens, doit savoir à tout moment quelle est sa position exacte.

L'on peut regarder les art. 446 et 447 C. com., comme des déductions de l'art. 1167 C. civ., transformé, non pas arbitrairement par le législateur, mais nécessairement par la différence qui sépare la faillite de la déconfiture. Cela est vrai même de l'art. 446 qui consacre une nullité de plein droit ; car dès l'instant qu'il n'y avait plus de preuve à faire, que le préjudice était présumé, que la fraude l'était aussi, les principes de l'action Paulienne conduisaient à cette nullité obligatoire, prononcée par la loi plutôt que par le juge. Il n'y a de modification arbitraire que dans l'addition du délai de dix jours pendant lequel la loi suppose que le débiteur pressent déjà et prépare la cessation de ses paiements. Elle se justifie facilement par cette pensée que celui qui est à la veille de cesser ses paiements ne doit pas se montrer généreux et faire des libéralités au préjudice de ses créanciers.

Les nullités du Code de commerce ont encore un point de ressemblance avec celle de l'art, 1167 C. civ, en ce sens quelles frappent toutes les hypothèques, sans établir entre elles aucune différence d'après la nature de la créance garantie. Une fois la faillite déclarée, on ne distingue plus suivant l'origine et la cause des engagements, pour scinder la situation du débiteur, appliquer à la partie commerciale de ses affaires les règles du droit commercial et soumettre la partie civile à celles de la déconfiture. Son état est indivisible et déterminé par ce qui est reconnu constituer sa profession habituelle.

Si nous considérons maintenant l'action comme ayant abouti et si nous examinons ses effets, nous constatons qu'elle a pour résultat de faire considérer l'hypothèque comme nulle et non avenue. Ce principe est certain ; mais son application a donné lieu à de nombreuses difficultés. Quelles personnes peuvent profiter de la nullité? Tel est le problème qui s'est depuis longtemps posé. En ce qui concerne l'art. 1167 C. civ., il est diversement résolu par les auteurs : les uns excluent tous les créanciers qui n'ont pas participé aux poursuites ; d'autres, ceux qui sont postérieurs à l'acte incriminé ; enfin, dans une dernière opinion, on soutient que tous ont des droits égaux et peuvent exercer leur droit de gage général sur les biens débarrassés de l'hypothèque qui les grevait. Ces distinctions et ces difficultés n'existent plus lorsque la nullité est prononcée par application des art. 446 et 447 C. com. Le droit réel ayant disparu, les immeubles qui en étaient frappés deviennent libres et leur prix tombe dans la masse commune pour être distribué sans préférence entre tous les créanciers chirographaires par voie de contribution et au prorata de leurs créances.

Nous verrons dans un chapitre spécial que ces nullités n'ont pas un caractère absolu et ne produisent effet que relativement à la masse.

Le Code de commerce offre donc aux créanciers un avantage considérable en les débarrassant de toutes les entraves qui rendent difficile l'exercice de l'action Paulienne. Cependant il ne faut pas croire qu'il permette d'attaquer tous les actes de la même manière. Il contient, dans les articles 446 et 447, deux dispositions différentes, qui ont chacune leur champ d'application et qui se complètent l'une l'autre.

Toutes deux sont unanimes pour établir une présomption de fraude à l'encontre du débiteur, et pour entraîner la nullité de l'acte incriminé. Cependant elles ne se présentent pas dans les mêmes cas et l'on peut relever entre elles de nombreuses différences en ce qui concerne leurs conditions d'application, les pouvoirs que la loi a confiés aux juges, et leurs effets vis-à-vis des tiers subrogés aux droits du créancier hypothécaire.

L'art. 446 ne s'applique qu'à certains actes limitativement déterminés, et qui présentent comme caractère distinctif un avantage purement gratuit. Parmi eux figure l'hypothèque conventionnelle ou judiciaire constituée sur les biens du débiteur pour dettes antérieurement contractées (1). L'art. 447, au contraire, statue par voie de disposition générale et régit tous les actes qui ne sont pas visés par l'article précédent, c'est-à-dire les actes ordinaires, habituels, que suppose et nécessite l'exercice du commerce, les actes à titre onéreux (2). L'on peut

---

(1) Il n'y a pas à établir de distinction suivant la nature de l'obligation. L'hypothèque constituée en garantie d'une dette contractée pour réparation d'un délit tombe comme les autres sous la règle commune. (Rouen, 16 mars 1878. S. 80, 2, 53.)

(2) Cette distinction entre les actes à titre gratuit et les actes à titre onéreux a été nettement précisée à la Chambre des députés par M. Quenault, rapporteur de la commission. « Quel est, a-t-il dit, le système du projet ? C'est de respecter pendant tout le temps que le failli n'est pas dessaisi de fait et qu'il est à la tête de ses affaires et continue l'exploitation de son commerce, c'est de respecter les actes qu'il a pu faire avec des tiers moyennant argent comptant et toutes les fois que ces tiers ne connaissaient pas l'état de cessation des paiements. C'est là le système qui résulte de l'art. 447 qui suit celui que nous discutons. Eh bien ! je me place dans ce système et je dis que le prêt hypothécaire, comme tous les autres actes, peut

ranger parmi ces derniers la constitution d'une hypothèque lorsqu'elle résulte du même contrat que l'obligation dont elle garantit le paiement (1).

La distinction entre les hypothèques qui rentrent dans la première catégorie et celles qui font partie de la seconde paraît claire et facile à saisir. Cependant elle a donné lieu à des discussions, qui ont leur point de départ dans les termes mêmes de l'art. 446. Que faut-il entendre par ces mots : antérieurement contractées ? On a parfois pensé qu'ils visaient les dettes contractées antérieurement à la cessation des paiements ; mais les auteurs ont été vite d'accord pour repousser cette interprétation, condamnée par les motifs mêmes de la loi. Le but poursuivi par les réformateurs du Code de commerce était de protéger l'hypothèque née en même temps que la créance, et

---

avoir été fait de bonne foi, et qu'il tombe dans le cas de l'art. 447, qui n'annule qu'autant que la fraude est prouvée non seulement contre le failli, mais contre les tiers qui ont traité avec lui : voici la distinction fondamentale telle que l'a faite le système du projet, c'est de n'annuler que les actes gratuits, et en outre tout avantage fait au profit d'un ancien créancier au moyen d'hypothèques qui lui sont données postérieurement à la cessation des paiements et qui, au moment où elles sont données, sont un avantage véritablement gratuit, un avantage aux dépens de la masse. Mais lorsqu'il s'agit d'actes nouveaux, qui entrent dans la continuation des affaires du failli, d'actes qui sont faits au moyen d'argent comptant, nous les validons. » ( Séance de 29 mars 1838, *Le Moniteur universel* 30 mars 1838, p.735).

(1) En bonne logique, on ne saurait séparer le sort de l'hypothèque de celui de l'obligation lorsque toutes deux ont pris naissance en même temps. L'on ne peut pas scinder la convention et, tout en maintenant l'obligation principale, déclarer nulle et de nul effet l'hypothèque sur la foi de laquelle l'une des parties a versé les fonds. L'hypothèque ne doit tomber que comme une conséquence de la chute de l'obligation. ( V. Cas. civ. 24 déc. 1860, J. P. 1861, 225. )

considérée par les parties comme une condition essentielle du prêt. Les mots *antérieurement contractées* signifient donc contractées antérieurement à la constitution d'hypothèque. Telle est l'opinion de M. Bédarride, qui dit : « Cette disposition ne concerne que les hypothèques, les nantissements et les gages conférés pour dettes antérieures à leur réalisation et obtenus après coup par les créanciers. Les dettes contractées sans garantie ne peuvent en recevoir aucune aux approches de la faillite, et à plus forte raison après qu'elle s'est divulguée par la cessation de paiement. » (1)

La jurisprudence s'est rangée à cet avis et l'on peut rapprocher du passage de M. Bédarride, un considérant de la Cour de cassation : « Attendu, dit-elle, que l'art. 446, C. com., qui

---

Il semble à ce point de vue que l'art. 447 C. com. ne se rattache que de très loin à notre sujet, puisque nous ne nous occupons que de la validité des hypothèques et non de celle des contrats en général. Cependant dans la plupart des cas l'annulation de l'obligation n'aura d'autres conséquences que de priver le créancier de son hypothèque. Si le contrat est annulé avant d'avoir été exécuté, c'est comme s'il n'y avait eu rien de fait : le prêteur ne sera pas tenu de verser les fonds. Mais au contraire, si l'annulation n'est prononcée qu'après l'exécution du contrat, elle produit des effets rétroactifs en ce sens que le contrat est censé, en droit, n'avoir jamais existé. Il en est de même de l'hypothèque. Cela n'empêche pas, en fait, que le contrat n'ait déjà été exécuté, que l'emprunteur n'ait reçu les deniers et ne les ait confondus dans sa caisse avec ses deniers personnels. Il les aura reçus sans cause, sera obligé de les restituer ; mais le prêteur n'aura contre lui qu'une simple créance chirographaire et c'est à ce titre qu'il produira dans la faillite. Nous avons bien raison de dire que la nullité du contrat n'aura d'autres effets que de priver le créancier de l'hypothèque. Ce cas sera d'autant plus fréquent que le contrat ne sera le plus souvent critiqué que longtemps après sa formation.

(1) *Traité des fail. et banq.*, t. 1; p. 204.

déclare nulles et de nul effet relativement à la masse, quand
elles se placent dans la période qu'il détermine, les hypothèques
conventionnelles ou judiciaires constituées sur les biens du débiteur pour dettes antérieurement contractées, entend par ces
derniers mots non les dettes contractées antérieurement à la
cessation des paiements, mais les dettes contractées antérieurement à la constitution d'hypothèque (1). »

Les art. 446 et 447 se référant à des hypothèses différentes,
il était naturel que leur exercice ne fût pas soumis aux mêmes
conditions. D'une part, le législateur ayant visé dans le premier les actes à titre gratuit, les plus nuisibles à la masse des
créanciers, a pu les frapper avec plus de rigueur et en autoriser plus facilement la nullité. D'autre part, ayant limitativement déterminé leur nombre et leur nature, il pouvait comprendre toute l'étendue et la portée de ses dispositions et pres-
crire une règle plus absolue .

Reprenons ces distinctions.

La loi commerciale, de même que la loi civile, établit une différence entre les actes à titre gratuit et les actes à titre onéreux. Les premiers peuvent être annulés par application de
l'art. 446, malgré la bonne foi reconnue des tiers ; tandis que
l'art. 447 ne permet de frapper les seconds qu'à la condition
de prouver que le contractant avait conscience du préjudice
causé à la masse et s'était rendu volontairement complice de
la fraude. Cette preuve, mise à la charge du demandeur, résulte suffisamment de ce fait que l'adversaire connaissait la
cessation des paiements et ne peut s'établir d'aucune autre
manière. L'action ne serait pas recevable alors même que le
tiers aurait été au courant de l'état de gêne et d'insolvabilité

---

(1) Cass., req. 11 juil. 1881. D. 82, 1, 296.

du commerçant (1). L'hypothèque peut être valablement constituée en vue de la faillite et dans le but de la prévenir (2) ; elle
ne tombera que si le créancier connaissait la cessation des
paiements. La preuve peut en être faite par tous les modes
admis en matière commerciale ; mais elle doit viser des actes
personnels à celui contre qui elle est dirigée.

De cette première différence en découle une seconde, qui mérite d'être remarquée et qui constitue dans la loi de 1838 une
innovation heureuse, dont on ne trouve aucune trace ni dans le
Code de commerce, ni dans la législation antérieure. Pour les
nullités de l'art. 447, on ne remonte jamais au delà de la cessation des paiements, et les actes antérieurs, ne le fussent-ils
que d'un jour, conservent toute leur force. Au contraire l'art.
446 fait remonter ses effets aux dix jours qui auront précédé
la cessation des paiements. Cette distinction est rationnelle et
logique. D'une part, il est facile de comprendre que le législateur se soit montré plus sévère dans l'appréciation d'actes
par lesquels le débiteur fait sortir certains biens de son patrimoine sans rien recevoir en échange. D'un autre côté, l'art. 447
exige, comme condition essentielle, que ceux qui ont traité avec
le commerçant aient eu connaissance de la cessation des
paiements ; or, on ne peut pas alléguer qu'ils la connaissaient,
car elle n'existait pas encore. Par conséquent, si l'hypothèque
était née dans les dix jours antérieurs, elle ne pourrait pas être
annulée par application de l'art. 447, alors même qu'on prétendrait que le créancier a connu l'insolvabilité du débiteur et
le mauvais état de ses affaires (3).

---

(1) Cass., 18 avril 1866, D. 66, 1, 259 ; Lyon 23 juin 1883, D. 84, 2,
110.

(2) Cass., req. 8 mars 1854, D. 54, 1, 149.

(3) Lyon 16 mai 1849, D. 50, 2, 85.

En troisième lieu. les nullités de l'art. 446 existent de plein droit. Elles sont absolues, inflexibles, s'imposent à la conscience des juges, et résultent directement de la loi. Sans doute les magistrats auront à rechercher si les conditions exigées se trouvent réunies ; mais lorsqu'ils les auront constatées, leur pouvoir ne va pas au delà, ils seront obligés de prononcer la nullité. Lorsque l'action portée devant eux est basée sur l'art. 447, ils reprennent leur indépendance absolue, et jouissent d'un pouvoir de libre appréciation. La nullité revêt un caractère purement facultatif qui résulte des termes mêmes de la loi:«pourront être annulés.» Cependant certains auteurs, malgré cette expression si formelle, hésitent à aller aussi loin et cherchent à entraver la liberté du juge (1). Pour eux, dès que le préjudice est constant, dès que la connaissance de la cessation des paiements est établie, il doit forcément prononcer la nullité. Les mots «pourront être annulés» lui donneraient seulement le pouvoir de rechercher s'il résulte un préjudice de l'acte incriminé.

Cette opinion est basée sur les travaux préparatoires de la loi de 1838. Dans la séance de la Chambre des députés du 30 mars 1838, cette expression facultative a été attaquée. M. Sevaistre proposait de remplacer pourront par devront. Cet amendement. combattu par le rapporteur et par MM. Barbet et Martin (de Strasbourg, fut repoussé parce qu'il est possible que l'acte attaqué n'ait pas porté préjudice à la masse. « Dans ce cas, dit ce dernier orateur, il faut que le juge ne soit pas obligé d'annuler, et que les syndics ne soient pas forcés de demander l'annulation : ce n'est qu'autant qu'il y aura eu pré-

---

(1) Delamarre et Lepoitevin. *Traité de dr. com.* t. 6 n° 150 ; Bédarride. *Des faill. et bonq.*, t. 1. n° 119 ; Demangeat sur Bravard, t. 5. p. 263.

judice pour les créanciers que les juges devront annuler. Il
faut donc laisser le mot pourront.» (1)

La jurisprudence a consacré pendant quelque temps cette
opinion et dans des arrêts mal motivés elle a paru s'inspirer
surtout du principe de l'égalité dans le malheur commun (2).

Ces considérations sont sans fondement et ne sauraient prévaloir contre le texte de la loi.

C'est en vain que l'on invoque les déclarations des orateurs
à la Chambre des députés. Il résulte des travaux préparatoires que l'attention du législateur a été appelée sur le mot
pourront et si, après une discussion spéciale, il l'a maintenu,
c'est en connaissance de cause. Comment donc admettre, lorsqu'il se sert d'une expression facultative, qu'il ait voulu imposer une règle obligatoire ? L'amendement de M. Sevaistre est
tombé, et avec lui la modification qu'il apportait dans le projet
de loi. On doit donc prendre le texte tel qu'il est, et avec l'esprit qui a présidé à sa rédaction. Cet esprit ressort de la comparaison des art. 446 et 447, qui s'expliquent et se complètent
l'un l'autre. Le premier prononce une nullité absolue, inflexible,
le second une nullité purement facultative. Si dans les deux
cas le rôle du magistrat était le même, s'il devait se réduire à
de pures constatations de fait et se borner à l'examen des conditions requises par la loi, on ne comprendrait pas une différence de rédaction. Au contraire, cette différence s'accorde
très bien avec l'idée de pouvoirs différents conférés aux
juges.

Le second argument n'est pas plus concluant que le premier.
Le principe de l'égalité dans le malheur commun, régit les rap-

---

(1) *Moniteur universel,* 31 mars 1838, p. 747.
(2) Paris 10 janv. 1854, D. 55, 2, 58 ; Poitiers 16 janv. 1860, D.
60, 2, 25 ; Angers 25 avril 1861, D. 68, 5, 218.

ports des créanciers entre eux ; mais il ne saurait s'appliquer vis-à-vis des tiers qui ont traité avec le failli. Or, lorsqu'une personne a fait constituer une hypothèque pour garantie d'une dette actuellement contractée, elle joue le rôle de tiers et échappe, par suite, à la loi de l'égalité. Il en serait autrement s'il s'agissait d'une sûreté destinée à protéger une obligation préexistante : car alors nous serions en présence d'un créancier qui cherche à se faire une situation privilégiée, et à s'assurer un paiement intégral, tandis que les autres subissent une perte et sont soldés en monnaie de faillite. Mais dans notre hypothèse, il existe un contrat à titre onéreux, et nous avons vu que la loi de 1838, inaugurant un principe de justice, avait eu pour but d'établir un lien de solidarité entre les divers éléments de ce contrat.

La jurisprudence, après quelques errements, est revenue à une saine appréciation du texte et a définitivement consacré le système qui accorde aux Tribunaux la liberté d'appréciation. Sa nouvelle théorie se trouve résumée dans un arrêt de la Cour de cassation, en date du 28 juin 1875, et qui porte dans ses considérants : « Attendu que du rapprochement des art. 446 et 447 il résulte que si l'annulation des actes énumérés par le premier de ces articles est obligatoire pour les Tribunaux, cette annulation est simplement facultative quant aux actes dont s'occupe le second. Qu'en déclarant que ces derniers actes pourront être annulés si de la part de ceux qui ont traité avec le débiteur ils ont eu lieu avec la connaissance de la cessation de ses paiements, la loi a voulu laisser aux juges le pouvoir de les annuler ou de les maintenir suivant les circonstances. » (1) La question peut être considérée comme résolue en pratique.

---

(1) D. 75, 1, 469. Dans le même sens, Cas. civ. 24 déc. 1860, D. 61,1,

Cependant, si large que soit l'appréciation laissée aux Tribunaux, elle n'est pas absolue. On doit y apporter une restriction qui résulte, sinon des textes, du moins des principes et de l'intention du législateur nettement formulée au cours des travaux préparatoires. Elle constitue une nouvelle différence entre les art. 446 et 447.

Toute poursuite judiciaire doit présenter un intérêt pour celui qui l'exerce. Ici l'intérêt des créanciers consistera dans le préjudice causé par l'existence de l'hypothèque. Il est donc nécessaire qu'ils établissent ce préjudice et s'ils ne peuvent y parvenir ils seront repoussés en vertu de la maxime que l'intérêt est la mesure des actions.

Cette idée se trouve reproduite à tout instant dans les déclarations des orateurs au cours des débats parlementaires. Le rapporteur s'écrie : « La jurisprudence sera toujours assez éclairée pour distinguer les actes qui portent préjudice à la masse et ceux qui n'ont point cet effet » (1), et M. Martin, dans le passage que j'ai rapporté, fait reposer l'obligation d'annuler sur l'existence du préjudice.

Dans l'art. 446, la preuve en est remplacée par une présomption légale et le législateur n'hésite pas à conclure de la cessation de paiements à la réalité d'un dommage éprouvé par la masse des créanciers. Dans l'art. 447 il appartient aux magistrats, en vertu de leur droit d'appréciation, d'examiner si le dommage existe et, dans le cas où il existe, s'il est suffisant pour motiver l'annulation de l'acte.

---

71 et 14 avr. 1863, D. 63. 1, 292 ; Besançon 10 avr. 1865, D. 65, 2, 82 et 28 fév. 1866, D. 66, 2, 85 ; Lyon 26 fév. 1866, D. 69, 2, 16 ; Dijon 27 nov. 1867, D. 68, 2, 64 ; Douai 20 mai 1868, D. 68, 2, 211 ; Cass. req. 9 déc. 1868, D. 69, 1, 5 ; Bourges 16 mai 1874, D. 76, 2, 204.

(1) *Mon.* du 31 mars 1838.

Enfin, nous pouvons relever une dernière différence entre ces deux articles en ce qui concerne les effets des nullités vis-à-vis des ayants cause à titre particulier (1).

L'art. 446 prononce une nullité absolue, radicale, une nullité *in rem*, qui s'attache à l'hypothèque elle-même, lui enlève toute existence légale, l'affecte d'un vice qui la suit entre les mains des cessionnaires. Comme la semence qui, frappée dans son germe, ne peut plus produire de fruits, ainsi l'acte vicié ne peut jamais sortir à effet.

La nullité de l'art. 447 est facultative, dirigée contre la personne et destinée à réparer le préjudice causé à la masse. Elle ne pourra être prononcée contre les ayants cause que sous les conditions où elle aurait été admissible contre leur auteur, c'est-à-dire s'ils connaissaient la cessation des paiements.

### *Hypothèses non prévues par les textes*

Après avoir précisé les conditions et les effets des art. 446 et 447, nous sommes obligés de reconnaître qu'ils n'ont pas prévu toutes les hypothèses et qu'ils laissent place à un certain nombre de difficultés, sur lesquelles les auteurs et la jurisprudence ont été appelés à se prononcer. Nous examinerons successivement quel est le sort de l'hypothèque constituée pour garantir à la fois une dette ancienne et des avances nouvelles, de l'hypothèque pour sûreté d'une dette échue et exigible, de l'hypothèque intervenue à la suite d'une ouverture de

---

(1) Il est évident que s'il s'agissait d'un successeur universel, comme il représente la personne de son auteur, il serait tenu des mêmes actions que lui.

crédit ou d'une convention de compte courant, et enfin quelle
est la valeur d'une promesse d'hypothèque.

*1° Hypothèque constituée pour garantir à la fois une dette
ancienne et des avances nouvelles.* — L'hypothèque pour dette
antérieurement contractée est nulle, l'hypothèque pour dette
concomitante est valable, mais soumise à la nullité facultative de l'art. 447. Il peut arriver qu'un créancier simplement
chirographaire ait fait depuis la cessation des paiements, ou
dans les dix jours antérieurs, une nouvelle avance de fonds au
commerçant et que celui-ci lui ait consenti en échange une
hypothèque pour garantir le paiement des deux obligations. Quel sera le sort d'une pareille opération ? Doit-
on la considérer comme un tout unique et par conséquent l'annuler ou la maintenir dans son entier ; ou bien pourra-t-on
séparer les différentes parties dont elle se compose, pour
appliquer à chacune les règles qui lui sont propres ? Il faut
admettre avec MM. Lyon-Caen et Renault, Alauzet et Demangeat (1), que la première créance doit toujours rester purement
chirographaire, l'art. 446 s'oppose formellement à ce qu'elle
devienne hypothécaire, et que la seconde pourra être validée
par le tribunal et validée comme créance hypothécaire, à la
condition, bien entendu, qu'elle ne tombe pas sous le coup de
l'art. 447. Nous respecterons ainsi le vœu du législateur et le
texte de la loi en maintenant une sûreté immobilière née en
même temps que l'obligation qu'elle garantit et nous partage-
rons l'avis de la cour de Poitiers qui s'est prononcée dans ce
sens à la date du 20 avril 1885 (2). ·

---

(1) Lyon-Caen et Renault, *Précis de dr. com.*, t. 2, p. 722, n° 2765 ;
Alauzet, *Com. du Code de com..* t. 7, p. 179; Demangeat sur Bravard,
t. 5, p. 241.
(2) D. 1886, 2, 6.

M. Bédarride paraît professer une opinion diamétralement opposée lorsqu'il dit : « Nous croyons que dans ce cas on devrait appliquer l'article 446 dans toute sa rigueur et que l'hypothèque entière devrait être annulée (1).» Cependant il se hâte d'apporter à cette règle une exception qui en détruit presque la portée : « Si, ajoute-t-il, la somme nouvellement et réellement prêtée était importante, et qu'il apparût des circonstances que ce prêt n'a pas eu pour objet de contrevenir à l'article 446, on pourrait seulement réduire l'hypothèque à concurrence du montant du prêt dont le débiteur aurait réellement profité. » La seule différence qui existe entre cette théorie et celle que je soutiens consiste dans un déplacement de la preuve. Si l'on admet *a priori*, sauf exception, que l'hypothèque est valable en tant qu'elle garantit les avances nouvelles, c'est à la masse qui prétend l'attaquer à établir que l'on est dans le cas d'une exception. Si, au contraire, l'on fait peser sur elle avec M. Bédarride une présomption de fraude, c'est au créancier à démontrer qu'il agissait sous l'empire de la bonne foi. Même réduite à ces proportions, on ne peut pas accepter cette théorie ; elle est en contradiction avec l'esprit et le texte de la loi et ne tient aucun compte des motifs et des réclamations qui ont amené la réforme du Code de 1807.

Cependant les avances nouvelles peuvent être le prix de la garantie frauduleusement donnée aux créanciers pour les prêts antérieurs. (2) Il en sera notamment ainsi lorsqu'elles seront peu importantes par rapport à l'obligation primitive et seront intervenues longtemps avant l'échéance. Dans ce cas, on pourra les considérer comme non avenues, restituer à l'acte son véri-

---

(1) *Des fail. et banq.*, t. 1, n° 123.

(2) Dans ces conditions, la Cour de cassation n'a pas hésité à annuler l'hypothèque pour le tout. (Cass. req. 13 août 1833, D. 84; 1,207.)

9

table caractère, et le laisser soumis à l'application de l'art.
446 (1). On pourra encore l'atteindre en vertu de l'art 447, si
le créancier connaissait la cessation des paiements, ou en faire
prononcer la nullité en invoquant l'art. 598 C. com., qui déclare
sans valeur tout traité particulier conclu avec le failli dans le
but d'avantager un créancier au préjudice de la masse.

2° *Hypothèque pour sûreté d'une dette échue et exigible.* —
L'art. 446 C. com. qui annule de plein droit les hypothèques
consenties pour garantir une dette antérieurement contractée,
est-il également applicable lorsque l'hypothèque a été constituée à raison d'une obligation échue et exigible?

La jurisprudence n'a pas été appelée à résoudre directement
la question ; les auteurs sont unanimes à soutenir que la loi
n'ayant fait aucune distinction, on ne saurait y suppléer, et
que, dans tous les cas, on doit appliquer une règle uniforme.

Cette opinion, basée sur un argument très sérieux, se heurte
pourtant à de nombreuses considérations qui paraissent de
nature à autoriser une solution opposée.

La loi nouvelle valide les paiements des dettes échues ; dès
lors ne serait-il pas contradictoire d'annuler les hypothèques
constituées pour servir de garantie à ces mêmes dettes, que le
débiteur pourrait très valablement payer ? Payer, c'est plus que
donner une simple sûreté : on validerait le plus et on annulerait
le moins. N'est-ce pas là une véritable anomalie ? C'est en
vain qu'on essaierait de la justifier en considérant que rien ne
vient suspecter la bonne foi du créancier qui reçoit son paiement, tandis que celui qui après la cessation des paiements se

(1) La Cour de cassation décide que les avances nouvelles, qui ne
sont que le prix d'une sûreté spéciale, sont unies par un lien indis-
soluble au prêt ancien, n'en sont qu'un accessoire et doivent suivre
le même sort. (Cass., req. 7 janvier 1879, D. 79, 1, 286.)

fait constituer une sûreté, ne peut guère ignorer que le débiteur ne paie pas. On est obligé de le considérer de mauvaise foi. En admettant que cette raison fût suffisante pour justifier la nullité absolue de l'hypothèque constituée après la cessation des paiements, elle serait sans valeur dans le cas où la naissance de l'hypothèque est antérieure à cette cessation, et se place dans les dix jours qui l'ont précédée. On ne saurait imputer à faute au créancier d'avoir ignoré une situation qui n'existait pas encore. L'on peut même aller plus loin et soutenir que si le créancier s'est contenté d'une sûreté, alors qu'il pouvait exiger le paiement, c'est parce qu'il ne connaissait pas encore la situation critique du commerçant.

Ajoutez à cela que la constitution d'une hypothèque pour garantie d'une dette exigible, ne constitue pas une libéralité et ne présente à aucun degré le caractère d'un acte à titre gratuit. C'est ce qu'a formellement décidé la Cour de cassation dans un arrêt du 22 août 1882 (1).

« Attendu, dit-elle, que le débiteur d'une somme exigible qui consent une hypothèque au profit de son créancier, ne lui accorde que ce que ce dernier aurait pu réclamer en justice; qu'une pareille concession ne peut être assimilée à un contrat à titre gratuit ; qu'elle a, au contraire, tous les caractères d'un contrat à titre onéreux.» Cette solution est facile à justifier. Quiconque, avons-nous vu, s'est obligé personnellement est tenu de remplir ses engagements sur tous ses biens mobiliers et immobiliers, présents et à venir. Dès que la dette est devenue exigible, le créancier a le droit de réclamer le paiement en justice et, à son défaut, d'inscrire une hypothèque judiciaire sur les biens de son débiteur, ou de triompher de sa résistance par la saisie et la vente aux enchères. Si au moment d'exercer son

_____

(1) D., 1883, 1, 296.

droit, le créancier s'arrête, renonce aux poursuites et accorde
un délai moyennant la concession d'une garantie, il intervient
un contrat synallagmatique, à titre onéreux, dans lequel les
engagements de chaque partie ont pour cause et pour corrélatif
les obligations de l'autre. Or, nous avons vu que la loi de 1838,
votée pour donner satisfaction à l'opinion publique, n'a entendu
frapper d'une nullité radicale et absolue que les hypothèques
présentant un caractère de libéralité. Cette théorie demeure
donc fidèle au but même de la loi.

Je n'ajouterai pas cet argument que les auteurs présentent
comme une objection à leur système : à savoir que le débiteur
pourrait vendre à un tiers et par conséquent soustraire à la
masse des créanciers l'immeuble sur lequel il constitue un droit
réel. Cette considération aurait une portée trop étendue, elle
n'aboutirait à rien moins qu'à faire supprimer la nullité de plein
droit de l'hypothèque, aussi bien lorsque cette sûreté garantit
une dette non échue, que lorsqu'elle se rapporte à une obligation exigible.

Dans ces conditions ne peut-on pas considérer, lorsque le
créancier accorde du temps en échange d'une garantie, qu'il
intervient une véritable convention, une sorte de novation à la
suite de laquelle une nouvelle dette se trouve substituée à
l'ancienne, et peut servir de support à la constitution d'hypothèque (1). Le créancier est censé avoir reçu le paiement et
avoir ensuite retransféré les fonds à titre de prêt : il s'opère ce
que les Romains appelaient une tradition *brevi manu*. La jurisprudence n'a jamais hésité à assimiler à un versement de
fonds le renouvellement de billets (2). Il est donc possible,

---

(1) V. Orléans 16 juin 1852. D. 54, 2, 222.
(2) Cas. req. 2 juin 1863, D. 63, 1, 337 et 3 août 1870, D. 71, 1, 281;
Paris 4 juin 1886, D. 87, 2, 100.

si elle était appelée à trancher la question, qu'elle la résolût dans le sens que j'indique.

Les intérêts de la masse ne seront pas pour cela sacrifiés; car, si le créancier connaissait la cessation des paiements, la garantie qu'il a exigée pourra être atteinte en vertu de l'art. 447.

3° *Hypothèque intervenue à la suite d'une ouverture de crédit.* D'après le droit commun, l'hypothèque peut être constituée non seulement pour sûreté d'une obligation pure et simple antérieurement ou actuellement contractée ; mais encore pour sûreté d'une obligation future réalisable sous condition ou même simplement éventuelle, comme, par exemple, celle qui résultera d'un prêt à effectuer ou de la réalisation d'une ouverture de crédit. Cependant certains auteurs avaient essayé de soutenir le contraire. Ils prétendaient que celui à qui une avance a été promise demeurait libre de l'accepter ou de la refuser, et que son obligation était nulle comme dépendant d'une condition protestative. Cette opinion, aujourd'hui rejetée, reposait sur une fausse interprétation du contrat intervenu entre le créditant et le crédité. Il s'est formé un contrat synallagmatique imparfait, en vertu duquel le créditant est obligé de fournir les sommes qu'il a promises; il peut y être contraint en cas de refus. En ce qui le concerne, la convention est irrévocable, il doit en subir toutes les conséquences. Actuellement il est seul obligé, mais son engagement a pour cause l'obligation éventuelle pour le crédité de restituer les sommes qu'il pourra prendre, et la constitution d'hypothèque qui servira de garantie aux déboursés. M. Pardessus (1) paraît aller trop loin lorsqu'il dit que le crédité a contracté une obligation principale de prendre à l'intérêt convenu telle somme dans tel délai et qu'au cas d'inexé-

_____

(1) *Cours de dr. com.*, t. 5, p. 94.

cution il peut être poursuivi en dommages-intérêts. Je reconnais qu'en vertu de la liberté des conventions, un contrat reposant sur de pareilles bases serait valable ; mais il ne répondrait pas à l'idée que l'on se fait de l'ouverture de crédit. Le commerce et l'industrie exigent un roulement de fonds considérable. Le paiement des dettes à l'échéance s'impose pour le commerçant avec une rigueur absolue ; c'est pour lui un acte de sagesse et de prévoyance que de s'assurer des ressources pour le cas où il se trouverait accidentellement au dépourvu. Dans ce but, il s'adresse à un banquier pour solliciter sa confiance, la provoquer même au besoin par la création d'un droit réel sur ses immeubles et obtenir la certitude d'un crédit déterminé. Obliger le commerçant à épuiser le crédit ouvert dans un délai fixé d'avance, ce serait aller trop loin et dépasser le but ; car le prêt qui dépasse les exigences du moment devient ruineux par l'intérêt qu'il impose et par le défaut d'emploi de l'excédent. L'opinion de M. Pardessus se trouve donc erronée et condamnée par les nécessités pratiques. Il est obligé de le reconnaître lui-même, et malgré le profond respect que commande le savoir de cet auteur, on est forcé de constater une contradiction dans sa théorie. Après avoir déclaré que le contrat d'ouverture de crédit impose au crédité l'obligation ferme d'user des avances qui lui sont promises dans le délai convenu, il continue en disant : « Dès que le contrat est valable, l'hypothèque qui en est l'accessoire l'est aussi, comme toute hypothèque tendant à garantir une obligation conditionnelle, dans son existence. » Si l'obligation est conditionnelle elle n'a pas la portée absolue que lui reconnaît M. Pardessus. Il est donc constant que le crédité peut user ou ne pas user du crédit. Est-ce à dire pour cela que le contrat sera nul comme formé sous une condition potestative de sa part ? Nullement. Le contrat d'ouverture de crédit peut se décomposer en deux parties. Primitivement le créditant se trouve seul obligé envers le crédité. Ce dernier joue alors le rôle de créancier et la convention dans laquelle il figure en cette qualité échappe à l'application de l'art. 1174 C. civ. qui ne frappe de nullité que l'obligation contractée sous une condition potestative de la part de celui qui s'oblige. Le crédité, à son tour, s'engage à restituer les fonds lorsqu'il aura fait usage du crédit. Son obligation, bien que potestative de sa part, ne dépend pas uniquement du seul fait de sa volonté. Il est maître d'emprunter ou de ne pas emprunter; mais il a contracté en vue de ses besoins et il ne peut renoncer aux ressources qui lui sont nécessaires qu'en s'imposant une certaine gêne. La condition est purement potestative, elle apporte une restriction à sa liberté et n'annule pas le contrat.

Le contrat étant valable, l'hypothèque qui en est l'accessoire le sera aussi.

Voyons quelle sera l'influence de la faillite sur cette hypothèque.

Tout d'abord, il faut reconnaître que si l'hypothèque est valable lorsqu'elle prend naissance en même temps que l'obligation, à plus forte raison en sera-t-il de même lorsqu'elle est constituée pour une dette à venir ; car la fraude est, surtout dans ce cas, impossible à concevoir. Ainsi donc, si l'ouverture de crédit intervient depuis la cessation des paiements, et qu'au même moment l'hypothèque soit consentie, elle échappera à l'application de l'art. 446 et ne sera plus soumise qu'aux règles de l'art. 447 (1). Si d'un autre côté l'hypothèque prend

---

(1) Cependant l'art. 446 recevrait son application s'il apparaissait aux juges que les parties ont cherché à tourner la loi en donnant à des dettes antérieures non exigibles l'apparence de dettes nées au moment même de la constitution d'hypothèque ou postérieurement à cette constitution. Un des procédés les plus fréquents mis en œuvre par les banquiers pour arriver à ce résultat, consiste dans le fait d'ouvrir au négociant un crédit garanti par une sûreté réelle et de

naissance, non seulement après l'ouverture du crédit, mais encore après sa réalisation, il est évident qu'elle est nulle de plein droit comme établie pour garantir une dette antérieurement contractée.

Entre ces deux situations extrêmes, peut se placer une hypothèse intermédiaire qui donne lieu à une grave controverse. Supposons un banquier qui consent à un négociant une ouverture de crédit, et s'engage à lui fournir des avances, soit à des époques fixes, soit au fur et à mesure de ses besoins, jusqu'à concurrence d'une somme déterminée. Au moment de la convention, ce banquier, confiant dans la solvabilité du négociant, n'exige, comme compensation du crédit qu'il lui accorde, aucune garantie. Il se trouve irrévocablement tenu de remplir ses engagements et ne jouit d'aucune sûreté pour assurer le remboursement des sommes qu'il peut être contraint de fournir.

Plus tard, il conçoit des doutes sur la solvabilité du négociant, se repent de sa trop grande confiance, et au moment même où il compte l'argent au crédité, il sollicite et obtient de lui la constitution d'une hypothèque. Mais déjà des symptômes de gêne, avant-coureurs de la faillite, s'étaient manifestés dans les affaires du commerçant, et, quelque temps après, le désastre venant à éclater, la cessation des paiements se trouve remonter à une date postérieure à celle de l'ouverture de crédit, mais antérieure à celle du premier versement et de la constitution d'hypothèque. Celle-ci a donc pris naissance pendant la

---

compter dans ce crédit les avances antérieurement fournies. La jurisprudence, avec juste raison, admet que ces manœuvres peuvent se prouver par tous moyens et n'hésite pas à annuler la constitution d'hypothèque intervenue dans ces circonstances (Nancy, 4 août 1860. D. 60, 2, 196 ; Cas. req., 17 mars 1873, D., 74, 1, 371, et 7 janvier 1879, D., 79, 1, 286 ; Poitiers, 26 avril 1885, D., 86, 2, 6.)

période suspecte ; la masse prétend la faire annuler, sous prétexte qu'elle garantit une dette antérieurement contractée. Sa prétention est-elle fondée (1) ?

On objecte que l'hypothèque n'est rien par elle-même, puisqu'elle est l'accessoire d'une dette, dont elle forme la sûreté. Tant que la dette n'existe pas, l'hypothèque ne peut prendre naissance ; or, c'est seulement à l'époque du versement qu'apparaît pour le crédité l'obligation de restituer. Par conséquent l'hypothèque qui intervient au même moment est contractée en même temps que la dette ; dès lors, elle ne tombe pas de plein droit. Elle ne reste soumise qu'à la nullité facultative de l'art. 447, si le banquier connaissait la cessation des paiements.

Cette argumentation n'est pas exempte de critiques ; l'argument juridique qui lui sert de base paraît contestable ; en outre, elle méconnaît l'esprit de l'art. 446.

Nous avons vu que l'ouverture de crédit constitue un contrat valable pouvant servir de base à la constitution d'une hypothèque. L'obligation du commerçant, quoique conditionnelle,

---

(1) Il existe une discussion analogue sur le point de savoir à quelle date l'hypothèque prendra rang. Pour qu'elle produise effet, il faut d'abord qu'elle soit inscrite conformément aux règles de l'art. 2132 C. civ. Mais lorsque cette formalité est accomplie au moment de l'ouverture du crédit et que les prêts se succèdent ensuite à des délais plus ou moins rapprochés, les créanciers qui ont obtenu et fait inscrire une hypothèque dans l'intervalle qui sépare deux avances de fonds ou bien dans celui qui sépare la première avance de l'inscription hypothécaire qui est destinée à la garantir, peuvent élever des prétentions opposées à celles du banquier. Ils ne veulent parfois l'admettre en rang qu'aux différentes dates où il est devenu lui-même créancier. De là un conflit qui se résout par les mêmes arguments que celui qui existe entre le banquier et la masse de la faillite.

n'en a pas moins sa source dans la convention primitive, et le propre de toute condition est de rétroagir au jour même du contrat. Le banquier pouvait exiger une hypothèque au moment de l'ouverture de crédit ; s'il ne l'a pas fait il ne peut pas, après coup, en obtenir une lors du premier versement. Elle tomberait sous l'application de l'art. 446.

Du reste, le motif qui sert de base à cet article se retrouve ici avec toute sa force. On n'a pas voulu à l'approche de la faillite qu'un créancier pût se créer une situation privilégiée au détriment des autres. Si on maintient les droits de préférence lorsqu'ils ont été une condition essentielle d'un contrat à titre onéreux, on les annule lorsqu'ils se présentent comme une concession gracieuse, comme une libéralité de la part du failli. Dans l'hypothèse qui nous occupe, le crédit est ouvert au commerçant sans qu'il ait besoin de le payer par la concession d'un droit réel. Si postérieurement il veut en consentir un, c'est par pure complaisance.

Que l'on ne vienne pas maintenant opposer l'art. 1613 du Code civil pour soutenir que le banquier pourrait se dispenser de payer. Cet article, relatif à la vente, dispense le vendeur de livrer la chose, quand même il aurait accordé un délai pour le paiement, s'il se trouve en danger imminent de perdre le prix par suite de la faillite ou de la déconfiture de l'acheteur. Sans examiner les considérations économiques que l'on pourrait faire valoir contre cette opinion, je me borne à constater que l'article visé prend en considération la faillite et non la cessation des paiements. Nous verrons plus loin que la faillite ne peut exister qu'à la suite d'un jugement déclaratif, et que la cessation des paiements seule ne saurait produire aucun effet.

En admettant même, ce qui me paraît inexact, que le banquier puisse refuser les avances au commerçant après la cessation des paiements, il existe toujours un cas où l'hypothèque, consentie au moment du prêt et pour le garantir, constitue un avantage gratuit ; c'est celui où le versement a eu lieu dans les dix jours qui précèdent la cessation des paiements. Dans cette hypothèse le créditant n'a aucune raison pour se soustraire aux engagements qu'il a librement contractés, il doit en subir toutes les conséquences. Il ne peut pas les éviter en invoquant une situation qui n'existe pas encore. S'il a cherché, de concert avec le crédité, à se créer une condition privilégiée à une époque où la concession de tout droit de préférence était interdite, il est juste qu'il tombe sous le coup de la loi.

La situation du banquier sera dure sans doute, mais elle n'est pas absolument sans remède. Qu'il se montre vigilant, qu'il surveille les actes de son débiteur et, le cas échéant, qu'il provoque sa déclaration de faillite ; alors il sera admis à jouir de ce droit de rétention qui lui est refusé malgré la cessation des paiements. Cette solution peut s'induire non seulement des art. 1184 et 1613 du Code civil, mais encore et surtout des principes et des textes du Code de commerce.

Dans les contrats synallagmatiques, les obligations de chaque partie ont pour cause les obligations de l'autre. Lorsque l'une d'elles ne peut pas tenir ses engagements il est juste que l'autre soit dégagée des siens ; aussi l'art. 1184 C. civ. établit-il dans ce cas une condition résolutoire tacite contre celui qui ne s'exécute pas. Lorsque, les choses étant entières, il est certain que l'un des contractants ne pourra pas accomplir ses promesses, n'est-il pas également légitime d'autoriser l'autre à se dégager des siennes ? L'art. 1613 C. civ. consacre ce principe en matière de vente. Les raisons de décider étant les mêmes, on peut l'étendre aux obligations. Le banquier qui consent une ouverture de crédit ne le fait qu'en vue d'un remboursement intégral ; mais dès que la faillite vient frapper le commerçant, il est certain qu'il ne sera payé qu'en monnaie de faillite, c'est-à-dire par voie de dividende. Dans ces condi-

tions, sera-t-il tenu de continuer ses versements et de faire
passer une partie de sa fortune dans l'actif de la masse ? Un
pareil système serait trop contraire à l'équité pour être admissible. On doit autoriser le banquier à demeurer dans ses fonds
autant que faire se peut. L'art. 577 C. com., se plaçant dans
une situation analogue, crée un droit de rétention au profit du
vendeur de marchandises, pourvu qu'elles n'aient été ni délivrées,
ni expédiées au failli ou à un tiers pour son compte. Par identité de motifs, il est permis d'étendre cette disposition au banquier, de telle sorte qu'il pourra refuser de continuer ses
avances, à moins toutefois qu'on ne lui garantisse un paiement
intégral à l'échéance.

4° *Hypothèque pour garantie d'un compte-courant.* — Une
nouvelle difficulté surgit lorsque les parties se trouvent en
relations de compte-courant. Une situation spéciale se crée
entre elles ayant ses règles propres et son caractère particulier. Dorénavant toute remise de valeurs ne sera plus considérée comme une opération distincte, susceptible de recevoir un
règlement isolé, mais sera confondue dans un ensemble d'opérations dont la liquidation se fera aux époques déterminées
par les usages ou par la convention. Les versements de fonds ne
seront considérés ni comme des prêts, ni comme des paiements ;
ils seront immédiatement portés sur le compte à l'actif ou au
débit du commerçant, suivant les circonstances. Il y aura
lieu seulement, à la clôture du compte, d'apprécier et d'arrêter
les divers éléments qui doivent y entrer afin d'établir la balance
et de déterminer le solde à la charge de l'une et de l'autre des
parties (1).

_____

(1) Cependant il faut reconnaître, avec la Cour de cassation, que par
une convention spéciale on pourrait imprimer aux envois d'argent

Ces notions générales connues, supposons qu'une hypothè-que est intervenue pendant la période suspecte pour garantir le solde dont un commerçant pourrait se trouver débiteur au moment de la liquidation du compte-courant. Quelle sera la valeur de cette hypothèque ?

Il est évident que si elle a pris naissance au moment de la convention de compte-courant, elle garantit une ouverture de crédit et ne peut être annulée qu'en vertu de l'art. 447 C. com.

Si elle intervient à une époque où le compte-courant existait déjà, la Cour de cassation admet qu'elle peut être exercée pour le remboursement de tout le reliquat, dont le commerçant se trouve débiteur après la balance du compte, sans qu'il y ait à distinguer entre les sommes par lui dues antérieurement à l'ouverture de crédit et celles qui lui ont été avancées depuis. Cependant elle apporte immédiatement après une restriction à ce principe absolu et déclare que le solde entier n'est garanti que s'il ne dépasse pas le montant des avances opérées en vertu de l'ouverture de crédit (1). « Attendu, dit-elle, que vainement le demandeur prétend que leur créance (celle des défendeurs) a pour une portion au moins une cause étrangère auxdites avances, sous prétexte que le compte-courant dont le solde est réclamé remonte à une époque antérieure à celle des ouvertures de crédit et qu'à cette dernière date le débet de Pimont dépassait son avoir. Attendu, en effet, que le compte dont il s'agit s'est continué sans interruption jusqu'en 1878.

---

ou de marchandises, le caractère de véritables paiements. Alors ces articles devraient être distraits du compte pour faire l'objet d'un règlement spécial. Mais ce n'est là qu'une exception dont la preuve incombe à celui qui l'invoque (V. Cas. civ., 7 déc. 1868, D. 69, 1, 189.

(1) Cas. civ., 29 déc. 1880, D. 81, 1, 54.

Qu'il forme un tout indivisible qu'il n'est pas permis de décomposer ni de scinder. Que la balance définitive seule constitue le titre légal des défendeurs et que dès qu'elle n'est pas supérieure au montant des avances opérées en exécution des actes d'ouverture de crédit, le paiement intégral en est garanti par les hypothèques stipulées auxdits actes. »

Un auteur anonyme, dans une note rapportée au bas de cet arrêt, essaie de le justifier en donnant plus d'extension aux arguments de la Cour Suprême. Il insiste tout d'abord sur l'indivisibilité du compte-courant et sur l'existence d'une dette unique, dont le montant sera fixé par la balance définitive, et il n'hésite pas à conclure de l'unité de la dette à la validité de l'hypothèque. Elle ne saurait, d'après lui, être limitée aux avances faites depuis sa constitution. « En effet, dit-il, il n'est pas possible d'analyser le solde du compte ; on ne saurait distinguer les éléments qui s'y trouvent confondus par suite de la balance opérée, ni prétendre y trouver la trace d'une dette antérieure à l'ouverture du crédit. » En ce qui concerne la restriction admise par la jurisprudence, il se borne à la reproduire ; il la considère comme évidente, mais ne donne aucune preuve à l'appui de son assertion.

Enfin, prévoyant le cas où aucune avance nouvelle n'aurait été faite postérieurement à la constitution d'hypothèque, il déclare qu'elle doit être annulée en vertu de l'art. 446; car, si le compte-courant n'a pas été alimenté depuis sa constitution, le solde définitif ne représente qu'une dette antérieurement contractée.

Ces différentes solutions se présentent à la fois comme inexactes et dépourvues de logique. L'arrêt précité et son annotateur partent d'un principe vrai, mais aboutissent à des conséquences inexactes. Le compte-courant constitue un tout indivisible ; on ne peut le scinder pour considérer à part les divers éléments qui le composent ; il n'y a que le solde définitif qui doive être pris en considération. Dès lors, il est impossible de comprendre ces restrictions apportées par l'arrêt et par la note, et qui ne tendent à rien moins qu'à reprendre un à un les articles du compte, pour rechercher dans quelles conditions et à quelles dates ils sont intervenus. Admettre que l'on peut examiner si des avances nouvelles ont suivi la constitution d'hypothèque, et préciser quelle est leur importance relativement au solde, c'est admettre que l'on peut distinguer les éléments qui se trouvent confondus dans le compte. Or, cela est inadmissible. Du reste, on arriverait à des conséquences bizarres, qui sont la meilleure réfutation du système. Supposons un banquier, Primus, en relations d'affaires avec un commerçant Secundus. Au jour de la constitution d'hypothèque, si une balance du compte était établie, elle constaterait au profit de Primus une créance de 100,000 fr. Les opérations continuent, les rentrées et les sorties se succèdent pendant une certaine période de temps, de telle façon que Primus a avancé à différentes reprises une somme de 100,000 fr. et encaissé une somme égale de 100,000 fr. Si l'on calculait le montant du solde à partir seulement de la constitution d'hypothèque, il se chiffrerait par zéro. C'est-à-dire qu'aucune avance nouvelle n'a été faite à Secundus. Si l'on voulait s'en tenir à la réalité des faits, l'hypothèque devrait être déclarée nulle, puisqu'elle ne garantit aucune obligation nouvelle , mais seulement une dette préexistante. Avec le système de la jurisprudence le résultat sera tout autre. On constatera que 100,000 fr. sont sortis de la caisse de Primus, et on lui accordera pour cette somme un droit de préférence. De telle sorte que les 100,000 fr. nouvellement versés par Secundus auront eu pour résultat de compenser les 100,000 fr. qu'il avait reçus primitivement. Dans ces conditions, l'hypothèque serait plus ou moins efficace, suivant que la circulation des fonds aurait été plus ou moins rapide. Un pareil système, outre qu'il est antijuridique, serait de nature à ouvrir la porte à toutes sortes de fraudes.

En dernière analyse, la restriction de la jurisprudence conduirait à violer ouvertement le texte de l'art. 446. Il faut donc la rejeter.

Il faut rejeter également celle de l'annotateur, qui ne tient aucun compte de l'unité et de l'indivisibilité du compte-courant.

Il importe donc de revenir aux vrais principes et de décider que le compte-courant étant indivisible, l'hypothèque doit garantir le solde entier ou être déclarée nulle pour le tout. Posée dans ces termes, la question n'est guère difficile à résoudre ; elle se rattache à une question déjà tranchée et doit recevoir la même solution. Le contrat qui donne naissance au compte-courant constitue une ouverture de crédit. L'hypothèque qui intervient ultérieurement pour garantir les obligations qui peuvent exister à la charge du commerçant, subira le même sort que l'hypothèque attachée après coup à une ouverture de crédit, c'est-à-dire sera frappée de nullité par application de l'art. 446. Elle sera annulée dans son entier, d'une part, parce qu'on ne peut pas distinguer les différents éléments du compte suivant la date de leur naissance, et d'autre part parce que l'obligation finale qui résulte de la balance a sa cause et son origine dans la convention de compte-courant, c'est-à-dire dans un fait antérieur à la constitution d'hypothèque.

Cette conséquence est peut-être rigoureuse, mais il est facile de l'éviter. Les parties n'ont qu'à arrêter le compte-courant au jour de la constitution d'hypothèque et à commencer à cette époque un nouveau compte. L'on se trouvera alors dans le cas d'une garantie née au moment de la convention de compte-courant et par conséquent soumise seulement à la nullité facultative de l'art. 447, si la personne qui a traité avec le commerçant connaissait la cessation des paiements.

Quant au solde résultant de la balance du premier compte, il constituera une dette à la charge de celui qui en sera débiteur et ne pourra être garanti par une hypothèque que dans les cas où toute autre dette pourrait l'être.

3° *Promesse d'hypothèque.* — Une dernière difficulté, qui n'avait pas attiré l'attention des auteurs, s'est présentée depuis peu dans la pratique. La jurisprudence a eu à se prononcer à deux reprises différentes sur la question de savoir si, au point de vue de l'art. 446 C. com., on peut assimiler la promesse d'une sûreté à sa constitution, de telle sorte que la garantie doive être maintenue, bien que postérieure à la naissance de l'obligation, lorsqu'elle est intervenue en exécution d'une promesse contractée en même temps que la dette. La Cour de cassation, statuant sur une promesse de gage, a décidé que la constitution du gage, bien que postérieure à l'obligation, n'était pas nulle de plein droit en vertu de l'art. 446 (1). La Cour de Paris, adoptant une jurisprudence opposée, a déclaré quelques mois plus tard que l'hypothèque intervenue en exécution d'une promesse antérieure, mais concomitante à la naissance de l'obligation, ne pouvait conférer aucun droit de préférence à l'encontre de la masse des créanciers (2).

Un premier point sur lequel tout le monde s'accorde, c'est que celui qui s'engage peut valablement promettre une garantie contre les risques provenant de son insolvabilité.

Cette hypothèse n'est pas invraisemblable ; elle est de nature à se présenter souvent dans la pratique. En général, lorsque le créancier et le débiteur se trouvent éloignés, les négociations qui s'opèrent entre eux donnent lieu à un échange de corres-

(1) Cass. 20 janv. 1886, S. 86, 1, 305.
(2) Paris 7 juil. 1886, S. 87, 2, 65.

pondance. Dans une lettre-missive ou dans un autre acte sous
seing privé, le futur débiteur peut s'engager à constituer une
hypothèque ou à fournir un gage. Sur la foi de cette promesse,
il est possible que le prêteur consente à livrer les fonds et se
heurte ensuite à un refus lorsqu'il réclamera la garantie convenue. Quels seront ses droits ? Un simple acte sous seing
privé n'a pas pu servir à constituer le gage ou l'hypothèque ;
car le gage ne devient parfait que par la remise de la chose et,
aux termes des art. 2129 et 2148, C. civ., l'hypothèque exige,
pour sa validité, la rédaction d'un acte authentique. Cependant,
par suite du concours de volontés, il s'est formé entre les parties un lien de droit, une véritable obligation ; cette obligation
n'étant contraire ni aux lois, ni aux bonnes mœurs, ni à l'ordre
public, doit produire son plein et entier effet, et, par conséquent, engendrer une action au profit du créancier (1).

L'exercice de cette action peut conduire à des résultats différents, suivant que le demandeur invoque le bénéfice de l'article 1144, des art. 1142 et 2123, ou encore des art. 1184 et
1188 du Code civil.

Tout d'abord, il peut réclamer l'exécution même de l'obligation. C'est l'application du principe posé dans les art. 1143 et
1144 C. civ., en vertu desquels la justice peut suppléer d'office,
quand cela est possible, à tout refus provenant de la mauvaise
volonté d'un débiteur. Il est bon toutefois de faire des réserves en ce qui concerne le gage et de se demander s'il est
possible de mettre la main sur un objet afin d'en conférer la
détention au créancier. Mais en ce qui concerne l'hypothèque,
rien ne s'oppose à ce que le Tribunal condamne le débiteur à la
constituer sur tel ou tel immeuble désigné dans la convention,

---

(1) Pau, 16 juil. 1852, D., 54, 2, 205 ; Cas. req., 5 nov. 1860. D., 61,
1, 301.

et décide que, s'il ne l'a pas fait dans un délai déterminé, le jugement tiendra lieu d'acte constitutif. La sentence sera le titre authentique. On pourra en demander une grosse ou une expédition pour les produire au conservateur des hypothèques, en requérant de lui une inscription sur ses registres (1).

En second lieu, la promesse d'hypothèque constitue une obligation de faire régie par le droit commun. Or, toute obligation de faire peut se résoudre en dommages-intérêts (art. 1142, Cod. civ.). Le créancier sera donc admis, en cas d'inexécution de la part du débiteur, à lui réclamer une indemnité, et pour en garantir le paiement, il jouira d'une hypothèque judiciaire, sûreté très efficace puisqu'elle est générale et porte sur les immeubles futurs comme sur les immeubles actuels (art. 2123, C. civ.).

En troisième lieu, la promesse d'hypothèque ayant accompagné l'obligation principale, l'on est en présence d'un contrat synallagmatique, et l'article 1184, C. civ., décide que la condition résolutoire est toujours sous-entendue dans ces contrats pour le cas où une des deux parties ne satisfera pas à ses engagements. Le créancier pourra ainsi demander la résolution du contrat, et, par suite, répéter les fonds qui se trouveraient sans cause entre les mains du débiteur.

Enfin, l'art. 1188 déclare le débiteur déchu du bénéfice du terme, lorsque, par son fait, il a diminué les sûretés qu'il avait données par le contrat à son créancier. A plus forte raison, doit-il en être de même lorsqu'il ne confère pas les garanties qu'il avait promises? L'obligation devient donc immédiatement exigible, malgré le délai dont elle pouvait jouir. Dans ces deux derniers cas, si le paiement n'a pas lieu volontairement, il inter-

---

(1) Ce procédé est surtout développé par M. Valette dans un article de la *Revue de Droit français et étranger*, année 1849, p. 981.

viendra une décision judiciaire qui aura toujours pour effet d'entraîner une hypothèque générale.

La promesse de gage ou d'hypothèque est donc valable entre les parties et sanctionnée par la loi. Nous pouvons, dès maintenant, aborder la difficulté qui s'est présentée à une double reprise devant les tribunaux ; mais auparavant il importe de résoudre une question préjudicielle, celle de savoir si cette promesse est opposable à la masse des créanciers, et, si oui, de quelle manière s'en fera la preuve. Il est évident que si cette convention peut être méconnue, elle ne pourrait servir à légitimer la constitution de gage ou d'hypothèque survenue ultérieurement. Dans le cas contraire, il faudra rechercher quelle influence elle va exercer sur la garantie, au point de vue spécial de l'art. 446 C. com., et de la nullité qu'il consacre.

Il est de principe que les créanciers chirographaires doivent respecter les actes émanés du débiteur ; ils jouent vis-à-vis de lui le rôle d'ayants cause et ne peuvent exercer d'autres droits que les siens. La preuve des obligations se fera envers eux comme envers leur auteur par les moyens et sous les distinctions établis au chapitre VI (liv. III, titre III) du Code civil et désigné sous la rubrique « de la preuve des obligations et de celle des paiements. » Or, dans la matière qui nous occupe, les dettes qui donnent lieu à une garantie étant ordinairement considérables, un acte écrit sera toujours dressé pour les constater, soit dans la forme authentique, soit dans la forme sous seing privé ; car l'art. 1341 n'admet pas d'autre preuve pour les choses excédant la valeur ou la somme de 150 fr. La promesse de garantie qui en est l'accessoire ayant la même importance ne pourra pas se prouver différemment. Ces titres ont une force probante considérable : aux termes de l'art. 1319, « l'acte authentique fait pleine foi de la convention qu'il renferme entre les parties contractantes et leurs héritiers ou ayants cause.» Il ne peut être attaqué que par l'inscription de

faux ; et l'art 1322 déclare que « l'acte sous seing privé, reconnu par celui auquel on l'oppose, ou légalement tenu pour
reconnu, a, entre ceux qui l'ont souscrit et entre leurs héritiers
et ayants cause, la même foi que l'acte authentique.» L'on
voit dans ces dispositions que les créanciers sont placés sur
la même ligne que le débiteur.

Lorsqu'il s'agit de personnes qui n'ont figuré dans l'acte ni
par elles-mêmes, ni par l'intermédiaire d'un représentant, le
législateur s'est montré plus sévère pour l'admission de la
preuve. Il a voulu surtout les prémunir contre le danger des
antidates. C'est pour cela que l'art. 1328 décide que « les actes sous seing privé n'ont de date contre les tiers que du jour
où ils ont été enregistrés, du jour de la mort de celui ou de
l'un de ceux qui les ont souscrits, ou du jour où leur substance
est constatée dans des actes dressés par des officiers publics,
tels que procès-verbaux de scellés ou d'inventaires.» Cette disposition n'ayant pas été reproduite pour les actes authentiques,
nous devons décider qu'ils font foi de leur date même envers
les tiers ; mais dans ce cas la présence de l'officier minis-
tériel suffit pour écarter tout soupçon de fraude.

Les actes sous seing privé n'ont pas la même force probante suivant qu'on les oppose à des tiers ou à des ayants
cause. Ainsi lorsque la naissance de la dette et la promesse
d'une garantie seront simultanées, et que la simultanéité sera
établie par un acte sous seing privé, qui n'aura pas acquis date
certaine, elle pourra être invoquée contre la masse des créanciers ou ne pourra pas l'être suivant qu'on les considérera
comme des ayants cause ou comme des tiers. La question ainsi
posée n'est pas douteuse. A côté du principe général que je
viens d'exposer, à savoir que les créanciers chirographaires
sont des ayants cause, il faut apporter une exception très étendue, mais qui pourtant ne détruit pas la règle. La loi accorde aux
créanciers d'une manière générale, et spécialement aux créan-

ciers d'un failli, certains droits qu'elle ne donne pas au débiteur
lui-même. Lorsque celui-ci agissant en fraude leur a causé un
préjudice, elle leur permet de faire annuler les actes nuisibles
à leurs intérêts. Ce principe est d'abord posé en termes
généraux dans l'art. 1167 C. c., et les art. 622, 788, 1053, 1464,
2225 C. civ. en font l'application à divers cas particuliers. Le
Code de commerce, à son tour, le reproduit dans les art. 446,
447 et 448.

Dans ces conditions il est bien évident qu'on ne saurait considérer la masse comme l'ayant cause du failli, comme tenant
ses droits de lui, puisque, au contraire, elle exerce un droit
propre qui lui vient directement de la loi et que le failli ne
pourrait pas exercer (1). Ainsi donc, pour que la promesse
d'une garantie puisse être invoquée il faudra qu'elle soit constatée dans un acte authentique ou dans un acte sous seing privé, ayant acquis date certaine au moment même où l'obligation
a pris naissance.

Cependant il importe de constater qu'en fait, cette règle
sera le plus souvent écartée parce que la promesse d'une garantie sera faite par un commerçant, dans l'intérêt de son commerce, et pour sûreté d'une dette commerciale. Dans ce cas,
les prescriptions de l'art. 1328 C. civ., sont contraires à l'esprit des lois commerciales. Du reste, les livres des parties qui
peuvent être consultés servent à déjouer les fraudes en vue
desquelles cet article avait été édicté (2). Les juges sont alors
libres de tenir pour vraie la date des actes.

La question préjudicielle étant ainsi résolue dans le sens de

------

(1) Ce principe est consacré par la jurisprudence. V. Cas. civ. 27
janvier 1886, D. 86, 1, 373 et 30 mars 1875, D. 75, 1, 353.

(2) C'est l'opinion de MM. Lyon-Caen et Renault. *Dr. com.* t. 2, n°
2818, p. 757.

l'affirmative, j'arrive à la véritable discussion de la difficulté. Deux opinions opposées se trouvent en présence : l'une adoptée par la Cour de cassation et défendue par M. Lyon-Caen, dans deux notes rapportées au bas des arrêts précités ; l'autre admise par la cour de Paris. Toutes deux reposent sur des bases solides qui rendent le choix très délicat ; la première s'inspire plutôt de l'esprit de la loi, la seconde respecte peut-être davantage le texte. Cependant puisqu'il faut prendre une détermination, nous préférons adopter l'avis de M. Lyon-Caen, qui paraît mieux protéger la bonne foi du créancier hypothécaire, sans négliger les intérêts de la masse. Je soutiens donc avec cet auteur que : «lorsqu'il s'agit de nullités de droit frappant les actes par lesquels un failli a consenti avant sa faillite des droits de préférence, la promesse de consentir ces droits doit être traitée comme la constitution elle-même, de telle sorte que la date de la promesse et non celle de l'acte constitutif doive être considérée.»

La valeur de la promesse nous intéresse seulement lorsqu'elle se rapporte à une hypothèque ; mais les arguments que j'indiquerai peuvent aussi s'appliquer au gage et réciproquement ceux qu'on a présentés à propos du gage s'appliquent également à l'hypothèque. Dans un cas comme dans l'autre la solution doit être la même ; cela résulte de l'art. 446 *in fine*, qui règle dans une seule et même disposition le sort des hypothèques conventionnelles ou judiciaires et celui des droits de gage constitués sur les biens du débiteur pour dettes antérieurement contractées. L'hypothèque exige pour sa validité un acte authentique, le gage ne peut exister sans la remise de la chose entre les mains du créancier. C'est donc que l'acte authentique et la remise de la chose jouent le même rôle vis-à-vis des tiers et donnent sa force au nantissement. Tant qu'ils ne sont pas intervenus, il n'y a rien de fait, aucun droit de préférence n'est opposable à la masse des créanciers. Par conséquent, lorsqu'ils se présentent à la suite d'une promesse préalablement faite, cette promesse doit toujours produire des effets identiques, de telle sorte que si elle suffit, lorsqu'elle est contemporaine de la naissance de la dette, pour faire maintenir le gage constitué après la cessation des paiements, elle servira également à valider l'hypothèque intervenue dans les mêmes conditions. Il est donc impossible de concilier les décisions de la jurisprudence ; elles sont contradictoires. C'est ce qu'a très justement pensé M. Lyon-Caen qui, après avoir approuvé l'arrêt de la Cour de cassation, critique et combat celui de la Cour de Paris.

Il n'est peut-être pas inutile de mettre en relief ces décisions judiciaires, qui forment la base de la discussion, d'en reproduire les considérants et de reprendre en même temps les motifs du Tribunal de commerce de la Seine, dont le jugement a été réformé par la Cour de Paris ; nous y trouverons les principaux arguments de la controverse.

La Cour de cassation, statuant sur la valeur d'une promesse de gage, a fait valoir les raisons suivantes :

« Attendu que l'art. 446 C. comm. n'annule de plein droit les nantissements consentis par le failli après l'époque déterminée par le Tribunal comme étant celle de la cessation de ses paiements, ou dans les dix jours qui précèdent, qu'autant seulement que le nantissement a eu pour objet une dette antérieurement contractée ; que cet article cesse d'être applicable quand le nantissement a été consenti en même temps qu'a été contractée la dette qu'il est destiné à garantir et dont il forme la condition essentielle ; attendu qu'il est constaté en fait par l'arrêt attaqué, que les frères Fouqueret ont, le 1er avril 1869, donné en gage à Herbage la créance d'une somme de 59,349 fr., dont ils avaient la nue-propriété et la dame Lecomte l'usufruit, pour assurer des livraisons immédiates de marchandises qui n'auraient pas eu lieu sans cette garantie ; qu'il importe peu

que la tradition du titre de cette créance que les frères Fouqueret ont déclaré n'avoir pas en leur possession lors de la
passation de l'acte notarié du 1ᵉʳ avril 1869 et qu'ils se sont
obligés à ce moment à remettre à Herbage, n'ait eu lieu
qu'après l'époque de la cessation des paiements des frères Fouqueret, dont la date a été fixée au 24 avril ; que le nantissement
consenti au moment de la dette était valable ; qu'en effet, d'une
part, la remise ultérieure du titre de la créance n'était que
l'exécution du contrat dont elle était la condition et, d'autre
part, que cette remise a été effectuée au moment où le débiteur
avait capacité pour l'opérer, puisqu'il n'avait pas encore été
dessaisi par le jugement déclaratif de faillite ; qu'ainsi la
remise dont il s'agit ne peut être assimilée à la garantie
donnée pour dette antérieurement contractée et que le contrat
de nantissement était parfaitement régulier... »

Le Tribunal de commerce de la Seine, appelé à se prononcer sur la validité d'une hypothèque, avait déjà adopté dans
un jugement du 28 août 1884 (1) le système de la Cour de
cassation. « Attendu, disait-il, que le syndic s'appuie sur ce
que cette inscription (celle dont on demandait la nullité) aurait
été consentie par Vincent Maliano, l'un des associés en nom
collectif, à une époque contemporaine de la cessation des paiements et pour une dette antérieurement contractée, ce qui la
rendrait nulle aux termes de l'art. 446 C. comm. ; mais attendu
que des documents de la cause il résulte nettement que si
l'inscription n'a été prise que le 2 avril 1883 et en vertu d'un
acte notarié en date du 25 mars précédent, alors que le prêt
de 60,000 fr. a été réalisé dès le 7 mars, la promesse de garantie hypothécaire a été concomitante du prêt ; qu'elle en a été
la condition essentielle ; que l'inscription et l'acte notarié n'ont

_____

(1) S. 1887, 2 65.

été que la consommation d'une obligation née au moment du prêt et constituant une partie substantielle de la convention ; que l'on ne saurait donc y voir une garantie nouvelle donnée à une dette antérieurement contractée ; que dès lors l'inscription dont s'agit ne tombe pas sous l'application de l'art. 446 C. comm., dont la portée est de frapper de nullité les priviléges concédés en période suspecte à un créancier au détriment de la masse, lorsque ces privilèges prennent leur source dans une volonté distincte de celle qui a donné naissance à la créance et postérieure à cette créance ; qu'il convient donc de débouter le syndic de cette partie de ses conclusions... »

Ce jugement, soumis à l'appréciation de la Cour de Paris, a été réformé par les motifs suivants : « Considérant que la promesse d'une hypothèque ne peut être assimilée à sa constitution ; qu'aux termes de l'art. 2127 C. civ., l'hypothèque conventionnelle ne peut être consentie que par acte authentique ; que la promesse d'une garantie de cette nature dans un acte sous seing privé et sans date certaine ne peut produire aucun effet vis-à-vis des tiers ; que relativement aux créanciers de la faillite, l'hypothèque consentie à Sarrette n'a été réellement conférée que par l'acte authentique du 29 mars 1883 et tombe dès lors dans l'art. 446 C. com..... »

La Cour de Paris, faisant une application littérale de la loi, décide qu'on ne peut pas assimiler la promesse d'une hypothèque à sa constitution et s'attache exclusivement à la date de la constitution. Il existe des différences considérables entre ces deux faits. Lorsqu'un nantissement mobilier ou immobilier a été promis au moment même de l'obligation et pour lui servir de garantie, nous avons vu que les parties étaient définitivement liées par le contrat, mais qu'aucun droit de préférence n'était opposable aux tiers tant que la chose n'avait pas été remise en gage, tant que l'hypothèque n'avait pas été constituée par un acte authentique et inscrite sur les registres du conservateur. En second lieu, on ne peut constituer aucun droit de gage ou d'hypothèque sur des biens à venir ; on peut promettre d'en constituer sur ces biens au fur et à mesure de leur acquisition. Une dernière différence est spéciale à l'hypothèque ; l'hypothèque doit être inscrite et l'on ne saurait parler de l'inscription d'une hypothèque simplement promise.

Partant de cette différence, la théorie de la Cour de Paris repose sur une argumentation très spécieuse. L'article 446 n'édicte pas la nullité de l'hypothèque ou du gage constitués pour sûreté d'une dette actuellement contractée ; il ne la prononce que contre les nantissements destinés à garantir une obligation antérieure. Si la promesse et non la constitution du droit réel· est concomitante du prêt, comme la promesse ne peut ni être assimilée à la constitution, ni en tenir lieu, la nullité de droit s'impose par la force même de la loi. Substituer au mot constitution celui de promesse, ce serait changer les textes au lieu de les appliquer, jouer le rôle de législateur et non celui d'interprète.

À ces raisons de droit, on peut ajouter des considérations d'intérêt pratique. Il est à craindre que le créancier, de connivence avec le débiteur, ne lui permette de jouir d'un crédit immérité, et que les tiers ne soient trompés par des apparences de richesse. Lorsqu'un capitaliste avance des fonds à un commerçant, s'il a des doutes sur la solvabilité de son emprunteur, il peut exiger comme condition du prêt une garantie spéciale destinée à assurer le paiement à l'échéance. Si le crédit du négociant n'est pas encore perdu ou s'il veut le favoriser, au lieu d'exiger la constitution immédiate du gage ou de l'hypothèque, il pourra se contenter d'une simple promesse. Le droit de préférence ne deviendra opposable aux tiers que par la remise de la chose ou par la rédaction d'un acte notarié et par l'inscription ; mais il existera en germe. Il pourra se développer et produire des effets au moment où le créancier le

jugera bon. Admettons que la cessation des paiements vienne
à se réaliser ; si, en vertu d'une convention antérieure, le créancier peut recevoir l'objet ou passer un acte notarié et prendre
inscription, en un mot substituer un droit à une promesse,
il se créera une situation privilégiée à une époque où nul ne
peut se procurer un avantage au détriment de la masse. La loi
sera tournée. D'un autre côté, les tiers voyant entre les mains
du commerçant des biens mobiliers ou immobiliers pour une
valeur considérable et ne soupçonnant nullement le droit
réel qui peut les frapper à tout moment, auront une confiance
en rapport avec ces manifestations extérieures de la fortune.
Ils traiteront sans crainte avec le commerçant, persuadés que
ses biens, libres de toutes charges, leur assurent la garantie la
plus complète. Que des revers se manifestent plus tard, et aussitôt les sûretés jusqu'alors latentes se révèleront et les tiers
seront trompés. Ce résultat est contraire à tous les principes
admis en matière de faillite. Le législateur, sévère pour le
vendeur d'effets mobiliers qu'il prive, malgré sa bonne foi, du
privilége et de l'action résolutoire lorsque les objets par lui
livrés sont entrés dans les magasins de l'acheteur (art. 550,
575 et s. C. com.) ne pouvait pas autoriser de pareilles collu-
sions. Il a voulu empêcher le commerçant de jouir d'un faux
crédit et punir les tiers qui se rendraient complices de ces
manœuvres déloyales. Son intention est évidente et ressort
clairement de l'art. 448, qui déclare annulable l'inscription
d'une hypothèque, si elle est prise pendant la période suspecte plus de quinze jours après sa constitution. Il était impossible d'indiquer d'une manière plus formelle que les droits de
préférence opposables à la masse ne doivent jamais demeurer
clandestins.

Aucune de ces raisons ne paraît péremptoire. Tout d'abord
une fraude est possible, je le reconnais ; mais s'il est injuste de
respecter des opérations frauduleuses, n'est-il pas encore plus

injuste de frapper celles qui ont été faites sans aucune pensée de mauvaise foi ? Pourtant on arriverait à ce résultat avec la nullité absolue de l'art. 446. Les créanciers se trouveraient frustrés dans leurs espérances et privés d'avantages sur lesquels ils pouvaient légitimement compter.

Cela n'implique pas que la fraude demeure sans répression. L'art. 447 s'applique à tous les actes à titre onéreux, passés depuis la cessation des paiements : on pourra l'invoquer. Seulement au lieu de la nullité absolue de l'art. 446, il établit une nullité facultative qui permettra aux juges, d'après les circonstances de la cause, de maintenir ou d'annuler la constitution du gage ou de l'hypothèque. La fraude ne sera pas favorisée et l'équité triomphera. Le système contraire, en voulant éviter un danger, courait le risque de tomber dans un péril plus grand et de porter une atteinte fâcheuse au crédit en frappant en aveugle les nantissements obtenus par des tiers de bonne foi et qui ne connaissaient pas la situation précaire du commerçant.

L'art. 448, que l'on invoque en sens contraire, vient à l'appui de ma théorie. Il édicte une nullité facultative et ce n'est qu'une nullité facultative que je réclame.

Quant aux créanciers qui peuvent se trouver lésés par l'apparition d'un droit de préférence, leurs réclamations me touchent peu. Ils n'ont qu'à s'en prendre à eux-mêmes s'ils souffrent un préjudice. Ils ont eu confiance dans la solvabilité de leur débiteur et se sont contentés du droit de gage général établi sur l'ensemble de son patrimoine par l'art. 2093, C. civ. En agissant ainsi, ils lui laissaient l'administration et la libre disposition de ses biens. Lorsqu'il a usé de ce droit, ils seraient inconséquents de venir se plaindre. S'ils voulaient s'assurer une condition invariable et mettre leur créance à l'abri des risques, ils n'avaient qu'à exiger au moment du prêt la constitution d'un gage ou d'une hypothèque.

Reste l'argument juridique. Il repose tout entier sur la différence qui existe entre la promesse et la constitution d'une garantie. Mais qu'importe qu'on ne puisse pas, en thèse générale, assimiler ces deux actes, si cette assimilation doit être faite au point de vue spécial qui nous occupe. Or, à ce point de vue, l'assimilation se justifie par les motifs de la loi de 1838, qui a substitué des dispositions plus équitables au système irrationnel et draconien du Code de 1807. L'ancien art. 443 annulait de plein droit les priviléges et hypothèques acquis sur les biens du failli dans les dix jours qui précédaient l'ouverture de la faillite, et l'art. 441 fixait l'ouverture de la faillite à l'époque de la cessation des paiements. Nous avons vu que des réclamations générales avaient amené, en 1838, une réforme qui avait eu pour but d'établir une distinction entre les actes à titre gratuit et les actes à titre onéreux. Les premiers sont visés dans l'art. 446, les seconds dans l'art. 447. Il est impossible de soutenir que la promesse de gage ou d'hypothèque concomitante du prêt soit une libéralité ; elle est plutôt une condition de ce prêt, comme l'ont très justement pensé la Cour de cassation et le Tribunal de commerce de la Seine ; elle en est même la cause et, dès lors, elle doit subir le même sort que la convention. Il est vrai que le sort du nantissement et celui de l'obligation ne sont plus intimement liés et se trouvent séparés par la loi lorsque le nantissement intervient après la naissance de l'obligation. Mais lorsque le nantissement se rattache à une promesse contemporaine de la dette, il se présente comme l'exécution d'une véritable obligation, il joue le rôle de paiement au sens large du mot. Le failli fait un paiement de dette exigible qui n'est pas nul aux termes de l'art. 446.

Pourquoi a-t-on essayé de soutenir qu'il ne s'agissait pas d'un véritable paiement, parce que le paiement c'est l'extinction d'une obligation, parce qu'il fait cesser le lien de droit entre le créancier et le débiteur, tandis que là constitution d'hypothèque le laisse subsister et le fortifie(1)? Un pareil raisonnement se réfute de lui-même ; il dénote chez son auteur une confusion complète des principes du droit, un manque absolu d'analyse juridique. Lorsqu'un commerçant emprunte une somme d'argent et promet en même temps une garantie, il contracte l'engagement de restituer et de constituer la sûreté convenue. Ce sont là deux obligations distinctes, susceptibles d'être exécutées séparément. Lorsqu'intervient le gage ou l'hypothèque, l'une disparaît sans pour cela devoir entraîner l'extinction de l'autre. Les parties se trouvaient unies par un double lien ; si l'un est dénoué, elles ne seront plus rattachées que par un seul. D'un autre côté le paiement, au sens large du mot, tel qu'il est pris dans cette théorie, ne signifie pas vne numération d'espèces, mais l'exécution même de l'obligation. On a donc raison de dire que le débiteur qui constitue une garantie promise fait un paiement.

Enfin, si à partir de la cessation des paiements, le débiteur est incapable de faire certains actes, il est de principe qu'il peut utilement accomplir, même à compter de cette date et jusqu'au jugement déclaratif de faillite, toutes les formalités nécessaires pour l'exercice des droits dérivant d'actes valables.

Il me paraît donc préférable de soustraire à la nullité de droit la constitution d'un gage ou d'une hypothèque intervenue pendant la période suspecte, mais en exécution d'une promesse née en même temps que la dette. Les nullités absolues doivent être restreintes aux cas qu'elles visent spécialement ; on ne saurait les étendre, car elles ont un caractère exorbitant. Je crois avoir démontré que l'art. 446 C. com. n'a pas prévu l'hypothèse qui nous occupe et ne peut pas s'y appliquer : s'il restait encore

(1) V. Poigard. *thèse de doctorat*, Paris 1887, p. 252.

quelques doutes, je dirais que lorsqu'on est en présence de deux nullités, l'une absolue, l'autre facultative, on doit toujours préférer celle qui, respectant la bonne foi des parties, laisse aux juges un certain pouvoir d'appréciation.

La Cour de Paris s'est prononcée en sens contraire ; mais il est bon de remarquer qu'elle ne s'est pas décidée uniquement par la raison que la promesse d'une hypothèque ne peut pas être assimilée à sa constitution. Elle invoque un autre motif, qui était de nature à exercer une influence peut-être prépondérante sur sa détermination : la promesse était constatée par un acte sous seing privé, non enregistré et sans date certaine, qui ne pouvait produire aucun effet vis-à-vis des tiers.

# CHAPITRE II

INFLUENCE DE LA FAILLITE SUR LA NAISSANCE DES
HYPOTHÈQUES JUDICIAIRES

L'article 446, C. com., après avoir frappé de nullité les hypothèques conventionnelles constituées pendant la période suspecte pour dettes antérieurement contractées, a également prononcé la nullité des hypothèques judiciaires intervenues dans les mêmes conditions. Cette seconde disposition sert de sanction à la première. Lorsqu'un créancier obtient une décision judiciaire constatant l'existence d'une obligation ou portant condamnation contre un débiteur, il est de principe qu'il acquiert une hypothèque, dite judiciaire, sur tous les biens de ce dernier (art. 2123 C. civ.). Dès lors, il était à craindre que les parties ne cherchassent à éluder la loi, pour arriver par un moyen détourné au but qu'elles ne pouvaient pas atteindre directement. Lorsque la mauvaise situation de ses affaires ne permet plus à un commerçant de constituer des droits de préférence, il pourrait provoquer ou favoriser les poursuites de certains créanciers de manière à leur assurer le bénéfice d'un jugement de condamnation ou d'une reconnaissance de signature, et, par suite, leur procurer l'hypothèque judiciaire qui en résulte. L'égalité se trouverait ainsi rompue au mépris de toutes les règles et de tous les principes admis en matière de faillite. Parce qu'une garantie ne peut pas être conférée, on arriverait à obtenir une garantie bien plus énergique ; car, tandis que l'hypothèque conventionnelle est toujours spéciale, l'hypothèque judiciaire est générale et porte sur tous les immeu-

11

bles du débiteur. Il fallait remédier à cet état de choses et prévenir de pareils calculs. Le législateur l'a fait en frappant de nullité les hypothèques judiciaires aussi bien que les hypothèques conventionnelles.

A prendre l'art. 446 à la lettre, il semble qu'il ait établi entre ces deux sûretés une assimilation complète au point de vue spécial qui nous occupe. Il règle leur sort dans une seule et même disposition. On pourrait donc, à première vue, se contenter d'un simple renvoi aux explications précédentes. Cependant, si l'on entre plus avant dans l'examen de la question, si l'on se livre à une analyse juridique approfondie, on ne tarde pas à remarquer que l'assimilation n'est pas complète et que l'application de l'art. 446 aux hypothèques judiciaires fait naître des difficultés, qui n'existent pas en ce qui concerne les hypothèques conventionnelles.

L'on peut, comme précédemment, distinguer trois périodes. Je passerai rapidement sur la première et sur la troisième, réservant de plus longues explications pour la seconde.

Dans la première période, régie par les règles du droit commun, nous sommes obligés de reconnaître que le sort de l'hypothèque dépendra toujours de celui de la décision judiciaire. Elle sera soumise à toutes les règles de nullité et de réformation du jugement ; mais, lorsque le jugement sera valable et définitif, elle deviendra inattaquable. Puisqu'elle résulte de la loi, on ne saurait soutenir que sa constitution est le résultat d'un concert frauduleux intervenu entre le créancier et le débiteur. L'action Paulienne sera impuissante contre l'hypothèque; mais, si le jugement cause un préjudice aux tiers qui n'ont été ni représentés ni appelés dans l'instance, ils pourront l'attaquer par la voie de la tierce opposition et la chute du jugement entraînera comme conséquence celle de l'hypothèque.

Je n'entreprendrai pas l'examen de la tierce opposition. Je me borne à constater qu'elle n'est autre chose que l'action

Paulienne dirigée contre un jugement. Il est donc permis de poser en principe qu'elle est soumise aux mêmes conditions et produit les mêmes effets, sous la réserve, bien entendu, des modifications de détails apportées par les art. 474 et suivants du Code de procédure civile (1).

Il importe cependant de noter une différence de rédaction entre l'art. 1167 C. civ. et l'art. 474 C. pr. civ. Tandis que le premier parle des créanciers, le second emploie les mots une partie pourra. Les auteurs et la jurisprudence sont d'accord pour admettre que cette expression s'applique aussi bien aux créanciers qu'aux tiers étrangers. Si, en général, les créanciers sont les ayants cause de leur débiteur, doivent respecter ses actes, même ceux par lesquels il diminue son patrimoine, et n'ont pas qualité pour critiquer les jugements dans lesquels il a été partie, ils deviennent de véritables tiers agissant en vertu d'un droit qui leur est propre lorsqu'ils attaquent les sentences rendues contre lui en fraude de leurs droits (2).

Dans la troisième période le failli est dessaisi de l'administration de son patrimoine. Par contre-coup il est privé du droit de figurer, si ce n'est comme partie intervenante, dans les actions qui le concernent ; celles-ci ne peuvent plus être suivies ou exercées que contre les syndics ( art. 443 C. com. )

---

(1) V. sur ce point Carré et Chauveau, *La procédure civile*, t. 4, p. 260 et s. ; Dalloz, *Jurispr. Génér.*, v° tierce opposition et *Code de procédure annoté,* art. 474 et s. ; Bioche, *Dictionnaire de procédure civile,* t. 6, p. 506 et s. ; Rousseau et Laisney, *Dictionnaire de procédure civile,* t. 8, p. 70 et s.

(2) Aix, 4 juil. 1810 ; Nîmes, 14 avr. 1812 ; Toulouse, 21 avr. 1819, D. J. G. v° tierce opposition n° 187, note 1 ; Cas. req. 8 juil. 1850, S. 51, 1, 38 ; Rennes, 9 avr. 1851, S. 51, 2, 261, D. 53, 2, 208 ; Douai, 23 janv. 1869, D. 9, 2, 51 ; Cas., civ. 30 mars 1875, S. 75, 1, 341 ; et 8 janv. 1883, S. 83, 1, 116.

Les jugements de condamnation rendus contre eux ne confè-
rent aucune hypothèque, ce serait contraire au principe d'égalité qui doit présider à la liquidation de la faillite. Ils aboutissent seulement à déclarer valables des titres méconnus et
permettent à ceux qui les invoquent de figurer dans la masse
en qualité de créanciers et de recevoir un dividende, à moins
toutefois que l'objet litigieux ne soit un droit réel, auquel
cas le droit revendiqué leur assurerait par la force même des
choses une condition privilégiée.

Cependant nous avons vu que le failli conserve, même après
la déclaration de faillite, la capacité de contracter et de s'obliger, pourvu que ses actes ne causent aucun préjudice à la
masse ; que certains biens, tout en demeurant soumis au dessaisissement, peuvent dans une mesure déterminée servir de gage
à ses nouvelles obligations ; ces biens sont ceux qu'il a acquis
soit par son travail, soit dans l'exercice d'un nouveau commerce
ou d'une nouvelle industrie.

Lorsque le litige porte sur eux, certains auteurs décident
que les actions qui s'y réfèrent ne peuvent être intentées que
contre les syndics (1).

Il est préférable d'admettre que le failli pourra être personnellement actionné par ceux qui ont acquis des droits contre
lui. C'est un corollaire indispensable de sa capacité de contracter et de s'obliger. On ne voit pas pour quels motifs, lorsqu'il est capable de conclure une convention, il serait incapable
d'en demander l'exécution, et réciproquement lorsqu'il est
capable de s'obliger pourquoi l'on ne pourrait pas réclamer de
lui l'exécution de ses engagements. Lorsqu'une personne est
autorisée à accomplir un acte, elle devient par cela même apte
à en suivre toutes les conséquences. « Lorsqu'un mineur,

---

(1) Renouard, *op. cit.*, t. 1, p. 292 ; Massé, *op. cit.*, t. 2, p. 161.

dit M. Demangeat, est autorisé à faire un certain commerce, l'incapacité reste pour lui la règle ; mais ce mineur, qui devient exceptionnellement capable de tous actes rentrant dans le commerce qu'on lui a permis, est également capable de plaider à l'occasion des procès qui peuvent surgir à l'occasion de ses actes ; cela est universellement admis et la loi n'a pas même pris la peine de le dire (1). » La situation est la même pour le commerçant failli, et l'on peut soutenir que lorsqu'il se livre à un commerce ou à une industrie il se trouve dans une situation tout à fait analogue à celle du mineur.

Par exception, lorsque les syndics, agissant en vertu du dessaisissement, ont pris possession, avant l'ouverture du procès, des biens nouvellement acquis, c'est contre eux que l'action devra être dirigée, ou tout au moins ils devront être mis en cause, puisque la sentence s'exécutera sur des biens qu'ils détiennent.

Dans tous les cas, la masse des créanciers étant intéressée à ce que les biens nouvellement acquis ne soient pas soustraits à son droit de gage, l'on doit lui reconnaître la faculté d'exercer un contrôle pour prévenir tout détournement à son préjudice.

Quoi qu'il en soit de cette controverse, nous trouvons, d'une part, des obligations ayant pour gage certains biens du failli et, d'autre part, la possibilité pour les nouveaux créanciers d'obtenir contre lui un jugement de condamnation à raison de ces obligations. Ils peuvent donc les ramener à exécution sur

---

(1) Demangeat sur Bravard, t. 5, p. 75 et 76.—V. dans le même sens Lyon-Caen et Renault, t. 2, n° 2683 ; Bédarride, t. 1, p. 94 : Cas. civ., 8 mars 1854, D. 1854, 1, 94 ; Cas. req., 21 fév. 1859, D. 1859, 1, 197 ; Cas. civ. 25 juin 1860, D. 1860, 1, 286 ; Cas. civ. 12 janv. 1864, D. 1864, 1, 130 ; Cas. req. 2 fév. 1876, D. 1877, 1, 442 et 8 mai 1878, D. 1879, 1, 101.

ces biens. Dès lors, dans la mesure où ils sont autorisés à les saisir, rien ne s'oppose à ce que la décision judiciaire produise son plein et entier effet et engendre une hypothèque. Sans doute, cette garantie n'aboutira pas à faire acquitter la dette par préférence sur les immeubles qui ne seraient pas affectés à son paiement d'après les distinctions précédemment établies. Elle ne permettra pas aux nouveaux créanciers de primer la masse sur le prix des biens possédés par le débiteur au jour de la déclaration de faillite ; mais elle leur assurera une condition privilégiée au regard des autres créanciers également postérieurs à la faillite.

Il faut même aller plus loin, et dire que le jugement emportera toujours hypothèque dès qu'il prononcera une condamnation. Cette sûreté, il est vrai, ne produira actuellement d'effets que sur les biens affectés au paiement de l'obligation ; mais plus tard, après la clôture de la faillite, si le débiteur acquiert de nouveaux immeubles, rien ne s'oppose à ce qu'elle porte sur eux et prenne rang à la date de son inscription. L'art. 2123 C. civ., est général, il déclare que l'hypothèque judiciaire résulte des jugements, ainsi que des reconnaissances ou vérifications faites en jugement des signatures apposées à un acte obligatoire sous seing privé (1). On ne peut y apporter d'autres dérogations que celles qui dérivent d'un texte. Dans l'espèce

_____

(1) L'art. 1er de la loi du 3 septembre 1807 apporte une exception à cette règle. Il est possible qu'un jugement constate la véracité de l'écriture du débiteur, sans prononcer de condamnation, parce que la dette n'est pas échue. Cependant, il emportera hypothèque judiciaire d'après l'art. 3123, C. civ., qui rattache cet effet aux reconnaissances ou vérifications d'écriture. Une fraude était à craindre. Supposons une personne qui s'engage par acte sous seing privé sans conférer une garantie à son créancier. Le lendemain du jour où l'obligation aura été signée, le créancier ne pourra-t-il pas, en assignant le débi-

qui nous occupe, il résulte du Code de commerce qu'aucune hypothèque ne pourra être prise sur les biens compris dans le dessaisissement ; mais rien ne fait obstacle à ce que le jugement produise ses effets ordinaires, pourvu que ses conséquences ne causent aucun préjudice à la masse ; ce n'est que relativement à elle que la nullité a été édictée (art. 446). Par conséquent, toutes les fois que les intérêts de la masse seront hors de cause, l'hypothèque judiciaire pourra sortir à effet. Il en sera notamment ainsi lorsque le commerçant aura acquis des immeubles après la clôture de la faillite. Pendant qu'il n'existera aucun bien sur lequel elle puisse porter, cette garantie demeurera en quelque sorte à l'état latent : lorsque des biens adviendront au débiteur, elle les frappera au moment de leur entrée dans son patrimoine et prendra rang à sa date.

La seconde période est la plus importante et celle qui demande les plus longs développements ; c'est pour cela que, m'écartant de l'ordre chronologique, je l'ai réservée pour l'étudier la dernière. Dans cette période, nous constaterons que non seulement l'hypothèque judiciaire est vue avec défaveur, mais encore qu'elle est presque complétement supprimée par l'art. 446 C. com.

Les hypothèques conventionnelles sont soumises à trois règles différentes, celles de l'art. 1167 C. civ. et celles des art. 446 et 447 C. com. Il importe de rechercher si ces mêmes

---

teur en reconnaissance d'écriture, obtenir un jugement qui lui permette d'inscrire une hypothèque judiciaire ? Il va se procurer ainsi, au mépris des conventions, une sûreté que le débiteur n'a pas voulu lui donner. Pour écarter cette combinaison, la loi précitée a déclaré que l'hypothèque ne pourrait être inscrite qu'après l'exigibilité de la créance et en cas de non-paiement à l'échéance. L'art. 1 ne parle que de l'inscription ; mais cette formalité est indispensable pour que l'hypothèque puisse produire effet.

articles sont applicables aux hypothèques judiciaires. Tout
d'abord et *a priori* il semble que l'on puisse donner une réponse
affirmative ; ces textes ne font entre les deux catégories de
sûretés aucune distinction. Les art. 1167 et 447 emploient les
termes les plus généraux, et l'art. 446 assimile les hypothèques
judiciaires aux hypothèques conventionnelles. Cependant il
existe entre elles des différences caractéristiques et la nature
des hypothèques judiciaires est incompatible avec certaines
dispositions applicables aux hypothèques conventionnelles.
Les unes dérivent de la volonté des contractants, on peut les
frapper de nullité lorsque l'on découvre dans leur constitution
des marques de mauvaise foi ; les autres résultent, par la
seule force de la loi, des jugements ou actes judiciaires, on ne
peut pas dire qu'elles aient été établies en fraude, la loi ne
faisant fraude à personne. Partant de cette idée, nous sommes
amenés à conclure que l'hypothèque judiciaire échappe à l'application directe des art. 1167 et 447.

Cependant l'initiative personnelle joue un rôle important. Si
le créancier et le débiteur ne peuvent pas directement créer
une hypothèque judiciaire, ils peuvent la faire naître indirectement. La sentence, qui lui donne naissance, peut être le résultat
d'une collusion frauduleuse de leur part.

La masse a divers moyens pour faire tomber cette sentence.

Elle peut, invoquant les règles du droit commun, agir par la
voie de la tierce opposition, ou bien, si elle préfère, demander
l'application de l'art. 447 C. com.

A prendre ce dernier texte à la lettre , on pourrait
croire que les mots « tous autres actes à titre onéreux passés
par lui » visent uniquement les conventions et les contrats
intervenus entre le failli et les tiers. Une pareille interprétation
aboutirait à une application trop judaïque de la loi et aurait le
tort grave de méconnaître son esprit. La pensée des rédacteurs
a été de donner aux juges un large pouvoir d'appréciation et

de leur permettre d'annuler tous les actes qui leur paraîtraient passés en fraude et au préjudice des créanciers. Or, on peut les frauder et leur causer un préjudice aussi bien en obtenant un jugement, qu'en recevant le paiemant d'une dette non échue. Il serait même facile de tourner la loi et d'obtenir par collusion une condamnation pour une dette non exigible ; le failli n'aurait qu'à négliger volontairement d'opposer l'exception tirée du terme. L'esprit de la loi est donc certain et le texte de l'art. 447, loin de le contredire, ne permet-il pas de comprendre les jugements dans la généralité de ses termes ?

Il faut reconnaître que les créanciers n'ont aucun intérêt à poursuivre la nullité du jugement pour faire tomber l'hypothèque. L'art. 446 leur fournit un moyen plus commode et plus sûr, puisqu'il prononce directement la nullité de l'hypothèque. Ils y recourront d'autant plus volontiers qu'ils n'auront pas alors à critiquer le jugement, mais seulement à prouver qu'il a été rendu pendant la période suspecte, puisque sa date est celle de la naissance de l'hypothèque. L art. 446, il est vrai, ne s'applique que dans certaines conditions limitativement déterminées ; mais nous allons voir que dans l'hypothèse actuelle il a une portée si étendue que certains auteurs ont pu dire avec raison que toutes les hypothèques judiciaires nées depuis la cessation des paiements ou dans les dix jours antérieurs, étaient nulles.

Le dernier alinéa de l'art. 446, plaçant les hypothèques judiciaires sur la même ligne que les hypothèques conventionnelles, les maintient lorsqu'elles naissent en même temps que l'obligation dont elles forment la garantie, et les annule lorsqu'elles sont constituées pour sûreté d'une dette préexistante (1). On pourrait donc se contenter d'un simple renvoi

_____

(1) Le texte de l'art. 445 paraît ne laisser aucun doute sur le sort

aux explications antérieures. Cependant, si on veut soumettre cette disposition à un examen approfondi, on ne tarde pas à s'apercevoir qu'elle aboutit à supprimer l'hypothèque judiciaire pendant la période suspecte.

Si nous examinons quelle est la véritable portée de cet article et dans quels cas l'hypothèque demeurera valable, dans quels cas elle sera nulle, nous trouvons plusieurs opinions différentes.

M. Boistel décide qu'il n'y a aucune distinction à faire et que les hypothèques seront toujours nulles, parce qu'elles sont toujours postérieures à la naissance de la créance. Cette opinion lui paraît tellement certaine qu'il la pose comme un axiome sans même prendre la peine de la discuter (1). C'est celle que nous adopterons.

Partant du même principe, M. Bravard aboutit à substituer à la distinction de la loi, à son avis inadmissible, une distinction nouvelle et plus rationnelle (2). Après avoir constaté que les hypothèques conventionnelles et judiciaires ont comme caractère commun d'être indépendantes de la qualité de la créance et d'être soumises à la formalité de l'inscription, il s'exprime en ces termes : « Mais elles diffèrent entre elles en un point essentiel, en ce que l'hypothèque conventionnelle peut être consti-

---

des hypothèques judiciaires constituées pour dettes antérieurement contractées sur les biens du failli, lorsqu'elles l'auront été depuis l'époque déterminée par le Tribunal comme étant celle de la cessation des paiements ou dans les dix jours qui auront précédé cette époque. Cependant, les tribunaux ont eu à constater dans ce cas la nullité de l'hypothèque. (V. Cass. req. 19 nov. 1872, D., 73, 1, 425 ; 18 février 1873, D., 74, 1, 166, et 17 mai 1887. D., 87, 1, 252.

(1) *Droit commercial*, n° 953, p. 685.

(2) *Traité de Droit commercial* publié, annoté et complété par Demangeat, t. 5, p. 243 et suiv.

tuée par le contrat même d'où résulte la créance ou par un contrat postérieur à celui-là, tandis que l'hypothèque judiciaire
sera toujours et nécessairement constituée par un acte postérieur à la créance, car elle résulte des jugements ou actes judiciaires ; or, qui ne le sait? les tribunaux ne constituent pas
des droits ; ils ne sont appelés qu'à les constater, qu'à les déclarer, qu'à les sanctionner. La créance sera donc toujours
préexistante, par rapport au jugement qu'obtiendra le créancier, l'hypothèque sera donc toujours constituée pour une dette
antérieurement contractée, puisque la dette précèdera toujours
le jugement qui aura condamné le débiteur à en payer le montant. Dès lors, on le voit, quoique d'après les termes de l'article 446, la distinction, entre le cas où l'hypothèque a été constituée postérieurement et celui où elle l'a été en même temps
que la créance, semble s'appliquer aux hypothèques judiciaires
tout aussi bien qu'aux hypothèques conventionnelles ; cependant, cette distinction est forcément inapplicable aux hypothèques judiciaires, puisqu'il est impossible d'imaginer un cas,
un seul cas, où la créance résulterait de l'acte même qui constitue l'hypothèque judiciaire. La naissance de l'hypothèque
judiciaire sera toujours postérieure à celle de la créance ; par
suite, toutes les hypothèques judiciaires seront nulles de plein
droit, du moment que le jugement d'où elles résultent aura été
rendu depuis la cessation des paiements ou dans les dix jours
précédents. »

M. Bravard montre ensuite qu'avec le système du Code de
commerce, tel qu'il résulte de l'article 446, le principe de
l'égalité entre tous les créanciers ne sera pas observé, et que
certains obtiendront une hypothèque judiciaire, tandis que
d'autres ne le pourront pas, bien que les dettes soient deve-
nues exigibles le même jour. Suivant que la créance aura un
caractère civil ou commercial, une juridiction différente sera
appelée à trancher le litige, et l'on sait que les tribunaux de

commerce expédient les affaires avec beaucoup plus de rapidité que les tribunaux civils. Il est donc possible que de deux contestations portées le même jour devant la justice, l'une reçoive une solution avant la cessation des paiements, tandis que l'autre ne sera tranchée qu'après cette époque. Cette particularité peut même se retrouver dans le cas où deux procès seront introduits devant des juridictions de même nature. Suivant que le rôle sera plus ou moins chargé, que l'on sera servi par des agents plus ou moins diligents, on courra la chance d'arriver à temps pour obtenir l'hypothèque judiciaire ou de se trouver en retard. En un mot, l'efficacité de l'hypothèque dépend d'une foule de circonstances qui en elles-mêmes, ne devraient nullement l'affecter.

Après avoir ainsi montré que la distinction établie pour les hypothèques conventionnelles était inapplicable aux hypothèques judiciaires, M. Bravard, imbu de cette pensée que le législateur avait voulu faire une distinction pour ces dernières comme pour les autres, en propose une nouvelle basée sur le principe de la rétroactivité des jugements. D'après lui, tout doit se passer comme si la sentence avait été rendue le jour même où l'action a été intentée. Il ne faut pas que les parties aient à souffrir des lenteurs de la justice. Par application de ces idées, si l'ajournement introductif d'instance a été donné avant la période suspecte, l'hypothèque sera valable bien que le jugement soit rendu pendant cette période ; mais si le procès n'a commencé qu'après la cessation des paiements ou dans les dix jours antérieurs, aucune hypothèque ne peut en résulter.

Cette distinction, timidement proposée par Bravard, n'a pas trouvé crédit auprès des auteurs, et elle ne pouvait pas en trouver. Je reconnais qu'elle est basée sur de sérieuses considérations d'équité et que, transportée dans nos codes, elle constituerait une innovation heureuse. Mais, en droit, il est impossible de l'admettre ; car elle n'est contenue dans aucun texte. L'y introduire ce serait, non pas interpréter la loi, mais s'ériger en législateur. Aussi, plutôt que de faire une distinction contraire aux termes de l'art. 446, je n'hésite pas à proclamer avec M. Demangeat que l'opinion de Bravard est inadmissible en présence des textes (1).

Faudra-t-il donc appliquer avec M. Boistel une règle uniforme à toutes les hypothèques judiciaires et les déclarer nulles ? MM. Lyon-Caen et Renault ne l'ont pas pensé (2). Ils prennent comme point de départ de leur théorie la distinction classique entre les jugements déclaratifs et les jugements attributifs de droits et raisonnent de la manière suivante : en principe, les tribunaux sont destinés à constater et à sanctionner des obligations antérieurement contractées ; cependant il est des cas où ils créent une situation nouvelle entre les parties. Dans le premier cas, l'hypothèque dérivant du jugement de condamnation intervient après la naissance de la dette et tombe sous l'application de l'art. 446, dernier alinéa ; dans le second, au contraire, elle est constituée au même moment, puisque l'une et l'autre tirent leur origine de la sentence, par conséquent elle doit être valable.

Ces principes sont incontestables et le raisonnement est très rigoureusement déduit ; mais si, abandonnant le domaine de la théorie, nous cherchons à dégager des conséquences pratiques, nous devons nous demander, en fait, dans quels cas l'hypothèque naîtra en même temps que l'obligation. MM. Lyon-Caen et Renault ne peuvent en signaler que deux, l'un certain pour eux, l'autre très discutable et qu'ils rejettent d'ailleurs. Examinons-les en commençant par ce dernier, qui est le plus facile à écarter.

_____

(1) Demangeat sur Bravard, t. 5, p. 247, note 1.
(2) *Dr. com.*, t. 2, n° 2762.

Toute personne, lésée par un délit ou un quasi-délit, a le droit de se retourner contre l'auteur du préjudice qu'elle a subi, et de lui en demander réparation. Les tribunaux, saisis du différend, prononceront au profit de la victime une condamnation à des dommages - intérêts. Cette obligation de fournir une indemnité paraît de prime-abord résulter de la sentence elle-même ; mais c'est là une erreur grossière, dont il faut se garder. C'est parce que l'auteur a causé un préjudice qu'il est tenu de le réparer ; son obligation prend naissance au moment même où le préjudice a existé, elle dérive du fait constitutif du délit ou du quasi-délit. Les tribunaux n'ont qu'à constater le dommage et fixer son étendue au cas de désaccord entre les parties. Ils ne créent pas une situation nouvelle et l'hypothèque judiciaire ne peut pas exister.

On objecte, pour défendre la validité de l'hypothèque, que la partie lésée mérite une faveur, parce qu'elle n'est pas entrée volontairement en relation avec le délinquant et qu'on ne saurait l'assimiler à un créancier contractuel. L'art. 446 paraît venir à l'appui de cette idée lorsqu'il parle de dettes contractées, c'est-à-dire des dettes résultant d'un contrat. Or, tel n'est pas le cas de notre hypothèse. Ici la dette est née d'un délit.

L'objection ne porte pas. La loi, dans cet article comme dans d'autres dispositions, a visé les dettes les plus fréquentes, sans exclure les autres ; elle a statué *de eo quod plerumque fit.* Du reste, les motifs de la loi s'appliquent à toutes les dettes. Lorsque le failli a cessé ses paiements, il ne faut pas que parmi les créanciers, certains se créent une situation plus favorable, au détriment des autres. L'égalité doit régner entre eux d'une façon absolue. Elle ne peut être rompue qu'en faveur de ceux qui, avant la période suspecte, ont songé à s'assurer une condition plus favorable, ou qui, à raison de la nature de leur créance, jouissent d'un privilège. Or, nous ne trouvons dans aucun texte la trace d'un privilège créé au profit des vic-

times d'un délit, et, par hypothèse, nous avons placé la red-
dition du jugement dans la période suspecte. Enfin, on peut
dire que l'expression : « dettes antérieurement contractées » est
prise dans un sens générique pour désigner toutes les dettes
antérieures à l'hypothèque, quelle qu'en soit l'origine (1).
L'art. 14 C. civ. parle également d'obligations contractées, et
on n'hésite pas à l'appliquer aux obligations nées de délits.

L'hypothèse présentée comme certaine par MM. Lyon-Caen
et Renault est celle où l'hypothèque judiciaire garantit la condamnation aux frais prononcée en vertu de l'art. 130 du Code
de procédure civile. Dans ce cas, ils estiment que cette garantie ne peut pas être frappée par l'art. 446, dernier alinéa :
« L'obligation de payer les frais, disent-ils, n'est pas antérieure
à la condamnation, et, par suite, à l'hypothèque judiciaire ;
elle est créée par le jugement et naît, par suite, avec l'hypothèque qu'elle garantit. » Je ne m'arrêterai pas à observer que
l'expression de dettes contractées ne peut pas s'appliquer aux
frais. J'ai déjà fait raison de cette critique à propos des obligations nées de délits et de quasi-délits.

Mais il est à ce système une autre objection plus sérieuse et
qui, seule, suffit pour le renverser. L'obligation de payer
les frais ne dérive pas du jugement, elle lui est antérieure et,
par conséquent, elle ne peut pas être garantie par l'hypothèque
judiciaire. Elle est une conséquence directe et immédiate de
l'introduction de l'instance. L'exploit d'ajournement crée un rapport de droit entre les parties. Il les oblige à comparaître devant
le tribunal, sous peine d'être jugées et condamnées par défaut.
Il met le défendeur en demeure de faire valoir ses moyens de
défense et impose au demandeur le devoir de suivre le procès

_____

(1) V. la note rapportée sous un arrêt de Rouen du 16 mars 1878.
S. 1880, 2, 53.

qu'il a commencé. En outre, il produit un effet qui est pour
nous d'une importance capitale ; non seulement il lie les parties à l'instance de telle façon qu'aucune ne pourra s'en
dégager par sa propre volonté et sans l'assentiment de l'autre;
mais encore il oblige, sous la sanction la plus efficace, celle qui
perdra le procès à exécuter les condamnations qui seront mises
à sa charge. L'on exprime vulgairement cette idée en disant
qu'il est intervenu entre elles un quasi-contrat (1). C'est donc
dans ce quasi-contrat que se trouve l'origine de l'obligation de
payer les frais. Cette obligation est indéterminée et conditionnelle : indéterminée, parce que l'on ne voit pas au moment de
l'ajournement quelles seront les mesures de procédure nécessaires pour éclairer la conscience des juges ; conditionnelle,
parce qu'elle est subordonnée à cette condition que le Tribunal
la mettra à la charge de l'une ou de l'autre des parties, ou de
toutes deux, d'après les droits qui lui sont conférés par les art.
130 et suivants du Code de procédure civile. La condition se
réalisera au jour du jugement. A ce moment on saura qui, du
demandeur ou du défendeur, doit supporter les frais et dans
quelle mesure ; mais le propre de toute condition étant de
rétroagir au jour de la naissance de l'obligation, c'est à partir
de ce jour que le perdant sera tenu de l'obligation de payer les
frais. Par conséquent, nous serons bien en présence d'une
obligation préexistante au jugement et l'hypothèque judiciaire
ne pourra pas lui servir de garantie.

M. Valabrègue, juge au tribunal d'Aix, repousse cette théorie
du quasi-contrat. (1) «Verra-t-on, dit-il, dans l'ajournement la

---

(1) V. Garsonnet, *Traité de procédure*, t. 2, p. 254 et suiv. ;
Bonfils, *Traité de procédure*, p. 426, nᵒˢ 763 et 764.
(2) *Revue critique*, t. 8, année 1879, p. 539 et s.

cause d'un contrat ? Dira-t-on qu'il fait naître pour les deux parties, ou tout au moins pour le demandeur, l'obligation légale de subir le cours de l'instance ? Mais rien ne démontre que notre législateur ait attribué à cet acte une vertu pareille.» Que deviennent donc pour lui les textes du Code de procédure? Ne compte-t-il pour rien les art. 19 et suiv., 402 et 403 ? Cependant il faut les laisser complétement de côté pour admettre son opinion. Peut-on dire que le défendeur n'est pas engagé lorsque sa non-comparution n'arrête pas l'instance et que, faute par lui de se présenter ou de conclure, elle se termine par un jugement de défaut ? Peut-on dire également que le demandeur n'est pas tenu de demeurer au procès, lorsque son désistement ne devient valable que par l'acceptation de son adversaire dans un acte authentique ou sous seing privé ?

Cependant M. Valabrègue est bien obligé de reconnaître qu'il intervient entre les parties un contrat de procédure, en vertu duquel elles sont obligées à suivre les phases du procès devant les juges qu'elles ont accepté ; mais au lieu de le placer au moment de l'ouverture de l'instance il le fait intervenir à l'époque où le défendeur, par des conclusions prises sur le fond du débat, indique clairement son intention de suivre l'instance devant la juridiction qui en est saisie. Cette opinion est inadmissible ; car le défendeur est obligé à présenter ses moyens et à demeurer au procès alors même qu'il contesterait la compétence du tribunal, et l'obligation résulte pour lui de l'ajournement; c'est donc à cette époque qu'intervient le quasi-contrat. Elle est également critiquable lorsque M. Valabrègue donne le nom de contrat au rapport de droit qui lie les parties. Le contrat exige pour sa formation le concours de volonté des deux parties ; or, est-il exact de dire que le défendeur consent au procès lorsque par tous les moyens il s'efforce d'en entraver la marche et de le repousser. Qu'il le veuille ou non, il est lié à l'instance par le seul fait de son adversaire. Le rapport de droit

qui existe entre eux ne dérive pas d'un contrat, il ne peut pas
non plus venir d'un délit ou d'un quasi-délit, par conséquent il
est engendré par un quasi-contrat.

Du reste, que l'on accepte notre opinion ou bien celle de
M. Valabrègue, le résultat est le même au point de vue qui nous
occupe. Dans tous les cas, il est constant que l'obligation pour
les parties de demeurer dans l'instance et de payer les frais
naît antérieurement à la sentence, et ne peut pas être garantie
par une hypothèque.

Nous sommes ainsi amenés à constater que, parmi les jugements constitutifs, on ne peut en trouver aucun qui établisse à
la charge d'une partie des obligations pécuniaires susceptibles
d'exécution. Dès que des droits pécuniaires sont mis en
cause, l'on peut dire qu'ils existent avant la sentence, et que
celle-ci leur donne une force nouvelle et permet de les
ramener à exécution. Les jugements ne créent véritablement
une situation nouvelle que lorsqu'ils statuent sur des droits
inhérents à la personnalité humaine, et ayant trait à l'état ou à
la capacité. Il en est ainsi lorsqu'ils prononcent le divorce, la
séparation de corps ou de biens, l'interdiction ou la nomination
d'un conseil judiciaire. Dans tous ces cas, il ne saurait être
question d'établir une obligation pécuniaire à la charge du
perdant. L'on revient ainsi à la conclusion présentée par
M. Boistel, de laquelle il résulte que les jugements survenus
pendant la période suspecte n'emportent jamais hypothèque. (1)

Quelle a été, à cet égard, l'intention du législateur? Il est

_____

(1) Il est à peine besoin de faire remarquer que l'art. 446 ne s'attaque qu'à l'hypothèque et n'affecte nullement le jugement. On ne
pourra le faire tomber que par les modes qui lui sont propres. Paris,
24 décembre 1849. D. 50, 2, 195.

fort difficile de la connaître. Il semble, à ne consulter que l'art.
446, qu'il ait voulu établir pour les hypothèques judiciaires une
distinction comme pour les hypothèques conventionnelles ;
mais en fait il se trouve que la distinction est impossible, ou,
ce qui revient au même, que l'une des hypothèses prévues par
l'article ne se présente jamais. Dans cet état de choses faut-
il dire avec Bravard que, la loi ayant voulu établir une distinction, et n'ayant pas réussi dans son but, nous devons nous
pénétrer de son idée et substituer à sa classification une classification nouvelle et plus rationnelle ? J'ai déjà dit que cela ne
se pouvait pas. Le législateur s'est laissé entraîner par une
fausse apparence de similitude, et a édicté une règle dont il
ne comprenait pas toute la portée.

En fait, il enlève aux jugements rendus contre le failli, dans
la période suspecte, un des effets ordinaires que le Code civil
attache à tout jugement de condamnation, le pouvoir de
conférer une hypothèque judiciaire.

L'on objecterait en vain à notre opinion que, la créance
primitive ayant été novée par le jugement ou l'acte judiciaire,
la nouvelle créance née de la condamnation est concomitante de
l'hypothèque, et, par conséquent, valable. Tout d'abord il est
facile de reconnaître que cette observation, si elle était exacte,
aurait pour résultat de faire considérer comme lettre morte le texte de l'art. 446. Il n'existerait plus un seul cas dans lequel la nullité pourrait recevoir son application, puisque la nouvelle dette
résulterait toujours de la sentence. Il serait par conséquent
loisible aux parties de s'assurer, au mépris de la loi, une situation privilégiée jusqu'au moment où la faillite serait déclarée.

L'objection est encore inadmissible, parce que nulle part
nous ne trouvons posé ce principe général que les jugements
emportent novation. M. Bonfils, il est vrai, soutient que lorsqu'ils déclarent l'existence d'une créance ou d'une obligation,

ils opèrent non une novation proprement dite, mais une quasi-
novation de la dette, en ce sens que pour l'avenir la chose
jugée tient lieu de cause à l'obligation (1). A son avis, le débiteur condamné à rembourser la somme prêtée est tenu, non
en vertu du contrat primitif de prêt, mais en vertu de la sentence
prononcée contre lui. N'est-ce pas encore aller trop loin et ne
pourrait-on pas dire que le jugement, loin de modifier la cause
de l'obligation, ne fait que la constater d'une manière telle
qu'elle ne pourra plus être discutée de nouveau ? Il ne la change
pas, mais il lui donne une plus grande force. Du reste, nous avons
vu que les jugements ne créent pas des obligations nouvelles
et se bornent à constater des obligations préexistantes, sauf
exception en ce qui concerne les droits inhérents à la personne
et relatifs à son état et à sa capacité. Par conséquent, comment
pourraient-ils modifier la cause d'une obligation lorsqu'ils ne
constituent pas une cause suffisante pour en créer une nouvelle.
Non, ils n'opèrent pas une quasi-novation. Ils laissent subsister
l'ancienne obligation telle qu'elle était, avec les accessoires
qui y étaient attachés, droit de gage, d'hypothèque, de privilége, de cautionnement ; seulement ils la confirment, la
corroborent, lui servent de sanction et fournissent au créacier
le moyen de la ramener à exécution.

---

(1) *Traité de procédure*, p. 534, n° 934.

# CHAPITRE III

L'article 446 du Code de commerce ne parle que des hypothèques conventionnelles et judiciaires. Cependant, à côté de
ces deux sortes de garanties, qui ont leur point de départ dans
le fait de la volonté humaine, il en existe une troisième, les
hypothèques légales, qui dérivent de la seule force de la loi.
Elles existent indépendamment de toute convention au profit
de certaines personnes, que l'on a considérées comme incapables de veiller seules à leurs affaires et de pourvoir utilement
à la sauvegarde de leurs intérêts, ou bien comme dignes d'une
protection spéciale à raison de leur qualité juridique et de la
nature des rapports existant entre elles et les débiteurs, sur les
biens desquels portent ces hypothèques. Ces personnes sont,
aux termes de l'art. 2121 C. civ., les femmes mariées, les
mineurs et les interdits, l'État, les communes et les établissements publics (1). A cette énumération il faut ajouter les légataires (art. 1017 C. civ.), et les créanciers nantis d'un privi-

----

(1) L'on doit aussi comprendre les départements dans cette catégorie. Si le Code civil n'en parle pas, c'est qu'au moment où il a été
élaboré ils ne constituaient pas des circonscriptions territoriales. La
qualité de personnes morales leur a été tout d'abord implicitement
reconnue par le décret du 9 juillet 1811 et ensuite définitivement
attribuée par la loi du 10 mars 1838. (V. Aubry et Rau, t. 3, p. 248
§ 264 quater).

lége dégénéré en hypothèque faute d'avoir été inscrit dans les délais légaux (art. 2113 C. civ.). Enfin l'on devrait citer pour être complet l'hypothèque qui, d'après l'article 490 C. com., doit être inscrite sur les immeubles du failli au profit de la masse des créanciers ; mais cette dernière étant une conséquence directe et immédiate de la faillite et résultant du jugement déclaratif, il est évident que l'état de faillite du commerçant ne peut exercer aucune influence sur elle de manière à entacher sa validité ; aussi la laissons-nous en dehors de cette étude (1).

Il existe, indépendamment d'elle, toute une catégorie d'hypothèques, les hypothèques légales, pouvant grever les immeubles du commerçant failli. Nous n'avons pas à rechercher sur quels biens elles portent, dans quels cas et à quelles conditions elles prennent naissance, quelle est l'étendue des créances qu'elles garantissent. L'examen de ces questions se rattache à l'étude du droit civil.

Remarquons, toutefois, que ces causes de préférence sont d'autant plus dangereuses qu'elles sont générales et que certaines existent et se conservent indépendamment de toute publicité. Les créanciers, qui traitent avec un commerçant

---

(1) On a été tenté de classer cette hypothèque parmi les hypothèques judiciaires, parce que, dit-on, elle résulte d'un jugement. Il y a là une erreur. L'hypothèque judiciaire ne prend naissance qu'à la suite d'un jugement de condamnation ; elle ne peut être inscrite qu'au profit de celui qui est déclaré créancier dans ce jugement. Tout autres sont les caractères de l'hypothèque de l'art. 490 C. com. Elle naît d'un jugement qui constate un fait, mais ne prononce aucune condamnation, ne déclare aucune créance exigible contre le commerçant. Son inscription garantit un ensemble de droits dont on ne connait pas l'étendue au moment où elle est prise.

propriétaire d'immeubles d'une valeur considérable et présentant toutes les apparences de la fortune, pourront être trompés par la présence de ces hypothèques. Je ne dirai pas que rien ne leur en révèle l'existence, puisque certaines sont la conséquence de faits connus, le mariage, la tutelle, le décès, et que les autres ne prennent rang qu'à dater de leur inscription. Leur présence constitue néanmoins un danger considérable. Il en est même parmi elles qui garantissent des créances indéterminées, susceptibles d'apparaître, de s'augmenter, de s'éteindre à des époques postérieures à la naissance de l'hypothèque, et dont, par conséquent, on ne peut pas connaître toute la portée.

Que le commerçant soit ou ait été marié, tuteur, comptable de deniers publics, qu'il soit tenu d'acquitter un legs ou de payer une créance garantie à l'origine par un privilége, l'actif de la faillite va se trouver diminué au profit de certaines personnes, qui toucheront le montant intégral de leurs créances, tandis que les autres ne recevront qu'une fraction de ce qui leur est dû.

Que deviendra, dans ce cas, le principe de l'égalité dans le malheur commun, qui a présidé à la rédaction de la loi de 1838? Faut-il l'invoquer dans le silence des textes pour l'opposer aux créanciers à hypothèques légales, ou bien devons-nous décider en sens contraire que ces hypothèques échappent aux dispositions des articles 446 et 447 C. com. et au système de nullités qu'ils édictent dans le but de maintenir l'égalité entre tous les créanciers?

Les rédacteurs du Code de commerce de 1807 avaient prévu le cas et, poussant jusqu'à l'extrême les conséquences du principe d'égalité, avaient confondu dans une seule disposition les priviléges et les hypothèques, leur réservant le même sort, la nullité. L'art. 3 disait : « Nul ne peut acquérir privilége ni hypothèque sur les biens du failli dans les dix jours qui précèdent l'ouverture de la faillite » (1). Cette règle était claire, mais rigoureuse, surtout si on la rapprochait des autres dispositions du même Code. En effet, les tribunaux qui déclaraient la faillite pouvaient en reporter l'ouverture dans le passé à l'époque où avaient apparu les faits constitutifs de faillite, et souvent l'on avait fait remonter ses effets à une époque très reculée, dix, quinze et même vingt années en arrière. La limite extrême que l'on ne pouvait dépasser était la prescription trentenaire. Si l'on considère comme accomplis dans cette période les actes passés dans les dix jours antérieurs, il est facile de voir combien pouvaient être nombreuses les hypothèques qui tombaient sous le coup de l'art. 443, et comment elles pouvaient être annulées, bien que datant d'une époque où il n'était pas encore possible de pressentir la chute du commerçant.

Cette disposition, dans sa simplicité, paraissait claire et évidente, n'exigeant pour être bien comprise ni commentaires, ni démonstrations. Elle frappait en aveugle, avec la brutalité de la loi, tout ce qui constituait un privilège ou une hypothèque. Il ne semblait pas possible d'établir des distinctions entre ces différentes garanties pour annuler les unes et maintenir les autres. Cependant l'article 443 choquait trop directement les règles de l'équité, de la justice et du bon sens pour être admis sans protestations et sans réserves. Les protestations l'ont fait abolir à la date du 28 mai 1838 par la nouvelle loi sur les faillites ; les réserves avaient abouti à faire admettre par les juristes certains tempéraments qui n'étaient rien autre que la violation même de la loi.

---

(1) Cet article complétait ainsi l'art. 2146 C. civ., qui ne déclarait nulles que les inscriptions prises dans le délai pendant lequel les actes faits avant l'ouverture de la faillite sont nuls.

C'est que la loi avait dépassé son but ; elle avait voulu frapper fort et elle avait frappé à faux ; ou plutôt, sous l'influence de ses dispositions, une réaction s'était produite dans les esprits et ses règles n'étaient plus appropriées à la situation présente. Avant le Code de commerce, l'indignation publique avait été soulevée par l'éclat de banqueroutes scandaleuses. On avait vu des commerçants aboutir, au moyen de manœuvres frauduleuses, à ce résultat, choquant au premier chef, de dépouiller la masse des créanciers au profit de quelques parents ou amis et surtout à leur profit personnel, de telle sorte que l'on pouvait dire sans trop d'exagération que la faillite était pour les gens malhonnêtes le meilleur moyen de s'enrichir. Voté sous l'influence de ces impressions, l'article 443 portait l'empreinte manifeste de l'indignation publique. On voulait à tout prix réprimer les abus et ramener l'égalité, un moment rompue, dans la répartition des biens du failli. Sous l'influence des événements présents, les législateurs se laissèrent aller à consacrer une règle qui dépassait les justes limites d'une réforme nécessaire.

La loi, qui doit être comme le reflet des vrais principes de morale et d'équité, répondait à un besoin lorsqu'elle fut votée. Mais, acceptée dans les premiers temps avec résignation, considérée comme le point de départ d'une ère nouvelle, qui devait ramener le crédit et la sécurité, elle ne tarda pas à paraître inique. Lorsque le calme eut reconquis les esprits, surtout lorsque les règles nouvelles eurent mis obstacle aux combinaisons déloyales des anciens commerçants, lorsqu'un créancier ne put plus s'assurer une situation privilégiée au détriment des autres, en un mot, lorsque le principe d'égalité eut présidé, inflexible, à la répartition des biens, on perdit vite le souvenir des anciens scandales et l'on ne tarda pas à constater que, sous les apparences de l'équité, on avait sacrifié des intérêts légitimes et frappé de déchéance certaines causes de préfé-

rence qui, en elles-mêmes, n'avaient rien d'injuste. Ne souf-
frant plus du mal que le législateur de 1807 avait voulu com-
battre, on ne sentit plus que la rigueur de la loi.

Comme toutes les institutions vicieuses, l'article 443 fut non
seulement critiqué par les publicistes, mais encore battu en
brèche par les juristes, qui, au lieu d'attendre une réforme législative, cherchèrent, par des combinaisons ingénieuses, à tourner
et à corriger un texte qui paraissait trop rigoureux et ne répondait plus aux besoins de la pratique. Quelques auteurs eurent
beau protester contre les interprétations qui changeaient
la loi au lieu de l'expliquer, ils eurent beau déclarer que l'art.
443 n'établissant aucune distinction entre les hypothèques, on
ne pouvait pas en introduire (1). Leur voix resta sans écho,
leur logique fut vaincue par l'équité. La justice et la jurisprudence fléchirent devant la rigueur des annulations rétroactives.

Une fois le principe de l'article 443 battu en brèche, des difficultés nombreuses se présentèrent. Où devaient s'arrêter les
exceptions ? Quelles hypothèques présentaient une origine
assez favorable pour les faire maintenir ; quelles devaient
être frappées de nullité ? La porte était ouverte à l'arbitraire.
Il ne pouvait plus y avoir de règles fixes : la loi était ce que les
juristes la faisaient, et se trouvait subordonnée aux idées particulières de chaque commentateur. Aussi voyons-nous dans son
application de nombreuses divergences entre les auteurs.

Cependant, à travers le chaos des opinions diverses, l'on
peut dégager un principe admis par tout le monde et qui nous
servira de guide dans l'examen de la question. Il se déduit
du but commun poursuivi par les juristes et des motifs invoqués

_____

(1) M. Delvincourt, dans ses *Institutes de droit commercial,* s'exprime
en ces termes : « Quant aux hypothèques, je n'en vois aucunes auxquelles on ne doive appliquer l'art. 443.» — V. aussi Duranton, *Cours
de droit civil français*, t. 20, n° 79.

par eux pour tourner la loi. Ils ont voulu faire triompher la
bonne foi et l'équité et, prêtant aux législateurs les sentiments
qui les animaient eux-mêmes, ils ont justifié leur système en
disant que l'intention des rédacteurs du Code n'avait pas été
d'annuler gratuitement les sûretés qui n'ont rien de suspect,
mais seulement de prévenir et de déjouer la fraude. Partant de
là, on peut dire : toutes les fois qu'une hypothèque naîtra par
la seule force de la loi, indépendamment de toute convention
et se présentera comme la conséquence d'une obligation imposée au débiteur, elle devra être maintenue, car aucune fraude
n'a été possible ; mais, si pour naître elle a besoin d'une convention que les parties ont été libres de faire ou de ne pas
faire, si elle dérive d'un fait personnel au commerçant et est
le résultat de sa volonté, elle peut servir à couvrir des manœuvres déloyales, par conséquent elle sera entachée d'une présomption légale de fraude et frappée de nullité.

Le principe une fois posé, des divergences apparaissent lorsqu'il s'agit d'en faire l'application. La difficulté porte sur le point
de savoir quelles sont, parmi les hypothèques légales, celles
qui peuvent donner lieu à des combinaisons frauduleuses.
Nous trouvons ici presque autant d'opinions diverses que d'interprètes.

Seule l'hypothèque légale des mineurs et des interdits ne
donne lieu à aucune discussion. Tous les auteurs qui apportent
des exceptions à l'art. 443, s'entendent pour en proclamer la
validité. Elle est, en effet, indépendante de toute convention,
de tout concours de volonté de la part du commerçant failli.
La tutelle est une charge publique imposée soit par la loi, soit
par une délibération du conseil de famille. N'est pas tuteur qui
le désire, et celui qui ne se trouve pas dans l'un des cas limitativement prévus par le Code civil ne peut pas se décharger
d'une tutelle. L'on est obligé de l'accepter et de la conserver.
D'un autre côté, la tutelle est la conséquence d'un fait accidentel,

le décès ou l'aliénation mentale, qu'il n'est au pouvoir de personne de provoquer, à moins d'un crime de sa part. De plus,
on ne saurait sans injustice faire supporter aux enfants ou aux
interdits les conséquences fâcheuses qui résulteraient pour eux
de la délation de la tutelle à un commerçant en état de cessation de paiements (1).

Remarquons, en outre, que nulle part il n'est question des
hypothèques légales établies par les art. 1017 et 2113 du
Code civil au profit des légataires et des créanciers dont le
privilége a dégénéré en hypothèque faute d'avoir été inscrit
dans les délais légaux.

La controverse naît seulement lorsqu'il s'agit d'apprécier la
validité des hypothèques légales de la femme mariée, de l'Etat,
des communes et des établissements publics. Je l'expose en
quelques mots sans discuter la valeur des opinions, considérant que toute dérogation à l'ancien art. 443 C. com. était
illégale.

Locré, Boulay-Paty et Pardessus refusent à la femme l'hypothèque légale. Si elle s'est mariée à un commerçant qui était
en état de cessation des paiements, ils ne l'admettent à
produire dans la faillite qu'en qualité de créancière chirographaire. Ils estiment que le mariage est un fait volontaire et que
l'hypothèque qui en résulte peut servir à cacher une fraude.

Troplong et Zachariæ combattent cette opinion, parce que,
disent-ils, l'expression acquérir de l'art. 443 ne peut pas s'appliquer à l'hypothèque de la femme. Zachariæ s'exprime en ces
termes : « En raisonnant ainsi, M. Pardessus n'a pas remarqué

---

(1) Pardessus, *Cours de droit commercial*, édit. de 1815, t. 3 n° 1135,
p. 252 ; Troplong, *Des priviléges et hypothèques*, 3ᵉ édit. n° 655 ; Zachariæ, *Cours de droit français*, traduit de l'allemand par Aubry et Rau,
t. 2, p. 122 ; Locré, *Esprit du Code de commerce*, t. 5, p. 169 et s. ;
Boulay-Paty, *Des faillites et banqueroutes*, t. 1 n° 74.

que les termes nul ne peut acquérir hypothèque, dont se sert l'art. 443 C.com., supposent de la part du créancier non seulement un fait volontaire, mais un fait qui tend principalement et directement à l'acquisition de l'hypothèque. Or, l'hypothèque légale est bien une conséquence du mariage ; mais le mariage n'a pas pour but principal et direct l'acquisition d'une hypothèque légale et l'on ne peut pas supposer qu'il ait été contracté dans l'intention de frauder les créanciers du mari. » La Cour de Paris a admis cette manière de voir dans un arrêt confirmatif du 13 avril 1825 (1).

Pardessus, qui refuse l'hypothèque légale à la femme, la refuse également à l'Etat et aux établissements publics, parce qu'il y a eu convention, stipulation libre et par conséquent possibilité de tromper les tiers. Locré et Boulay-Paty, qui étaient de son avis en ce qui concerne l'hypothèque de la femme, se séparent ici nettement de lui et adoptent une opinion contraire, basée sur cette considération que l'autorité compétente pour nommer le receveur ou l'administrateur ne se prêterait pas à un calcul frauduleux.

Ces abus d'interprétation et ces restrictions, transportés de la doctrine dans la jurisprudence, devaient fatalement aboutir à multiplier le nombre des procès. Les principes du droit et leur application changeant avec chaque interprète, aucune règle n'était certaine, nul ne pouvait savoir *a priori* quelle était l'étendue de ses droits et la valeur des hypothèques nées pendant la période suspecte. De là naissaient des difficultés considérables, qui apportaient la perturbation dans les relations commerciales. Un tel état de choses ne pouvait pas durer ; aussi la loi du 28 mars 1838 est-elle intervenue pour mettre fin à toutes les discussions et ramener à la fois le calme et le crédit

_____

(1) Dal. J. G., vis. privilèges et hypothèques, nº 1422.

dans le monde des affaires. A-t-elle complétement réussi? Il
est permis d'en douter, et nous ne tarderons pas à voir qu'il
existe encore aujourd'hui des difficultés d'interprétation considérables.

Les dispositions rigoureuses de l'ancien article 443 ont été
adoucies à un double point de vue. D'abord nous avons vu que
la loi nouvelle ne frappe pas impitoyablement de nullité toutes
les hypothèques constituées depuis la cessation des paiements
ou dans les dix jours antérieurs ; mais qu'elle distingue entre
celles qui sont nées au même moment que l'obligation qu'elles
garantissent, et celles qui ont été ajoutées après coup à des
obligations préexistantes pour leur donner une garantie qui
n'avait pas été primitivement stipulée. Tandis que ces dernières
sont nulles de plein droit, les autres sont seulement annulables.
En second lieu, l'article 446, après avoir réglé le sort des
hypothèques conventionnelles et judiciaires, est muet en ce qui
concerne les hypothèques légales. Ce silence est significatif,
surtout si l'on rapproche la nouvelle loi de l'ancienne et si l'on
considère les difficultés que l'ancien article 443 avait fait naître.
En 1838, le législateur, par une réaction bien légitime, a voulu
couper court à toutes les controverses et donner raison aux
juristes contre les rédacteurs du Code de commerce. En men-
tionnant seulement les hypothèques conventionnelles et judiciaires, on a laissé à l'écart les hypothèques légales ; or, il est
de principe que les nullités sont de droit étroit et ne sauraient
s'étendre d'un cas à un autre. Puisque le texte n'a pas spécialement visé les hypothèques légales, elles échappent à son
application.

Cette nouvelle règle, substituée à l'ancienne, n'a rien que
de très légitime ; elle est la conséquence des dispositions relatives aux hypothèques conventionnelles et judiciaires.

D'abord l'article 446 nouveau ne frappe de nullité que les
hypothèques consenties pour dettes antérieurement contrac-

tées, et l'on sait que les hypothèques légales ne garantissent jamais des obligations antérieures ; elles naissent en même temps que la créance, et parfois avant la créance. Il fallait donc, de toute nécessité, pour demeurer fidèle au principe posé, valider cette dernière catégorie de sûretés.

En outre, si le législateur s'est montré sévère contre les hypothèques conventionnelles et judiciaires, c'est parce qu'il redoutait une entente frauduleuse entre les créanciers et le débiteur, qu'il voulait déjouer toute collusion et assurer le principe de l'égalité dans le malheur commun. Mais, de même que le désir de l'égalité ne saurait prévaloir contre les droits légitimement acquis, de même il ne saurait autoriser à frapper les hypothèques légales, dont la naissance ne peut donner lieu à aucune fraude, puisqu'elles dérivent directement de la loi et tirent toute leur force de sa seule autorité. Ici, tout soupçon cesse d'être admissible. Lorsque les rédacteurs du Code ont fait produire certains effets à des actes déterminés, on ne saurait les accuser de faire fraude à la loi. Puisque la volonté des parties est sans influence directe sur la constitution des hypothèques légales, il était juste de maintenir ces garanties, qu'il n'est au pouvoir de personne de faire naître, pour les attacher à une créance en dehors des cas limitativement prévus par les textes.

Loin de présumer que les femmes, les mineurs et les interdits, l'État, les communes et les établissements publics, les légataires et les créanciers primitivement nantis d'un privilége ont concouru à une fraude, on les a considérés comme dignes d'une protection spéciale, qu'on les a jugés incapables de se procurer eux-mêmes. La loi a veillé à leurs intérêts et voulu conserver leurs droits, de peur qu'ils ne fussent compromis par leur inexpérience ou la légèreté de leurs représentants.

La femme est, en principe, capable de contracter, de s'obliger, de vendre, d'acheter, d'administrer son patrimoine ; elle

possède une aptitude égale à celle de l'homme pour faire tous
les actes de la vie civile. Qu'elle vienne à s'engager dans les
liens du mariage, alors la loi subordonne, pour certains actes,
sa capacité à l'autorisation de son mari, ou, à son défaut, à l'autorisation de la justice. La protection qu'on ne lui accorde pas
à cause de son sexe, naît pour elle de l'état de dépendance et
d'infériorité dans lequel elle est placée par la loi vis-à-vis de
son mari. Dans toute société composée seulement de deux personnes, il n'est pas rare de voir l'une d'elles exercer une influence
prépondérante sur la marche des affaires, se réserver à elle
seule la direction générale, tandis que l'autre se contente d'approuver et de laisser faire. C'est, aux yeux de la loi, ce qui
doit se passer dans le mariage. Seulement, la loi va plus loin,
et présume que c'est toujours la femme qui jouera le rôle passif.
Elle était en droit d'établir cette présomption, parce qu'elle
dotait le mari d'une puissance maritale qui lui soumettait sa
compagne, non pas seulement au point de vue physique, mais
encore et surtout au point de vue de la capacité. Parmi les
actes les plus importants, cette dernière n'en peut faire aucun
sans autorisation. Bien plus, la loi estime que ce sera toujours
le mari qui de fait gérera les biens de la femme, soit qu'il en
ait acquis le droit en vertu des conventions matrimoniales, soit
qu'il l'ait usurpé à raison de son expérience et de son habitude
des affaires. Il se produira donc ce résultat que, la plupart du
temps, le mari détiendra entre ses mains la fortune de sa femme,
en sera responsable et devra la restituer à la dissolution du
mariage. L'administration de ses biens une fois perdue, la loi
estime que la femme sera trop faible pour la ressaisir elle-
même dans les cas où elle aurait conservé légalement la faculté
de l'exercer.

Partant de ces considérations, contre lesquelles on pourrait
en théorie formuler quelques critiques, le législateur, dési-
reux de conserver les biens dans les familles et voulant empê-

cher que l'une ne s'enrichisse aux dépens de l'autre, a donné
à la femme certaines compensations en échange de sa capacité
perdue. Elle lui a assuré plusieurs avantages, tels que le droit
de renoncer à la communauté, le bénéfice d'émolument lorsqu'elle l'accepte, le droit de soustraire ses immeubles à la
circulation en les rendant imprescriptibles et inaliénables par
une déclaration de dotalité, et enfin, sous tous les régimes, le
droit de demander la séparation de biens. Au nombre de ces
avantages figure l'hypothèque, qui affecte tous les immeubles
du mari, présents et à venir, à la restitution des droits et
créances de sa femme. Cette hypothèque résulte du fait même
du mariage ; il serait exagéré de dire que les époux se sont ma-
riés pour frauder les créanciers du mari. Du reste, si les biens
de ce dernier sont grevés d'une hypothèque, cette hypothèque n'a d'effet qu'autant qu'il y a des créances à garantir, et si
ces créances existent, c'est qu'une somme est entrée dans le
patrimoine du mari. La masse en a profité ; elle n'a aucune
réclamation à élever.

Placés non seulement par la loi, mais surtout par la nature
dans un état d'incapacité, les mineurs et les interdits méritent
une protection au moins égale à celle de la femme mariée ; ils
méritent même une protection plus grande ; car, tandis que la
femme a choisi elle-même son mari, on leur a imposé leur
représentant. Aussi, tandis que l'on a parfois critiqué la légi-
timité de l'hypothèque légale de la femme, l'on a toujours justifié celle des mineurs et des interdits. On ne devait pas permettre que leur patrimoine, confié aux mains d'un tuteur, pût
devenir le gage des créanciers personnels de celui-ci. En
garantissant sa restitution par une sûreté spéciale, on n'a lésé
les droits de personne.

L'Etat, les communes, les établissements publics, ont besoin
pour l'administration de leurs biens d'un nombre considérable
d'employés, dont les fonctions correspondent aux divers

13

besoins de ces personnes morales. Parmi eux il s'en trouve qui sont chargés de la perception et du maniement des finances et qui, dans leur gestion, peuvent commettre des fautes graves de nature à engager leur responsabilité civile. Ils peuvent même aller jusqu'au crime et détourner à leur profit les deniers dont ils ont la détention et la garde. Contre eux, les autorités chargées de les nommer auraient pu veiller à prendre des garanties suffisantes pour répondre des actes de leur gestion. La loi n'a pas voulu qu'une omission de leur part pût compromettre les droits des personnes morales ; elle a accordé à ces dernières une hypothèque légale. Cette hypothèque garantit des créances à venir ; en outre elle est révélée aux tiers et ne produit d'effets qu'à la date de son inscription. Cette sûreté, pas plus que les précédentes, ne saurait être critiquée par la masse des créanciers, parce qu'on ne doit pas supposer que les personnes chargées de nommer les comptables se prêtent à une fraude ; du reste ils ne le pourraient pas, car ce n'est ni du fait de la nomination ni de l'existence de l'hypothèque que résulterait le préjudice ; mais seulement des malversations ultérieures des administrateurs.

Si nous passons aux deux dernières catégories d'hypothèques légales, nous voyons que leur existence ne saurait pas non plus donner lieu à la fraude. N'est-il pas juste que les légataires et les créanciers, dont le privilége a dégénéré en hypothèque faute d'avoir été inscrit dans les délais légaux, soient payés avant les créanciers chirographaires du failli ? Les premiers réclament des droits sur des biens qui ne sont entrés dans le patrimoine du commerçant que grevés de certaines charges. Celui-ci n'a pu acquérir l'actif sans supporter par une juste réciprocité le passif. Si la succession est bonne, il restera un reliquat après le paiement des dettes et des legs, la masse réalisera un bénéfice ; si elle est mauvaise, la masse se protégera en demandant la séparation des patrimoines. Les seconds ont été pour le failli la cause d'un enrichissement, et dans la mesure de cet enrichissement la loi leur accorde la faculté de primer tous autres créanciers. Ils avaient *ab initio* un privilége. Faute par eux d'avoir rempli la formalité de l'inscription dans les délais légaux leur privilége a dégénéré et s'est transformé en hypothèque. Si la cause de leur créance pouvait leur assurer un privilége. à plus forte raison doit-elle suffire pour leur conférer une hypothèque.

Dans tous les cas, un préjudice pourrait résulter, soit de la simulation de créances, soit de l'augmentation de leur chiffre : mais alors, ces fraudes tomberaient sous l'application du droit commun. Toute personne intéressée serait admise à en fournir la preuve. et la preuve une fois faite entraînerait la nullité des obligations et par contre-coup la chute des garanties.

La réforme de 1838 se justifie donc pleinement en ce qui concerne les hypothèques légales, comme elle se justifie en ce qui concerne les hypothèques conventionnelles et judiciaires. Les législateurs ont pris en considération la nature des créances et pensé que si certaines méritaient des garanties spéciales, ces garanties ne devaient pas être annulées lorsqu'elles prenaient naissance après la cessation des paiements du débiteur. Nous arrivons ainsi à poser ce principe de droit : si un commerçant se marie pendant la période suspecte, s'il devient tuteur, administrateur, héritier, débiteur d'une créance privilégiée, l'hypothèque légale existera sur ses biens sans que l'on puisse invoquer contre lui les nullités des articles 446 et 447 C. com. Ce principe est universellement admis en doctrine et en jurisprudence (1). Il semble qu'il doive nous servir de guide

---

(1) Il faut cependant relever une opinion dissidente, celle de M. Pardessus. Il reproduit. après la loi de 1838. les mêmes distinctions qu'il avait déjà établies sous l'empire de l'art. 443 du Code de commerce. Dans son édition de 1841, comme dans celle de 1815, il

pour trancher toutes les difficultés qui pourront se présenter en pratique, et que dans chaque cas particulier il n'y ait qu'à rechercher quelle est la nature de l'hypothèque incriminée, pour la maintenir si elle est légale et la soumettre aux règles précédemment exposées si elle est conventionnelle ou judiciaire.

## DE L'INTERVENTION DE LA FEMME POUR ÉVITER L'ARTICLE 446
### DU CODE DE COMMERCE

Cependant, un principe une fois posé, il arrive souvent que l'on hésite à en accepter toutes les conséquences. C'est ce qui s'est produit dans notre matière. La doctrine et la jurisprudence, reculant devant les effets du principe admis, ont refusé de le suivre dans toutes ses déductions et en ont restreint la portée par une exception sur l'étendue de laquelle il importe de se fixer.

---

fait une différence entre les hypothèques légales qui dérivent d'une convention que les parties ont été libres de faire ou de ne pas faire et celles qui ont pour cause une obligation imposée par la loi seule, indépendamment de toute convention. Partant de là, il refuse l'hypothèque légale à la femme mariée, à l'État, aux communes et aux établissements publics, tandis qu'il l'accorde aux mineurs et aux interdits. Cette dissidence est plutôt apparente que réelle. Il n'y a pas lieu de s'arrêter à cette opinion, qui est le résultat d'une négligence. M. Pardessus n'a pas songé à mettre son édition de 1841 au courant de la législation ; il s'est contenté de livrer à l'impression son ouvrage auquel il n'avait apporté aucune correction. Ce qui le prouve, c'est que le paragraphe 1135 de l'ancienne édition a conservé son numéro d'ordre dans la nouvelle et a été reproduit textuellement (V. Pardessus, édit. de 1841, t. 5, p. 87).

Les difficultés portent uniquement sur l'hypothèque légale de la femme mariée. Elles ont pour point de départ la capacité de contracter qui lui est reconnue par la loi, et la faculté pour elle d'augmenter son hypothèque légale pendant le mariage et d'en transférer à des tiers le bénéfice par voie de subrogation.

Les autres personnes, munies d'une hypothèque légale, ne peuvent, par aucun fait de leur volonté, en augmenter l'étendue. Elle demeure irrévocablement fixée à leur égard au montant des sommes que le commerçant a touchées en leur nom et dont elles sont créancières. Le mineur et l'interdit ont droit à la restitution de leur fortune personnelle; l'Etat, les communes et les établissements publics aux sommes détournées à leur préjudice ; les légataires au montant de leurs legs et les créanciers privilégiés au montant de leurs créances. Dans aucun cas, ils ne peuvent hypothécairement réclamer une plus forte somme. On peut dire que, vis-à-vis d'eux, l'hypothèque légale dérive de la seule autorité de la loi et qu'ils sont impuissants à en augmenter l'étendue.

Il en est de même de l'hypothèque de la femme mariée, en ce qui concerne la garantie de sa dot, des avantages matrimoniaux établis au moment de son union, et des successions et donations par elle reçues pendant le mariage. Aussi, en tant qu'elle s'attache à la créance résultant de la détention par le mari des biens apportés par sa femme, l'hypothèque est universellement reconnue valable, et nul ne s'oppose à ce qu'elle produise ses effets au regard de la masse des créanciers, alors même que les biens réclamés seraient advenus à la femme et tombés entre les mains du mari pendant la période suspecte.

Mais là ne s'arrête pas le domaine de l'hypothèque légale de la femme mariée. Cette garantie protège aussi les créances qu'elle peut acquérir en se portant caution de son mari. Dès lors, il est facile de voir qu'elle aura l'étendue que la femme voudra bien lui donner. La convention et la volonté joueront un rôle très important et l'on pourra aboutir parfois à dépouiller frauduleusement la masse des créanciers. La fraude ne sera donc pas frappée sous toutes ses manifestations. Il suffira du concours de la femme pour tourner l'article 446 du Code de commerce.

Il n'est pas même nécessaire que la femme se déclare expressément caution de son mari pour acquérir une créance contre lui, il suffit qu'elle s'engage solidairement avec lui. L'art. 1431 C. civ. décide que lorsqu'elle s'oblige solidairement avec son mari pour les affaires de la communauté ou du mari, elle n'est réputée à l'égard de celui-ci s'être engagée que comme caution et qu'elle doit être indemnisée de l'obligation qu'elle a contractée. Il établit ainsi en sa faveur une présomption en vertu de laquelle elle est réputée n'être que caution, à moins que l'on ne prouve que la dette l'intéressait personnellement. Il est à remarquer que cette présomption n'existe que dans les rapports de la femme et du mari ; elle ne peut être opposée, ni aux créanciers avec lesquels la femme a traité, ni aux autres coobligés. Poursuivie par eux, la femme doit payer la totalité de la dette, sauf son recours contre le véritable intéressé. Elle est admise, en sa qualité de caution, à profiter envers lui de tous les avantages conférés aux cautions, notamment de ceux de l'art 2032 C. civ., aux termes duquel la caution, même avant d'avoir payé, peut agir contre le débiteur, pour être indemnisée, lorsque celui-ci est tombé en faillite ou en déconfiture. Quand cet état se produira, elle pourra de plein droit faire valoir sa créance.

Mais ici sa situation diffère profondément de celle des autres cautions. Tandis que celles-ci doivent se contenter de produire dans la masse, de recevoir seulement une quote-part de ce qui leur est dû et par conséquent subissent une perte, la femme, protégée par son hypothèque légale, primera les créanciers chirographaires et sera colloquée à son rang, déterminé par la date de l'obligation. Les articles 2121 et 2135 C. civ., déclarent la créance en indemnité garantie par une hypothèque légale. L'article 563 C. com. maintient cette hypothèque, même au cas de faillite. Il se borne seulement à indiquer limitativement sur quels immeubles elle portera lorsque le mari était commerçant au moment du mariage, ou lorsque, n'ayant pas alors d'autre profession déterminée, il le sera devenu dans le courant de l'année.

Dans la pratique, les choses ne se passent pas toujours ainsi. Le plus souvent ce n'est pas la femme elle-même qui produit dans l'ordre, c'est le créancier du mari que la femme a subrogé à son hypothèque légale. Elle évite ainsi de faire l'avance des fonds et de recourir ensuite contre son mari. En ce qui la concerne, la situation est simplifiée : tout se résout pour elle dans la passation d'un acte contenant à la fois l'obligation et la subrogation. Elle ne s'engage que pour se décharger immédiatement de son engagement.

Pendant longtemps on a pu douter de la validité de cette opération. Depuis la loi du 23 mars 1855, sur la transcription, toute hésitation est devenue impossible en présence de l'article 9. En indiquant les formes dans lesquelles aura lieu la cession de l'hypothèque légale des femmes mariées, cet article suppose nécessairement que cette cession est licite. Cependant on doit conclure de ses termes qu'elle ne le sera pas toujours. « Dans les cas, dit-il, où les femmes peuvent céder leur hypothèque légale ou y renoncer... » La loi de 1855 n'indique pas la capacité nécessaire pour subroger ; elle se contente de renvoyer aux principes généraux ; or, le principe est que la femme est capable de disposer de tous ses droits avec l'autorisation de son mari, à moins qu'elle ne s'en soit

interdit la faculté par contrat de mariage en frappant certains
biens de dotalité et par suite d'inaliénabilité (1).

Toutes les fois qu'elle aura conservé la faculté de céder son
hypothèque, cette faculté peut devenir le point de départ
d'une combinaison frauduleuse et servir à tourner les dispositions de l'art. 446 C. com.

Lorsqu'un commerçant a cessé ses paiements ou se trouve à
la veille de les cesser, il ne peut offrir aux créanciers qui le
pressent ni hypothèques conventionnelles ni hypothèques judiciaires. Si elles étaient constituées elles seraient entachées de
nullité. Cependant il cherche à gagner du temps, espérant se
remettre à flot par quelques spéculations heureuses, et alors,
pour arrêter les plus empressés à le poursuivre, il leur offre
l'engagement solidaire de sa femme. Celle-ci s'oblige avec lui,
acquiert de ce chef une hypothèque légale et subroge le créancier dans le bénéfice de cette hypothèque. Le créancier se
trouve ainsi avoir acquis indirectement sur les biens du débiteur une hypothèque qu'il ne pouvait obtenir directement. Si
cette opération est valable, le but de la loi va se trouver manqué, l'article 446 ne sera plus qu'une lettre morte et le principe d'égalité sera battu en brèche au profit des créanciers les
plus exigeants et les plus hardis.

Ce procédé est-il légitime?

Il est évident que si la femme cède son hypothèque à un de
ses créanciers personnels aucune difficulté ne peut s'élever.
Dans la mesure où le créancier l'exercera, elle sera censée
avoir exercé elle-même ses droits; tout ce qui sera payé au
créancier sera déduit de sa propre créance. La masse ne
subira aucun préjudice ; car la femme n'acquerra con-

_____

(1) V. Aubry et Rau, t. 3, p. 461, n° 288 bis.

tre son mari aucune créance nouvelle et n'augmentera pas
l'étendue de son hypothèque.

Il n'en est pas de même lorsque la femme cautionne un créancier de son mari pour une dette antérieurement contractée et le
subroge à son hypothèque légale. Ce procédé a été souvent mis
en œuvre dans la pratique, ainsi que l'attestent de nombreuses
décisions judiciaires ; mais il était trop contraire aux intérêts
de la masse des créanciers pour ne pas donner lieu de leur part
à de vives réclamations. Aussi l'enceinte de la justice a-t-elle
souvent retenti de leurs doléances et la doctrine justement émue
s'est-elle élevée contre les prétentions de la femme et des
créanciers par elle subrogés au bénéfice de son hypothèque
légale. Tous, auteurs et magistrats, ont été d'accord pour condamner une pareille combinaison (1). Ils ont pensé que l'hypothèque légale et la subrogation, intervenues dans de pareilles
conditions, étaient contraires aux principes du droit et tombaient sous l'application des textes. Mais, le point de départ une
fois admis, l'entente a été de courte durée ; une controverse
célèbre a surgi lorsqu'il a fallu en tirer les conséquences pratiques et préciser en vertu de quels textes et de quels principes
la nullité devait être prononcée. Outre de nombreuses considérations générales, on a invoqué tour à tour, soit isolément,
soit en les combinant entre eux de diverses manières, les articles 446, 447, 597 et 598 C. com., 6, 113 et 1167 C. civ. De
l'interprétation et du groupement de ces textes sont nés plusieurs systèmes. Il est utile de les examiner et de prendre parti
dans la controverse.

---

(1) M. Labbé seul a fait des réserves au point de vue purement
juridique ; mais au point de vue de l'équité et de l'utilité pratique, il
approuve la solution de la jurisprudence (note sous Cas. 27 avril 1881
S. 81, 1, 393).

La discussion présente sûrement un intérêt doctrinal considérable et, à ce titre, mérite un examen attentif. Au point de
vue des conséquences pratiques elle est d'une importance encore
plus grande, bien que de prime-abord elle paraisse sans intérêt. Que la nullité, peut-on dire, dérive de tel ou tel texte, de
tel ou tel principe, peu importe. Le résultat ne sera-t-il pas
toujours le même, l'acte annulé ne sera-t-il pas dans tous les
cas considéré comme non avenu? Si l'on ne s'arrête pas aux
apparences et si l'on va au fond des choses, il est facile de se
convaincre que la question est tout aussi importante en pratique
qu'en théorie. C'est une erreur de croire que le résultat sera
toujours le même. La nullité prononcée aura sans doute pour
conséquence d'entraîner la chute de l'acte incriminé ; mais
dans quels cas et dans quelle mesure le frappera-t-elle ? Sera-
t-elle facultative ou obligatoire pour le juge, relative ou absolue? à quelles conditions de recevabilité l'action sera-t-elle soumise? La controverse nous l'indiquera. Chacun des textes introduits dans la discussion a sa valeur propre, sa portée d'application et ses effets particuliers. Par conséquent, suivant que
l'on invoquera l'un ou l'autre, on aboutira à des conséquences
différentes. Cela explique que la jurisprudence ait parfois
reconnu la validité de l'hypothèque légale et de la subrogation,
intervenues dans les conditions que j'ai déterminées, bien qu'en
droit elle admette que les articles 447 C. com. et 1167 C. civ.
sont applicables. N'ayant relevé aucun indice de fraude dans
les espèces soumises à son appréciation, elle ne pouvait pas
appliquer des dispositions qui supposent la fraude comme condition de recevabilité (1). Dans ces mêmes hypothèses, ceux

---

(1) Besançon, 10 avril 1865, D. 65, 2, 82 ; Cas. req., 9 déc. 1868,
D. 69, 1, 5 ; Bourges, 1er avril 1870, D. 72, 2, 30 ; Poitiers, 5 mai 1879,
D. 79, 2, 165.

qui admettent la nullité absolue de l'article 446 C. com. n'auraient pas hésité à faire tomber l'hypothèque.

Cette première difficulté tranchée, nous aurons déterminé la situation de la masse et nous saurons dans quels cas elle est admise à contester la validité de l'hypothèque légale. Suivant que sa prétention sera accueillie ou rejetée, l'actif sera plus ou moins considérable, et, par suite, le dividende à distribuer augmentera ou diminuera.

Lorsque la demande des créanciers sera rejetée, tout sera terminé ; l'hypothèque maintenue produira ses effets. Le bénéfice pourra en être réclamé indifféremment, soit par la femme, soit par le créancier subrogé, à moins qu'il n'existe contre lui des causes spéciales de nullité. Dans le cas où l'hypothèque sera annulée, elle sera considérée comme n'ayant jamais existé et sa chute aura pour conséquence directe et immédiate, d'entraîner la nullité de la subrogation. C'est l'application de la vieille maxime, *resoluto jure dantis, resolvitur jus accipientis*. La femme n'a pas pu céder un droit qu'elle n'avait pas.

Mais alors se pose une seconde question, qui est une conséquence de la première. Quelle sera la situation respective de la femme, et du créancier subrogé ? La perte de l'hypothèque, qui aura pour résultat de faire tomber la subrogation, n'aura-t-elle pas encore pour conséquence de libérer la femme de son obligation, de telle sorte que l'opération intervenue entre elle et le créancier sera considérée comme radicalement nulle, nulle en ce qui concerne la cession de l'hypothèque, nulle également en ce qui concerne l'engagement de la femme ? En d'autres termes, la femme perdant la garantie attachée par la loi à son engagement, sera-t-elle dispensée de tenir cet engagement, ou bien, l'hypothèque disparaissant, l'obligation restera-t-elle valable, bien que dépourvue de garantie ?

Cette seconde question est sans intérêt pour la masse. Pour elle, le seul point important est de faire prononcer la nullité de l'hypothèque. Cette nullité obtenue, elle n'a nullement à s'occuper de ce qui se passera entre la femme et le créancier. Peu lui importe que ce soit la femme ou le créancier qui produise dans la faillite, puisque la créance ne figurera qu'une seule fois dans le passif et encore dépouillée de tout droit de préférence. Peu lui importe aussi que le créancier ait ou non un recours contre la femme ou contre tout autre coobligé ou caution.

La question, au contraire, présente une importance considérable dans les rapports de la femme et du créancier. Si l'obligation est anéantie en même temps que l'hypothèque, le créancier n'aura pas d'action contre la femme; le contrat intervenu, frappé dans son existence d'une cause de nullité, ne produira aucun effet, il sera considéré comme non avenu. La femme, libérée de son engagement, sera libre d'en refuser l'exécution, et le créancier sera considéré comme n'ayant jamais eu d'autre débiteur que le mari. Au contraire, si l'obligation de la femme subsiste, si elle survit à la perte de l'hypothèque, le créancier qui n'aura reçu dans la faillite qu'un simple dividende pourra se retourner contre elle et lui réclamer la partie de sa créance qu'il n'aura pas touchée. En outre, dans son recours, il sera admis à se prévaloir des garanties spéciales que la femme a pu lui donner sur ses biens personnels. Si elle lui a conféré sur ses meubles ou sur ses immeubles des droits de gage ou d'hypothèque, ces droits continueront à garantir l'obligation. Ainsi, suivant la solution que l'on adoptera, ce sera la femme ou le créancier qui supportera les conséquences de l'insolvabilité du mari.

L'intérêt qui s'attache à la solution de ces questions étant connu, nous pouvons maintenant aborder la difficulté et entrer dans l'examen approfondi de la controverse. Nous avons à nous demander: 1° si la femme qui cautionne son mari acquiert de ce chef une hypothèque légale pour garantir sa créance en indemnité, et si elle peut subroger le créancier à cette hypothèque ; 2° si la femme demeure obligée envers le créancier dans le cas où son hypothèque est déclarée nulle.

Ces deux questions se trouvent intimement liées entre elles, de telle sorte que la solution donnée à l'une peut réfléchir sur la solution à donner à l'autre. Ainsi, si l'hypothèque est déclarée valable, la femme n'aura aucun motif pour se faire relever de son engagement ; ou bien, si cet engagement est lui-même déclaré nul, l'hypothèque, qui en est une conséquence, ne pourra pas subsister, puisqu'elle manquerait alors de fondement.

La seconde question est vivement discutée. La première est, en principe, tranchée dans le sens de la négative ; mais des difficultés considérables se sont élevées lorsqu'il s'est agi de justifier cette manière de voir. De nombreuses opinions ont été émises, et la controverse a donné lieu à une véritable littérature. Reproduire et discuter en détail chacune de ces opinions, serait se condamner à des redites et s'exposer à la confusion. Il est préférable, pour rendre l'exposé à la fois plus clair et plus méthodique, de les grouper en un certain nombre de systèmes et d'indiquer les modifications que chacun d'eux a subies.

L'on pourrait, tenant uniquement compte des résultats, distinguer suivant que l'on considère l'hypothèque comme nulle ou annulable, et combiner chacune de ces deux solutions avec la solution à donner à la question relative à la validité de l'obligation. Cependant, parmi les auteurs qui sont arrivés au même résultat, tous n'ont pas envisagé la difficulté de la même manière, et leur argumentation n'a pas toujours eu le même point de départ. Aussi, un autre classement paraît plus logique. Il permet d'embrasser dans sa généralité les deux questions à la fois.

La combinaison intervenue entre la femme, le mari et le créancier est complexe ; elle se compose de plusieurs faits successifs. D'abord la femme cautionne son mari et se trouve ainsi

obligée envers le créancier ; de cette obligation naît une hypothèque légale et enfin la femme transfère au créancier le bénéfice de cette hypothèque au moyen d'une subrogation. Chacun
de ces trois faits, obligation, hypothèque, subrogation, peut
servir de point de départ aux critiques de la masse. Suivant que
l'on s'attaque tout d'abord à l'un ou à l'autre, l'on arrive
à des conséquences différentes. Discuter directement la validité de l'obligation et en faire prononcer la nullité, c'est trancher du même coup les deux questions ; car l'hypothèque et la
subrogation n'ont aucune existence par elles-mêmes ; leur
validité est subordonnée à celle de l'obligation. Au contraire,
si l'on fait annuler l'hypothèque, la subrogation disparaît également ; mais la question relative à la validité de l'obligation
se pose entre la femme et le créancier et a besoin d'être discutée à son tour. Enfin, si l'on fait tomber en premier lieu la
subrogation, il reste à se demander quel sera le sort de l'hypothèque et celui de l'obligation. Il semble donc que nous
ayons en présence trois systèmes différents ; en réalité, ils se
ramènent à deux, le troisième n'étant qu'une variété du second
et pouvant se confondre avec lui. Le point important pour la
masse, c'est de faire tomber l'hypothèque qui lui est opposée ;
la nullité de la subrogation est pour elle sans intérêt. Tant que
l'hypothèque existe, qu'elle soit exercée par la femme ou par
son ayant cause, elle n'en a pas moins pour conséquence de
réduire le dividende à distribuer. C'est cette conséquence que
la masse veut éviter. Si, au lieu d'attaquer directement l'hypothèque, l'on attaque tout d'abord la subrogation, ce n'est là
qu'un détour employé pour arriver plus sûrement à la chute de
l'hypothèque, qui est le véritable but des poursuites. Deux
moyens sont donc possibles pour soustraire la masse au droit
de préférence de la femme ou de son subrogé : attaquer seulement l'hypothèque, ou bien attaquer directement l'obligation.
Dans le second cas, tout sera fini ; du même coup la situation

de la masse, des créanciers et de la femme se trouvera réglée. Dans le premier cas, il restera à déterminer quels seront les rapports de la femme et des créanciers.

Examinons successivement chacun de ces deux systèmes, dans lesquels peuvent rentrer toutes les opinions émises par les juristes.

### Premier système

Critique de l'hypothèque légale de la femme, résultant de l'engagement pris par elle envers un créancier antérieur de son mari. — Influence de la nullité de l'hypothèque sur le sort de l'engagement personnel de la femme.

Dans ce système, adopté par la majeure partie des auteurs et par la jurisprudence, l'on répond successivement à chacune des deux questions que nous avons à résoudre.

Tout le monde est d'accord pour reconnaître que l'hypothèque légale, née pendant la période suspecte à la suite d'un engagement de la femme envers un créancier antérieur de son mari, est contraire aux principes du droit. Mais tous les juristes ne l'attaquent pas avec les mêmes arguments, et par conséquent n'aboutissent pas aux mêmes conséquences. Les uns la déclarent radicalement nulle par application de l'art. 446 C. com. ; d'autres estiment qu'elle est seulement annulable en vertu des art. 447 C. com. et 1167 C. civ.

Cependant il ne faut pas croire que les critiques dirigées contre l'hypothèque légale ne soulèvent pas des protestations de la part de la femme et des créanciers subrogés. Ceux-ci ne vont pas de gaieté de cœur se laisser dépouiller d'une garantie qui leur assure un paiement intégral et s'exposer l'un ou l'autre à une perte qui serait probablement évitée si la garantie était maintenue. Dans leur intérêt l'on a dit que la femme d'un commerçant, même après la cessation des paiements et la faillite de ce dernier, conserve la capacité de contracter et de

s'obliger. Elle peut venir au secours de son mari, désintéresser
ses créanciers, sauvegarder la réputation commerciale et maintenir intact l'honneur de la famille, qui est intimement lié à
celui du mari. Dans le sacrifice qu'elle se résout à faire, nulle
règle ne lui est imposée. Elle peut, si sa fortune le permet, le
faire complet et libérer entièrement son mari de ses obligations.
Elle peut payer seulement une partie du passif en faisant à
tous les créanciers une situation égale, c'est-à-dire en les désintéressant au marc le franc. Elle peut enfin, et c'est ici qu'apparaît dans toute sa plénitude sa liberté d'action, établir des
préférences, payer intégralement les uns et négliger les autres.
Aucun principe de droit ne l'oblige à suivre un ordre dans la
distribution de ses biens personnels. C'est une libéralité qu'elle
fait, et la libéralité est par essence contraire à toute idée d'obligation. Le principe de l'égalité dans le malheur commun ne la
lie pas, il ne s'applique qu'à la distribution du patrimoine du
failli, gage commun des créanciers. Un tiers aurait le droit
d'avantager certains d'entre eux, soit en les payant directement,
soit en leur conférant une garantie sur ses biens personnels,
soit enfin en se portant caution. La femme n'est-elle pas, elle
aussi, un tiers vis-à-vis de la masse des créanciers et par suite
n'aura-t-elle pas le droit de faire ce que toute autre personne,
sauf le failli, eût pu faire à sa place ? Par conséquent, qu'elle
acquitte les dettes de son mari ou qu'elle prenne l'engagement
de les acquitter, son acte sera toujours valable. Seulement
dans les deux cas la conséquence ne sera pas exactement la
même. Si elle se contente d'une simple promesse, les créances
par elle garanties figureront dans le passif, le cautionnement
n'aura aucun effet sur la liquidation. Au contraire, si elle paie,
la dette se trouvant éteinte, il en résultera un avantage pour
la masse ; le nombre des créanciers ayant diminué, la part
de chacun sera plus considérable.

L'obligation de la femme étant valable, l'hypothèque en est

une conséquence inévitable. L'article 2135 C. civ. est formel sur ce point. Pour que cette hypothèque disparût en cas de faillite du mari, il faudrait une disposition législative. La loi, dans les art. 446 et 447 C. com., a établi un système de nullités complet. L'article 446 déclare que les hypothèques conventionnelles et judiciaires, constituées sur les biens du débiteur pour dettes antérieurement contractées, seront nulles si elles l'ont été depuis la cessation des paiements ou dans les dix jours antérieurs. L'article 447 décide que tous autres actes passés par le commerçant pendant la période suspecte pourront être annulés. Aucun de ces articles ne vise l'hypothèque légale de la femme mariée. L'article 446 parle bien des hypothèques conventionnelles et judiciaires, mais il est muet en ce qui concerne les hypothèques légales, par suite il les exclut de ses dispositions. Les nullités étant de droit étroit, on ne peut pas les étendre d'un cas à un autre, tout le monde est d'accord sur ce principe. Pour frapper l'hypothèque légale de la femme, il faudrait une clause spéciale. Elle n'existe pas dans l'art. 446. Nous ne la trouvons pas non plus dans l'art. 447. Cet article embrasse, dans la généralité de ses termes, tous les actes qui peuvent être passés par le failli ; mais, si étendue que soit sa portée, elle est restreinte uniquement aux actes par lui passés. Or, dans l'espèce, le failli est resté complétement étranger à l'acte attaqué. En outre, l'article exige de la part des tiers la connaissance de la cessation des paiements et, en admettant même qu'il fût applicable, dans la plupart des cas il demeurerait impuissant à faire tomber l'hypothèque ; car il serait toujours difficile d'établir que la femme était au courant du mauvais état des affaires du mari. La bonne foi est la sauvegarde de ses intérêts.

L'hypothèque est valable; la femme, à moins qu'une clause du contrat de mariage ne lui en enlève la disposition, est libre de la céder à un tiers.

14

Tel est le raisonnement proposé au nom du créancier favorisé. Il repose à la fois sur les principes et sur les textes du droit. Les critiques ne lui ont pas manqué et les auteurs se sont efforcés de le battre en brèche. Ont-ils réussi à renverser directement les bases de ce raisonnement ? La suite de la discussion nous l'apprendra. M. Labbé estime que non et son opinion paraît exacte.

Contre la prétention de la femme et des créanciers subrogés, on invoque des arguments de différente nature, des considérations législatives et économiques, les principes et les textes du droit.

Tout d'abord, et pour moraliser le débat, on insiste sur les conséquences désastreuses qui résulteraient du maintien de l'hypothèque légale. On s'alarme de la situation qui serait faite à la masse des créanciers. Leur sort, dit-on, va se trouver entre les mains de la femme, si on lui reconnaît la capacité de faire naître à son profit des hypothèques légales et d'en céder immédiatement le bénéfice à certains créanciers favorisés. Si elle est libre d'user de cette faculté sans contrôle, elle pourra assurer un avantage aux uns au détriment des autres. Mais c'est surtout entre les mains du mari que cette capacité va devenir une arme terrible. Profitant de son ascendant sur la personne de sa femme et de l'inexpérience de celle-ci, il l'entraînera à accomplir des actes dont elle ne comprendra peut-être pas toute la portée ; il pourra ainsi arrêter dans leurs réclamations ses créanciers les plus vigilants et les plus empressés, obtenir d'eux des délais par l'appât d'une garantie qu'il ne peut plus conférer directement et prolonger une apparence de vie commerciale.

Ce que la femme peut faire pour un créancier, pourquoi ne le ferait-elle pas pour dix, pour quinze, pour vingt? Son intervention, licite dans un cas, ne saurait être déclarée illicite dans les autres. Où s'arrêtera alors l'obtention d'hypothèques sur

les immeubles du commerçant à une époque où lui-même ne
peut plus en constituer? L'action de la femme n'aura d'autres
limites que celles dictées par sa volonté et les immeubles du
mari seront bientôt grevés d'hypothèques pour la totalité de
leur valeur. Il ne restera plus comme gage de la masse des
créanciers que les meubles dont le prix, peut-être à peine suffisant pour couvrir les frais de justice, ne leur assurera qu'un
dividende insignifiant. « Pourquoi, dit M. Bédarride, résisterait-
elle aux instances des créanciers et à celles de son mari?
Quel danger lui fait courir son cautionnement, dès qu'elle en
est indemnisée par son hypothèque légale et qu'elle s'en libère
par la subrogation en faveur de laquelle le créancier sera
payé sur les biens du mari. La femme, ne risquant rien, n'hésitera donc pas à prêter les mains à une combinaison à l'aide de
laquelle, contre la disposition formelle de l'art. 446, l'un des
créanciers, au mépris de cette égalité si vivement poursuivie,
sera intégralement payé, tandis que les autres ne recevront
qu'un dividende, encore réduit, de la part qui lui serait advenue sur les sommes prélevées en force de l'hypothèque légale (1). »

La validité de l'hypothèque de la femme et de la subrogation
est encore contraire aux principes du droit. Si on l'admet, le
principe de l'égalité dans le malheur commun deviendra un
vain mythe ; la ligne de démarcation, si nettement tranchée
entre la faillite et la déconfiture, s'effacera vite, et l'on verra
dans l'un et l'autre cas les créanciers courir à la recherche de
garanties, pour s'élever au-dessus de la foule des simples chirographaires et s'assurer une condition privilégiée. Cependant l'intention des législateurs n'est pas douteuse ; ils ont
voulu maintenir l'égalité la plus absolue et pour y parvenir ils

(1) *Des faillites et banqueroutes*, t. 1, p. 214.

n'ont pas hésité à sacrifier des intérêts qui paraissaient parfois légitimes. Admettre que la femme peut faire naître une hypothèque à son profit pour la céder à un créancier du mari, ce serait aller à l'encontre du but de la loi et mépriser son texte. Les articles 446 et 447 C. com. ont beau établir un système de protection en faveur de la masse pour la protéger contre les droits de préférence, lorsque ces droits sont acquis pendant la période suspecte, ils ont beau frapper de nullité certains actes particulièrement dangereux et soumettre la validité des autres à la libre appréciation des magistrats, si l'intervention de la femme permet d'éluder ces sages dispositions, c'est comme si elles n'avaient jamais existé. L'œuvre de la loi serait incomplète si l'on pouvait trouver un moyen d'échapper à ses prescriptions. Il ne doit pas, il ne peut pas en être ainsi. Ce serait de la plus grande immoralité. Il n'est pas permis de faire indirectement ce qu'il est défendu de faire directement.

On ajoute encore que les opérations critiquées sont destinées à faire fraude à la loi et que la fraude doit être atteinte sous toutes ses manifestations.

Voilà assurément d'excellentes raisons théoriques. Dans une discussion législative elles devraient être prises en grande considération et, comme je le disais au début, elles servent à moraliser le débat. Une législation reposant sur de pareilles bases serait une bonne législation. Mais il ne suffit pas pour résoudre une controverse de montrer que la solution critiquée aboutirait à des conséquences fâcheuses et de faire ressortir combien elle est contraire aux principes rationnels du droit ; il faut encore montrer que le législateur n'a pas voulu la consacrer.

Non seulement il existe des dispositions dont l'interprète peut tirer des conséquences choquantes, mais encore des règles aujourd'hui surannées, en contradiction avec les mœurs et les idées nouvelles et qui, elles aussi, servent parfois à couvrir de grandes injustices. La condition, au point de vue successoral, faite jusqu'à ces derniers temps au conjoint survivant, n'aboutissait-elle pas à des résultats iniques ? En permettant à un parent très éloigné du *de cujus*, souvent même inconnu de lui, de venir recueillir ses biens, n'était-on pas injuste pour le conjoint qui avait passé sa vie à ses côtés, partagé ses joies et ses douleurs, veillé à son chevet et dépensé pour lui tout ce que son cœur pouvait contenir d'affection ? En matière de déconfiture, le défaut d'organisation d'une procédure collective, la faculté laissée à chaque créancier d'un non-commerçant d'obtenir des hypothèques et d'exercer isolément ses poursuites, ne sont-ils pas de nature à causer un grave préjudice à l'ensemble des créanciers chirographaires ? Enfin, dans les ventes sur saisie immobilière n'est-il pas inique de voir pour les immeubles de peu de valeur les frais de justice dépasser parfois de beaucoup le prix d'adjudication ? L'on pourrait multiplier les exemples d'institutions critiquables par elles-mêmes ou par leurs conséquences, battues en brèche par les économistes, dénoncées aux Chambres, traduites devant le tribunal de l'opinion publique et qui existent encore, tristes épaves d'une législation ancienne dont elles conservent le souvenir. Est-il admissible que les magistrats se refusent à les appliquer sous le prétexte qu'elles ne sont pas conformes aux principes de la raison et de l'équité ? Evidemment non. Ainsi disparaît l'argument tiré des conséquences pratiques.

L'on a dit encore qu'il était interdit de faire indirectement ce que l'on ne pouvait pas faire directement et que toute fraude à la loi devait être réprimée. Ces maximes sont exactes en théorie ; mais en pratique il ne suffit pas de dire qu'un acte est défendu ou qu'il a été fait en fraude de la loi. Pour être admis à en provoquer la nullité, il importe dans chaque cas particulier de prouver la fraude et de montrer que l'on n'avait pas le droit de faire l'acte critiqué. C'est là que gît la difficulté. Or, dans l'espèce, nous avons vu que la femme prétendait avoir eu le droit de faire l'acte qu'elle avait accompli. Elle a soutenu que les articles 446 et 447 C. com. ne s'appliquaient pas à elle ; car le premier vise les hypothèques conventionnelles et judiciaires, le second les actes passés avec le failli lui-même. Si sa démonstration est exacte il n'y a pas de fraude et l'hypothèque légale doit être maintenue.

Cette argumentation n'a contenté personne et l'on a essayé de retourner contre la femme les articles précités. On a même invoqué d'autres dispositions soit du droit civil, soit du droit commercial.

Les uns ont déclaré l'hypothèque complétement nulle, par application des articles 446, 597 et 598 C. com. ; d'autres simplement annulable en vertu de l'article 1167 du Code civil ou d'après l'article 447 C. com.

L'article 446, par cela même qu'il ne parle que des hypothèques conventionnelles et judiciaires, paraît exclure les hypothèques légales. Les adversaires de la femme l'ont bien compris; aussi la plupart ont-ils renoncé à l'invoquer. Cependant, M. Coin-Delisle, dans une savante dissertation, a essayé d'en étendre les dispositions à l'hypothèque légale acquise par la femme en garantie des obligations par elle contractées en cautionnant son mari (1). Pour cela il a essayé de la faire rentrer dans la catégorie des hypothèques conventionnelles ou tout au moins dans une catégorie spéciale d'hypothèques qu'il appelle mixtes, car elles dérivent à la fois de la loi et de la convention : de la loi en ce qu'elles garantissent de plein droit des actes déterminés, sans qu'il soit besoin d'une stipulation expresse ; de la convention parce que ces actes sont le résultat d'un accord entre les parties, de telle sorte que celles-ci peu-

_____

(1) *Revue critique,* t. 3, année 1853, p. 221 et s.

vent à leur gré faire naître ces garanties. En d'autres termes, ces hypothèques sont conventionnelles par leur naissance, légales dans leur forme et dans leur conservation.

Ce qui caractérise les hypothèques légales et les distingue des hypothèques conventionnelles ou judiciaires, ce n'est pas la dispense d'inscription pour leur conservation ; dans l'ancien droit, elles étaient toutes occultes ; sous la loi du 11 brumaire an VII, toutes étaient inscrites ; et de nos jours, certaines hypothèques, bien que qualifiées de légales par la loi, ne produisent leurs effets que du jour de l'inscription (1). La différence spécifique est dans la cause des hypothèques. Selon qu'elles résultent de la forme extérieure des contrats, des jugements et actes judiciaires, ou de la loi, elles sont conventionnelles, judiciaires ou légales. Les hypothèques légales sont donc, à proprement parler, celles qui résultent d'un fait déterminé par la loi, sans convention aucune des parties. Régulièrement, il n'aurait pas dû y en avoir pour l'engagement de la femme envers son mari. Il en fut ainsi dans notre ancien droit, où la femme, comme les cautions ordinaires, n'acquérait d'autre garantie que l'hypothèque résultant de l'acte public (2) Ce fut un arrêt du Parlement de Paris du 17 mars 1708 qui changea ce système et accorda à la femme, pour son cautionnement, l'hypothèque légale du mariage. Cette jurisprudence

---

(1) Parmi les hypothèques légales soumises à la formalité de l'inscription on peut ranger celles de l'Etat, des communes et des établissements publics, qui ne prennent rang qu'à la date de leur inscription ( loi du 5 sept. 1806) ; celles des légataires sur les biens de la succession ; celles qui sont prises au profit de la masse des créanciers de la faillite (art. 490 C. com.), les priviléges dégénérés en hypothèques, faute d'avoir été inscrits dans les délais légaux.

(2) Dans notre ancien droit tout acte authentique emportait hypothèque générale sur les biens du débiteur.

était abusive; aussi le président de Lamoignon la qualifiait-il
d'irrégulière ; néanmoins, elle persista jusqu'à la loi du 11 brumaire an VII. Cependant le but de protection poursuivi par le
Parlement n'avait pas été atteint ; les créanciers, exposés au
droit de préférence de la femme, exigeaient toujours son intervention dans les contrats, et cette mesure de faveur, prise dans
son intérêt, s'était retournée contre elle.

Le Code civil a adopté un parti transactionnel. Il a accordé
à la femme, pour son indemnité, l'hypothèque légale, indépendamment de toute inscription ; mais, en même temps, il ne lui a
donné de date que du jour du cautionnement, montrant bien par
là que la volonté des parties jouait un rôle considérable au point
de vue de la naissance de cette hypothèque. Aussi, si elle est
légale parce que l'article 2135 C. civ. la place au nombre des
hypothèques légales, et la conserve de la même manière, elle est
en même temps conventionnelle parce qu'elle ne naît pas du seul
fait du mariage, mais d'une obligation postérieure de la femme
prise dans l'intérêt de son mari. A ce titre d'hypothèque née
de la convention, elle tombe sous l'application de l'article
446 C. com.

Sous l'empire du Code de commerce, la fraude n'était pas
possible. L'article 443 interdisait formellement à tout créancier
d'acquérir privilége, ni hypothèque, sur les biens du failli,
dans les dix jours qui précédaient l'ouverture de la faillite, et
l'article 447 portait : « tous actes ou paiements faits en fraude
des créanciers sont nuls. » Malgré la précision de ces textes,
nous avons vu que des difficultés d'interprétation s'étaient produites, et que, sous prétexte d'appliquer la loi, on l'avait vio-
lée. Une controverse s'étant élevée sur le point de savoir dans
quelle mesure cette violation était licite, les auteurs avaient
généralement admis que l'hypothèque acquise par la femme,
comme garantie de son cautionnement, tombait sous l'application de l'article 443, et que la nullité s'imposait. Dans la

pratique, la validité de l'hypothèque n'avait pas dû être soutenue ; car, dans les recueils, on ne trouve pas d'arrêts se référant à cette question. La loi de 1838 est venue couper court à la controverse qui s'était élevée. Telle a été du moins la pensée des rédacteurs. M. Coin-Delisle argumente de là pour soutenir que les points non controversés n'avaient pas besoin d'interprétation. Tout le monde était unanime à reconnaître que l'hypothèque de la femme était nulle ; la loi nouvelle ne peut pas contenir une disposition qui, en la validant, permettrait une fraude jusqu'alors inconnue et donnerait les moyens de la réaliser.

L'opinion de M. Coin-Delisle a été généralement rejetée. L'art. 2135 C. civ. suffit à la réfuter, puisqu'il range parmi les hypothèques légales l'hypothèque acquise par la femme comme garantie de son cautionnement. Il n'est guère possible d'envisager comme conventionnelle, eu égard à la nature de la garantie, l'hypothèque à laquelle la loi donne expressément et formellement la qualification de légale. Telle est l'opinion de Paul Pont (1), et sa manière de voir a été partagée par la doctrine et la jurisprudence. Elle est tellement évidente que l'on ne prend même pas la peine de la discuter et que les auteurs et les magistrats se contentent la plupart du temps d'affirmer que l'art. 446 n'est pas applicable (2).

Toutes les considérations contraires montrent une seule chose, que la loi est mal faite et que l'art. 446 aurait dû dis-

---

(1) *Des privilèges et hypothèques*, t. 1, n° 447, p. 443.
(2) Angers, 21 janvier 1846, D. 46, 2, 83 ; Cas. req. 7 nov. 1848, D. 48, 1, 241 ; Cas. civ. 25 juil. 1860, D. 60, 1, 330 ; Besançon, 10 avr. 1865, D. 65, 2, 82; Cas. req. 9 déc. 1868, D. 69, 1, 5 ; Bourges, 1er avr. 1870, D. 72, 2, 30 ; Poitiers, 5 mai 1879, D. 79, 2, 165: Nancy, 19 mars 1879, S. 79. 2, 113, *confirmé sur ce point* par Cas. civ., 27 avr. 1881, S. 81, 1, 393 ; Cas. req. 18 avr. 1887, D. 87, 1, 155.— Lyon-Caen et Renault, *Précis de droit commercial*, t. 2, n° 2767, p. 723 ;

tinguer entre les causes génératrices de l'hypothèque légale de
la femme mariée, reprendre par exemple la distinction des
anciens auteurs, en ayant soin de trancher définitivement toute
controverse et décider qu'après la cessation des paiements du
mari toute créance qui naîtrait au profit de la femme sans
convention de sa part, comme celle résultant de l'acquisition
d'une succession, serait garantie par une hypothèque légale ;
mais que les obligations par elle contractées dans l'intérêt de
son mari, le seraient à ses risques et périls et n'engendreraient
aucune hypothèque. La loi ne l'a pas dit et l'on ne peut pas suppléer à son silence, car les nullités sont de droit étroit, *strictissimi juris* ; ce serait y suppléer que d'annuler l'hypothèque
légale de la femme qui s'oblige dans l'intérêt de son mari
sous prétexte que cette hypothèque ne lui était reconnue par
aucun interprète sous l'empire du Code de commerce. La loi
de 1838 a introduit en faveur de la masse un système de protection qui se suffit à lui-même et n'a pas besoin d'être complété par des dispositions antérieures. Ce qui est certain, c'est
que l'art. 446 nouveau a seulement prohibé la constitution
d'hypothèques conventionnelles et judiciaires sur les biens du
failli. Il n'a nullement parlé des hypothèques légales et par
suite il ne peut pas leur être appliqué. L'on s'accorde à reconnaître ce principe. Pour y apporter des exceptions il faudrait
un texte et l'art. 446 que l'on invoque n'en introduit aucune.

Du reste, en admettant que l'opinion de M. Coin-Delisle

---

Bravard-Veyrières, *Traité de droit commercial,* t. 5, p. 241, et Demangeat sur Bravard, p. 242, note 1 ; Boistel, *Précis de droit commercial,*
p. 688 ; Massé, *Le droit commercial,* t. 2, p. 383 ; Thézard, *Des priviléges et hypothèques,* n° 95, p. 137; Troplong, *Du contrat de mariage,*
t. 2, p. 317 et 318 ; Ortlieb, *note sous Nancy,* 19 mars 1879 *(arrêt
précité).—* Contra : Bédarride, *Traité des faillites et banqueroutes,* t.1,
n° 123 ter.—V. aussi Labbé, *note sous Cassation,* 27 avr. 1881, *(arrêt
précité).*

fût exacte eu tant qu'elle range l'hypothèque de la femme
parmi les hypothèques conventionnelles, je soutiens que l'article 446 ne lui serait pas applicable. Cet article a une portée
parfaitement délimitée. Il ne prohibe pas toute constitution
d'hypothèques conventionnelles intervenue pendant la période
suspecte, mais seulement la constitution d'hypothèques pour
dettes antérieurement contractées. Il ne s'applique pas aux
hypothèques nées en même temps que l'obligation. Cela posé,
il suffit de constater que l'hypothèque légale de la femme naît
en même temps que son obligation. En effet, si l'engagement
du mari est antérieur à la naissance de l'hypothèque, il n'en est
pas ainsi de celui de la femme. Celle-ci ne se trouve obligée que par suite de son cautionnement ; mais au moment
où elle s'oblige elle acquiert une créance en indemnité,
contre son mari et en même temps une hypothèque légale pour
en garantir le paiement. Il y a concomitance entre l'apparition
de la dette et celle de l'hypothèque.

M. Beudant a repris la discussion sous une nouvelle forme (1).
Comme M. Coin-Delisle, il admet la nullité de l'hypothèque
légale de la femme par application de l'article 446 C. com. ;
mais il arrive à cette conclusion au moyen d'une autre argumentation, qui ne sera pas difficile à réfuter. Ce qui fait l'objet
direct de ses critiques, c'est la subrogation ; il n'attaque la validité de l'hypothèque qu'après coup et par voie de conséquence.
Il établit une distinction fondamentale entre l'hypothèque légale
de la femme, suivant qu'elle provient du cautionnement d'une
dette ancienne du mari ou du cautionnement d'une obligation
nouvelle. Dans le second cas il écarte l'application de l'article
446. « Mais, dit-il, il ne saurait en être de même quand la femme
intervient pour cautionner une dette préexistante, pour sûreté

_____

(1) *Note sous cassation*, 9 décembre 1868, D., 69, 1, 5.

de laquelle le créancier ne pouvait pas obtenir hypothèque du débiteur. Que l'art. 446 C. com. n'atteigne pas l'hypothèque légale, rien de plus juste ; mais encore faut-il toutefois qu'elle procède d'un droit régulièrement acquis depuis. Or, quel est le but de la combinaison ingénieuse employée par le créancier ? Il sait fort bien que son débiteur n'a plus capacité pour grever l'actif au profit de certains créanciers antérieurs et au préjudice de la masse ; il sait tout aussi bien d'ailleurs qu'il ne.peut obtenir lui-même les garanties qu'il n'avait pas primitivement stipulées. Ce qu'il se propose, en faisant intervenir la.femme pour qu'elle acquière une hypothèque en cautionnant le mari et le subroge lui-même dans cette hypothèque, c'est d'éluder l'art. 446 C. com. et d'obtenir indirectement ce que cet article l'empêche d'obtenir directement ; c'est, en un mot, de transformer sa créance chirographaire en créance hypothécaire. » M. Beudant insiste sur le danger qui en résulte pour la masse. Enfin, recherchant l'intention du créancier subrogé, il termine en disant : « Il est des actes qui sont par eux-mêmes démonstratifs de la fraude ; la subrogation, dans l'espèce où nous la supposons intervenir, est du nombre : elle équivaut, à tous égards, sauf la forme, à une constitution d'hypothèque conventionnelle ; elle doit, comme celle-ci, et par les mêmes motifs, tomber sous le coup de l'art. 446 C. com. » Sa conclusion est que la subrogation de la femme ne vaut que dans la mesure où vaudrait la constitution d'une hypothèque faite directement par le mari.

Examinant ensuite la valeur de l'hypothèque elle-même, il la déclare nulle par cette considération purement utilitaire qu'autoriser la femme à s'en prévaloir elle-même pour son recours, aurait pour la masse le même inconvénient que permettre au créancier de l'exercer en qualité de subrogé.

J'ai déjà répondu à cet argument tiré des conséquences pratiques. Il ne suffit pas à lui seul pour entraîner la nullité d'un acte. Les nullités étant de droit étroit, l'on doit se garder de les prononcer lorsqu'on n'y est pas obligé par un texte formel.

La seconde partie de l'argumentation ainsi renversée, la première sera facile à écarter. Que le créancier ne puisse pas à l'approche de la faillite se faire constituer par le commerçant une hypothèque pour se soustraire à la loi du concours, rien de mieux. Mais, lorsqu'il se fait subroger à l'hypothèque légale de la femme, il obtient la cession d'un droit préexistant et non la constitution d'un droit nouveau. Si l'hypothèque est valable elle peut être valablement cédée. La femme, en effet, est un tiers par rapport à la masse lorsqu'elle traite avec le créancier ; or, rien n'empêche un tiers de constituer sur ses biens personnels une hypothèque au profit d'un créancier de la faillite ou de lui céder une hypothèque déjà existante à son profit. Ce qu'il fallait démontrer tout d'abord c'était la nullité de l'hypothèque. M. Beudant ne l'a pas fait ; il a suivi une mauvaise voie. Aussi a-t-il été amené à une conclusion contraire au texte de l'article 446. Il a assimilé, au point de vue de leur validité, les hypothèques légales aux hypothèques conventionnelles, ce qui est en désaccord avec les termes de la loi. Je rejette son argumentation comme j'ai rejeté celle de M. Coin-Delisle.

Mais M. Beudant ne s'est pas contenté d'invoquer l'article 446 ; il a apporté dans la discussion un nouvel élément en faisant intervenir les articles 597 et 598 C. com. , et ici il a été bien près de la véritable solution. S'il ne l'a pas atteinte, c'est qu'il n'a pas donné à son argument toute l'extension qu'il comportait. Il est non seulement interdit au commerçant d'avantager certains de ses créanciers, mais encore il est défendu à tout créancier chirographaire de recevoir un avantage au détriment de la masse et de transformer aux approches de la faillite une créance chirographaire en créance hypothécaire. Tout acte qui a pour effet d'entraîner cette conversion, est nul (art. 597 et 598 C. com.). Appliquant cet article 598 dans le cas qui nous occupe, M. Beudant déclare nulle la subrogation, tout en admettant la validité de l'engagement de la femme. Il déclare aussi nulle l'hypothèque, car la maintenir aurait pour la masse les mêmes inconvénients que de respecter la subrogation. Nous retrouvons ici le cercle vicieux que nous venons de relever à l'occasion de l'argument précédent, c'est l'hypothèque qui cause un préjudice à la masse, c'est elle qui doit être directement critiquée. De plus, M. Beudant a une singulière façon d'appliquer et d'interpréter les textes. L'article 598 porte : « les conventions seront, en outre, déclarées nulles à l'égard de toutes personnes et même à l'égard du failli. » Malgré cela, il n'annule qu'une partie de la convention, celle qui a trait à la subrogation, laissant subsister celle qui se rapporte à l'engagement personnel de la femme. Il ne faut pas, du reste, oublier que le préjudice résulte de cet engagement, auquel la loi *de plano* attache la garantie d'une hypothèque. Nous verrons avec le second système que cet engagement lui-même tombe sous le coup de l'article 598, et que sa chute entraîne la disparition de l'hypothèque et la nullité de la subrogation (1).

---

(1) M. Beudant commet encore une autre erreur. Il refuse au créancier le droit d'être subrogé dans l'hypothèque légale qui naît directement du cautionnement de la femme ; il reconnaît valable la subrogation lorsqu'elle porte sur l'hypothèque que la femme avait déjà pour d'autres causes antérieures, pour la garantie de ses apports et reprises légitimes. Il semble tout d'abord que dans ce dernier cas il ne puisse résulter de la cession aucun préjudice pour la masse, le créancier subrogé faisant valoir l'hypothèque dans la mesure où la femme aurait pu la faire valoir elle-même, s'il n'y avait eu de sa part ni engagement envers lui ni subrogation. Cette conception est erronée. Dans l'un et l'autre cas, que la femme cède l'hypothèque

L'application des articles 446 et 598 écartée, nous sommes amenés à constater que l'hypothèque légale n'est pas entachée d'une nullité absolue et obligatoire. Mais alors l'on s'est demandé s'il fallait donner libre cours aux combinaisons du failli et de ses créanciers, et reconnaître valable la fraude à laquelle la femme avait prêté la main. La jurisprudence ne l'a pas pensé, et un grand nombre d'auteurs partagent son opinion. La fraude, a-t-on dit, est hors la loi; elle doit être réprimée d'où qu'elle vienne et de quelque façon qu'elle se manifeste. Les tribunaux ont pour mission de la rechercher et de frapper les actes qui en sont entachés. Si ces actes ne sont pas radicalement nuls en vertu des articles 446 et 598, ils sont tout au moins annulables, soit en vertu du droit commun de l'article 1167 C. civ., soit en vertu de l'article 447 C. com., qui n'est qu'une modification du droit commun.

Le droit commun, avons-nous vu, continue à recevoir son application en matière commerciale lorsque ses dispositions n'ont été ni modifiées, ni abrogées par des dispositions contraires du Code de commerce, et notamment l'article 1167 C. civ. peut s'appliquer, au cas de faillite, concurremment avec l'article 447 C. com. Seulement les conditions d'application et

---

qu'elle avait déjà pour des causes antérieures, ou bien l'hypothèque qu'elle acquiert par suite de son cautionnement, la situation est absolument identique pour la masse de la faillite. La femme, qui cède une hypothèque qu'elle avait déjà, devient, par le seul fait de la cession, la caution de son mari, et acquiert contre lui une créance en indemnité, qui est garantie par une hypothèque légale. L'étendue de cette hypothèque est égale à l'étendue de la dette pour laquelle elle a consenti une subrogation. La seule différence qui existe entre les deux cas, consiste uniquement dans le point de savoir qui de la femme ou du subrogé aura l'antériorité. La distinction de M. Beudant est donc sans portée au point de vue de la conséquence finale.

les effets varient suivant que l'on invoque l'un ou l'autre de ces deux articles. Nous avons déjà indiqué les différences qui les séparent, il n'est pas utile d'y revenir.

L'article 1167 permet aux créanciers d'attaquer, en leur nom personnel, les actes faits par leur débiteur en fraude de leurs droits. M. Coin-Delisle a pensé qu'il pouvait être invoqué pour faire tomber l'hypothèque légale. Cette hypothèque nuit aux droits de la masse, puisqu'elle diminue l'actif. Elle peut en outre avoir été le résultat d'un concert frauduleux. Dans ce cas, les conditions de recevabilité de l'action Paulienne lui paraissent réunies (1).

D'autres préfèrent invoquer l'article 447 C. com., qui n'est qu'une adaptation de l'action Paulienne aux intérêts commerciaux, et qui permet aux magistrats d'annuler tous actes à titre onéreux passés par le débiteur après la cessation de ses paiements et avant le jugement déclaratif de faillite, si, de la part de ceux qui ont traité avec lui, ils ont eu lieu en connaissance de cette cessation des paiements. La jurisprudence (2), et, avec elle, un certain nombre d'auteurs (3), voient dans cette disposition un moyen d'atteindre l'hypothèque légale.

---

(1) Cette opinion a été ébauchée par un arrêt de la Cour d'Angers du 21 janvier 1846 (D., 48, 2, 83), qui a admis la possibilité d'invoquer l'art. 1167 C. civ.—V. dans le même sens Boistel, *Précis de droit commercial*, p. 688.

(2) Annulent l'hypothèque légale par application de l'article 447 C. com. : Nancy, 19 mars 1879, S. 79, 2, 113, *confirmé sur ce point* par Cas. civ., 27 avril 1881, S. 81, 1, 393 ; Cas. req, 18 avril 1887, D. 87, 1, 155. D'autres arrêts, tout en admettant en principe l'application de l'article 447, maintiennent l'hypothèque parce qu'ils n'ont pas constaté de fraude : Besançon, 10 avril 1865, D. 65, 2, 82 ; Cas. req., 9 décembre 1868, D. 69, 1, 5 ; Bourges, 1ᵉʳ avril 1870, D. 72, 2, 30 ; Poitiers, 5 mai 1879, D. 79, 2, 165 ; Lyon, 6 juin 1876, S. 76, 2, 207.

(3) Lyon-Caen et Renault, *Précis de dr. com.*, t. 2, n° 2767, p. 723 :

Ni ceux qui invoquent l'article 1167 C. civ. contre l'hypothèque de la femme pour en faire prononcer la nullité, ni ceux
qui préfèrent recourir à l'article 447 C. com. ne nous paraissent dans le vrai. Lorsqu'on invoque un texte, il faut se rendre
compte de sa véritable portée et examiner avec soin s'il est fait
pour le cas auquel on l'applique. Pour l'avoir négligé, les uns
et les autres sont tombés dans l'erreur. Trop préoccupés du préjudice subi par la masse et de la fraude possible dans l'opération
intervenue entre le créancier et la femme avec l'autorisation du
mari, ils ont songé uniquement aux moyens de faire disparaître
le préjudice et de réprimer la fraude. Les articles 1167 C. civ.
et 447 C. com., s'offraient à eux; ils les ont acceptés sans
bien se demander si dans l'espèce ils sont applicables.

Aucun de ces textes ne peut être invoqué contre l'hypothèque
légale de la femme. L'un parle des actes faits par le débiteur
(art. 1167), l'autre des actes à titre onéreux par lui passés
(art. 447). Ils semblent bien exiger, comme condition essentielle de leur application, qu'il s'agisse d'actes dans lesquels
le débiteur a lui-même joué un rôle. Or, l'hypothèque légale
naît par la seule force de la loi, indépendamment de toute convention directe des parties; elle est une conséquence de l'acte
accompli. Lorsque les articles précités permettent d'attaquer
un acte, c'est l'acte lui-même qu'ils visent et non pas une

---

Thézard, *Des privil. et hypoth.*, n° 95, p. 139 ; Dalloz, J. G. v^is *Privil.
et hypoth.*, n° 1420; Boistel, *Précis de dr. com.*, p. 688 ; Labbé *(Note
sous Cassation,* S. 1881, 1, 393) fait des réserves pour le cas où la
femme, bien que connaissant la cessation des paiements de son mari,
se serait obligée de bonne foi et uniquement pour lui venir en aide.
Beudant applique l'art. 447 de même que l'art. 446 à la subrogation
elle-même. A ce point de vue, les critiques que nous avons formu-
lées à propos de l'art. 446, peuvent s'appliquer à l'art. 447. *(Note sous
Cassation,* D., 1869, 1, 5).

15

seule de ses conséquences ; les appliquer à l'hypothèque seule, indépendamment de l'engagement d'où elle résulte, c'est en fausser le sens. Pour séparer deux choses que la loi a intimement unies entre elles, l'obligation de la femme d'une part et l'hypothèque légale de l'autre, il faudrait un texte formel et les textes invoqués ne le sont pas. Nous les retrouverons avec le second système et nous verrons alors s'ils s'appliquent directement à l'obligation elle-même.

Ainsi nous considérons sans valeur tous les arguments dirigés contre l'hypothèque légale. Son sort est étroitement lié à celui de l'obligation, elle naît avec elle. Nous estimons qu'aucun texte ne permet de prononcer la nullité de l'hypothèque et de maintenir l'obligation.

La controverse, qui s'était élevée sous l'empire du Code de commerce, doit, après la loi de 1838, être tranchée dans ce sens qu'il n'y a plus à distinguer entre les causes génératrices de l'hypothèque légale des femmes mariées, pour la déclarer valable dans certains cas et l'annuler dans d'autres, lorsqu'elle naît pendant la période suspecte. Cependant, si cette solution est conforme aux règles du droit, l'on ne peut pas s'empêcher de constater que l'ancienne distinction admise par certains interprètes du Code de commerce paraît, en équité, préférable à la règle inflexible de la loi de 1838. Cette distinction, il est vrai, était arbitraire, contraire aux textes, et donnait lieu à de grandes difficultés ; mais elle reposait sur des considérations qui auraient dû la faire ériger en règle de droit. Le législateur a voulu couper court à une controverse ; nous voyons qu'il a échoué dans ses desseins. Il a été trop absolu, comme les rédacteurs du Code de 1807. Aussi une nouvelle difficulté a-t-elle surgi à la place de l'ancienne. Sa solution conduit à des conséquences fâcheuses. Ne devrait-on pas diviser en deux catégories les hypothèques légales, déclarer toujours valables celles que la loi fait produire à certains faits indépendants de la volonté des parties, et annuler, lorsqu'elles naîtraient pendant la période suspecte, celles qui garantissent des obligations qu'il est au pouvoir des parties de créer par un simple contrat. S'il est légitime que la femme ait toujours une hypothèque pour garantir la restitution de sa dot et des biens à elle donnés ou légués pendant le mariage, il est immoral qu'elle puisse, en s'engageant dans l'intérêt de son mari, faire naître sur les biens de celui-ci une hypothèque dans des cas où il n'aurait pas pu directement la concéder lui-même. Cette distinction n'a pas été faite. Une lacune existe dans la loi. Pénétrée du rôle que peut jouer la fraude en pareille matière, la jurisprudence essaie de la combler. Il est regrettable qu'elle n'y parvienne qu'en adoptant une interprétation contraire aux règles du droit. Nous sommes obligés de critiquer ses moyens, tout en reconnaissant, avec M. Labbé, l'équité et l'utilité pratique des résultats auxquels elle aboutit. Néanmoins, nous ne pouvons pas admettre sa décision ; elle aurait besoin de trouver dans la loi un appui qui lui manque.

Ayant ainsi repoussé le système dans lequel on prétend annuler directement l'hypothèque légale de la femme, je n'aurais pas besoin de traiter la question subsidiaire. Elle ne se pose que lorsqu'on admet la nullité de l'hypothèque. Du moment que l'on ne peut pas faire annuler l'hypothèque, il n'y aurait pas à se demander si sa chute entraînera celle de l'engagement de la femme. Cependant la jurisprudence est fixée dans son opinion, et l'on doit, en pratique, tenir compte de sa manière de voir. Aussi n'est-il pas sans quelque utilité de tracer rapidement l'état de la question subsidiaire.

Nous connaissons l'intérêt qu'elle présente, voyons de quelle façon elle peut être résolue.

Après avoir prononcé la nullité de l'hypothèque, les Cours et les Tribunaux ont eu à se demander quel effet produisait cette nullité sur l'engagement de la femme.

Pour soutenir que celle-ci doit être relevée de son engagement, l'on invoque en les combinant les art. 1431, 2135, 2037, 1156, 1161 et 1162 du Code civil.

Lorsque la femme s'oblige conjointement ou solidairement avec son mari pour les affaires de la communauté ou du mari, elle n'est réputée, aux termes de l'art. 1431, s'être engagée que comme caution et doit être indemnisée de l'obligation qu'elle a contractée. La loi lui donne un recours contre son mari et d'office elle garantit ce recours par une hypothèque légale ( art. 2135 C. civ. ) Ces dispositions montrent que, considérant l'état de dépendance de la femme envers son mari, on a voulu lui assurer une protection efficace et lui conserver intact son patrimoine personnel. Dans l'esprit de la loi on ne doit pas séparer l'obligation de la garantie et toutes les fois que la garantie ne pourra pas s'exercer l'obligation devra disparaître.

Aux termes de l'art. 2037, toute caution qui paie le créancier a le droit d'être subrogée aux hypothèques que ce créancier avait obtenues. Vis-à-vis du débiteur elle doit être placée dans la même situation que le créancier lui-même, et par suite pouvoir exercer tous les droits réels qui appartenaient au créancier. Toutes les fois que ce dernier ne pourra pas la subroger à l'hypothèque qu'il avait obtenue, la caution sera déchargée envers lui. La femme, étant considérée comme la caution de son mari, doit donc être libérée de son obligation dès qu'elle ne peut pas être subrogée à l'hypothèque légale.

L'on a dit encore que la femme ne s'est obligée que parce qu'elle croyait faire naître une hypothèque sur les immeubles du mari et en faire profiter le créancier. Elle ne voulait pas engager directement sa fortune personnelle, ou tout au moins elle ne voulait l'engager que sous la condition de la garantie de l'art. 2135. Or, d'après l'art. 1156 dans les conventions l'on doit rechercher quelle a été la commune intention des parties ; d'après les art. 1161 et 1162, les clauses et conventions s'interprètent les unes par les autres et, dans le doute, la convention s'interprète contre celui qui a stipulé et en faveur de celui qui s'est obligé. Par conséquent l'on ne peut pas maintenir à la charge de la femme un engagement qu'elle n'a pris qu'en considération de la garantie sur laquelle elle comptait. La meilleure preuve que cette hypothèque a joué dans le contrat un rôle prépondérant, ne se trouve-t-elle pas dans la clause par laquelle la femme en a cédé le bénéfice au créancier ?

Enfin, si une fraude a été commise, elle l'a été dans l'intérêt du créancier. Dès lors, on ne voit pas pourquoi la femme, qui ne devait nullement en profiter, serait seule à en supporter les conséquences. L'instigateur de la fraude, malgré la nullité de l'hypothèque, en tirerait un bénéfice, tandis que la femme éprouverait un préjudice considérable; cela n'est pas admissible, surtout si l'on admet que l'hypothèque peut être annulée, bien que la femme n'ait pas connu la cessation des paiements (1).

Les Cours d'appel, malgré quelques dissidences, penchent pour cette opinion ; mais la Cour de cassation s'est prononcée à deux reprises dans le sens opposé. Dans deux arrêts, l'un de la Chambre civile à la date du 27 avril 1881, l'autre de la Chambre des requêtes à la date du 18 avril 1887, elle a déclaré que la validité de l'obligation de la femme envers le cré-

---

(1) V. en ce sens : Nancy, 4 août 1860, D. 60, 2, 196, S. 61, 2, 119 ; Paris, 16 janvier 1854, D. 55, 2, 58 ; Nancy, 19 mars 1879, S. 79, 2, 113. La Cour de Dijon, dans ses motifs et d'une manière incidente, admet la même solution dans son arrêt du 6 février 1868, rapporté sous Cassation, 9 décembre 1868, S. 69, 1, 117.— V. également Nancy, 4 mars 1876, sous Cas., 11 décembre 1876, S. 77, 1, 406. — Contra : Poitiers, 16 janvier 1860, D. 60, 2, 25.

ancier n'est pas subordonnée à l'efficacité du recours que la loi lui donne sur les biens du mari (1).

A l'appui de cette théorie, l'on dit que la femme mariée est pleinement capable de contracter et de s'obliger, pourvu qu'elle soit régulièrement autorisée, que la validité de son obligation personnelle n'est ni soumise aux restrictions de l'article 447 C. com., ni subordonnée à l'efficacité du recours qu'elle peut exercer sur les biens de son mari. Peu importe que l'hypothèque, qu'elle a cru acquérir, lui échappe. Du moment qu'elle a contracté, elle est valablement engagée; elle ne peut être relevée de son engagement que d'après les règles du droit commun, c'est-à-dire si son consentement a été donné par erreur, extorqué par violence, ou surpris par dol (art. 1109 C. civ.)

On ajoute que la solution opposée aurait pour le commerçant un inconvénient considérable, celui de le priver du secours de sa femme au moment où il en aurait le plus besoin. En la faisant accéder à ses engagements, il peut obtenir des délais, qui seront peut-être pour lui le salut. Bien des créanciers, qui auraient été impitoyables pour ses malheurs et n'auraient pas hésité à provoquer la déclaration de faillite, arrêteront leurs poursuites si on leur offre comme garantie l'obligation solidaire de la femme. Mais, si la validité de cette obligation est à la merci d'un report de faillite, aucun créancier ne voudra se contenter d'une garantie aussi éphémère, et du même coup il arrêtera les opérations commerciales du mari et imprimera à sa famille une marque de déconsidération. La femme, protégée dans son patrimoine, ne le sera plus dans son honneur et dans

---

(1) Cas. civ., 27 avril 1881, S. 81, 1, 393 ; Poitiers, 20 avril 1885, et Cas. req. 18 avril 1887, S. 87, 1, 173, D. 87, 1, 155. En ce sens, notes précitées de Beudant, Ortlieb et Labbé, Lyon-Caen et Renault, t. 2, n° 2767, p. 724 ; Thézard, *Des privil. et hypoth.*, n° 95, p. 139.

celui de ses enfants. Malgré son désir de venir au secours de
son mari, elle ne pourra le faire et assistera à une catastrophe,
qu'elle aurait pu éviter en offrant le sacrifice de sa fortune personnelle.

Cette opinion se fortifie encore par la réfutation des arguments invoqués dans l'opinion contraire.

L'on a dit qu'il existait une relation si étroite entre l'engagement de la femme et l'hypothèque, que l'un ne pouvait pas
exister sans l'autre. « Il est pourtant certain, répond M. Labbé,
que nulle part le législateur n'a subordonné pour la femme,
pas plus que pour toute autre caution, la validité de son engagement à l'efficacité du recours à exercer contre le débiteur
principal. Le Code confère à la femme mariée une hypothèque
légale, notamment pour les obligations qu'elle a contractées
pour son mari. Mais l'hypothèque légale suppose pour exister
des immeubles, pour être efficace des immeubles encore libres.
Si le mari n'a pas d'immeubles ou a déjà hypothéqué, pour
toute leur valeur, les immeubles lui appartenant, la concession
d'une hypothèque légale pour sûreté du recours est vaine, et
cependant l'obligation contractée par la femme est parfaitement valable. Eh bien ! dès que le mari a cessé ses paiements
(et déjà dans les dix jours qui précèdent), les biens de ce débiteur, meubles et immeubles, sont comme affectés par la loi aux
créanciers en masse ; ils ne sont plus libres en ce sens qu'ils
ne peuvent plus être affectés à un de ses créanciers au préjudice des autres par un acte volontaire et gratuit du mari (art.
446), ni par un acte quelconque accompli en connaissance de
la cessation des paiements et respirant la fraude (art. 447).
A proprement parler, on ne peut pas dire que la femme n'aura
pas d'hypothèque. Seulement l'hypothèque est inefficace au
regard de la masse. Elle ne porte pas sur les biens qui constituent le gage commun des créanciers ; mais elle n'en existe pas
moins et, si le mari revient à meilleure fortune, cette hypothè-

que pourra s'exercer. » (1) Du reste, les articles 563 et 564 C.
com, ont restreint les droits de la femme, soit quant aux immeubles grevés de son hypothèque, soit quant aux créances
garanties ou à la preuve de ses créances. Le législateur n'a
donc pas voulu, à tout prix, assurer l'efficacité du recours
de la femme, puisque, dans les cas prévus par ces textes,
il décide que, même en ce qui concerne la dot et les reprises matrimoniales, certains biens ne seront pas soumis à
l'hypothèque légale. D'après la jurisprudence, l'art. 447 a
étendu ces restrictions en ce sens que les immeubles du mari
ne seront pas grevés de l'hypothèque légale en tant qu'elle
garantit l'engagement solidaire de la femme pris pendant
la période suspecte envers des créanciers antérieurs. Dans
tous les cas, c'est l'application des mêmes principes.

En second lieu, l'on a invoqué le principe de l'art. 2037
C. civ., d'après lequel la caution est déchargée quand la subrogation à l'hypothèque ne peut plus s'opérer par le fait du
créancier. La réponse est facile. D'abord la femme qui s'oblige
solidairement avec son mari n'est réputée sa caution que dans
ses rapports avec lui (art. 1431 C. civ.) ; vis-à-vis du créancier elle conserve la qualité qu'elle a prise, c'est-à-dire celle
d'obligé principal ; elle ne peut pas contre lui invoquer l'article
1431, qui ne règle que les rapports entre époux. Mais si, au lieu
de s'obliger solidairement, la femme ne s'est engagée que
comme caution, l'argument tiré de l'article 2037 paraît porter.
Il est facile, cependant, de voir qu'il est sans valeur. Cet article suppose que le créancier a laissé, par son fait, devenir
inefficaces des sûretés auxquelles il pouvait conserver leur
effet. Tel n'est pas le cas. Le créancier n'a pas perdu des sûretés qu'il aurait pu conserver. Leur perte n'est pas survenue

_____

(1) *Note sous Cassation,* S. 1881, 1, 393.

par son fait ; elle est une conséquence de la faillite, c'est-à-dire d'une circonstance indépendante de sa volonté.

Enfin, l'on a argumenté de l'intention présumée de la femme. M. Labbé estime que cette intention n'est rien moins que certaine. La femme a pu être trompée par son inexpérience, elle n'en est pas moins obligée. Le sénatus-consulte Velléien ne vient plus à son secours ; si elle a contribué à une fraude, rien ne saurait la soustraire aux effets licites des engagements qu'elle a pris.

Il est vrai, et c'est le dernier argument, que la fraude a été commise dans l'intérêt du créancier. Celui-ci en profite, puisque, en définitive, il gagne à l'opération la garantie d'une caution ; mais nul ne peut invoquer la fraude à laquelle il a coopéré pour échapper aux conséquences licites des actes accomplis. Le créancier a été l'un des artisans de la fraude, c'est exact ; mais la fraude était dirigée contre la masse ; celle-ci a seule qualité pour en demander la répression, et la nullité ne doit être prononcée que dans la mesure où l'acte lui est nuisible.

Tel est l'état de la controverse. D'une part, l'on soutient que l'obligation de la femme ne survit pas à la chute de l'hypothèque ; de l'autre, on déclare qu'elle demeure valable. Si nous avions à prendre parti, nous estimerions que la femme demeure capable de s'engager, même après la cessation des paiements du mari, qu'elle doit subir les conséquences des actes qu'elle a librement consentis, et que la disparition d'une garantie que la loi lui accorde d'ordinaire n'est pas un motif suffisant pour l'en décharger (1).

---

(1) Thézard *(op. cit.,* p. 139, note 2) décide que si le créancier seul connaissait la cessation des paiements, et que si dans ces conditions la nullité de l'hypothèque a été prononcée, la femme devrait se trouver dégagée envers lui, parce qu'il serait vrai de dire qu'elle ne

Mais cette discussion n'a pour nous qu'un intérêt secondaire, puisque nous avons admis qu'on ne doit jamais séparer l'hypothèque de l'obligation qu'elle garantit.

*Deuxième Système.*

Critique directe de l'engagement pris par la femme envers un créancier antérieur de son mari.

Pendant la période suspecte une obligation a été contractée par la femme en faveur d'un créancier antérieur de son mari ; de cette obligation est né un droit de préférence. Si ce droit est valable il causera un préjudice à la masse. Celle-ci a tout intérêt à provoquer la nullité de l'obligation pour faire tomber du même coup l'hypothèque, qui en est l'accessoire. En a-t-elle le droit ? Certains auteurs le pensent et leur opinion paraît fondée. Voyons de quelle manière on peut la défendre.

Plusieurs arguments ont été proposés ; mais ils n'ont pas tous la même valeur juridique.

M. Coin-Delisle, dans une argumentation qui lui paraît irrésistible, distingue suivant que les parties connaissaient ou non la cessation des paiements : dans le premier cas, l'engagement est nul pour cause évidente d'erreur de fait ; dans le second il est frappé d'une nullité absolue, comme contraire aux bonnes mœurs, dans le sens des articles 6 et 1133 C. civ. (1)

Le premier motif n'a été de la part de son auteur l'objet d'aucun commentaire, il lui a paru de toute évidence. Cette

s'est engagée que sous la condition d'une indemnité garantie par l'hypothèque légale, et que, du moment qu'elle ne jouit pas des garanties qui lui ont été implicitement promises par le contrat pour son remboursement, elle doit être déchargée de son engagement.

(1) *Revue critique*, t. 3, année 1853, p. 221 et s.

évidence nous frappe moins et nous ne comprenons pas la portée de l'argument. Il est à craindre que M. Coin-Delisle ne se soit pas rendu un compte exact de la situation. Une analyse juridique plus approfondie lui aurait montré qu'il raisonnait sur des mots plutôt que sur des idées. Toute sorte d'erreur n'est pas une cause de nullité des contrats et lorsque l'erreur est suffisante pour entacher leur validité, elle ne les vicie pas tous de la même manière. Suivant qu'elle porte sur tel ou tel fait, le contrat est valable, nul ou annulable. Ces principes rappelés, quelle est l'erreur à laquelle se réfère M. Coin-Delisle? Ce ne peut être que celle qui est relative à la cessation des paiements. Mais la cessation des paiements en elle-même est un fait absolument étranger au contrat intervenu entre la femme et le créancier; l'erreur relative à ce fait porte, non sur les éléments essentiels du contrat, mais sur ses motifs, ce qui est bien différent, et ne lui enlève rien de sa valeur. Si la théorie de M. Coin-Delisle était exacte, l'on devrait dire que toutes les fois que l'on cautionne un insolvable ne le sachant pas tel, il y a erreur et par suite nullité du contrat, ce qui serait singulièrement restreindre la portée du cautionnement.

L'engagement de la femme peut-il du moins être annulé comme contraire aux bonnes mœurs? Aux termes de l'article 6 C. civ., « on ne peut déroger par des conventions particulières aux lois qui intéressent l'ordre public et les bonnes mœurs ». Les articles 1131 et 1133 C. civ., reproduisant la même idée, décident que toute convention sur cause illicite ne peut avoir aucun effet et que la cause est illicite quand elle est prohibée par la loi ou contraire aux bonnes mœurs et à l'ordre public. Ces principes sont certains. Leur application donne lieu à des difficultés. La loi n'a pas défini ce qu'il fallait entendre par bonnes mœurs et par là elle a laissé libre carrière aux commentateurs. Qu'est-ce que les bonnes mœurs? Dans quels cas une convention sera-t-elle contraire aux bonnes mœurs? Voilà des questions parfois fort difficiles à résoudre. Voyons si dans l'hypothèse qui nous occupe le contrat intervenu entre la femme et un créancier de son mari est contraire aux bonnes mœurs M. Coin-Delisle estime que les articles précités « n'entendent pas seulement parler de cette morale éternelle, qui est la même dans tous les temps et dans tous les lieux, mais des mœurs particulières à la cité que le législateur veut développer dans des vues d'intérêt public. » Il oppose ensuite les mœurs particulières des commerçants basées sur leur intérêt personnel aux mœurs publiques que la loi a voulu introduire en matière de faillite. D'après lui, la loi a élevé au rang des bonnes mœurs du commerce l'esprit d'égalité et de désintéressement individuel ; elle a donc déclaré contraire aux bonnes mœurs tout ce qui serait contraire à cette égalité et au désintéressement individuel. D'où cette conclusion que tout contrat qui diminue l'actif immobilier est contraire aux bonnes mœurs commerciales que la loi a voulu établir.

La conséquence de cette théorie est que l'engagement de la femme est entièrement nul. Il ne saurait produire aucun effet et tout intéressé est admis à se prévaloir de sa nullité. Il suffira donc que l'un des contractants ait connu la cessation des paiements, pour que le contrat tombe en entier et au regard de toutes les parties. Il ne peut être ratifié (1).

Sur ce second motif, comme sur le premier, nous repoussons l'argumentation de M. Coin-Delisle. Il donne des bonnes mœurs une définition qui ne paraît pas irréprochable. D'après lui, les articles 6 et 1133 C. civ. n'entendent parler que des mœurs particulières à la cité, que le législateur veut développer dans des vues d'intérêt public. Nous ne nions pas que le

---

(1) V. Demante et Colmet de Santerre, t. 5, p. 67, n° 49 bis III ; Aubry et Rau, t. 4, p. 323.

législateur puisse exercer une influence sur les mœurs, mais nous estimons que l'on ne doit pas, dans tous les cas, considérer la loi comme la régulatrice des mœurs. Et, d'abord, qu'est-ce que les bonnes mœurs? Larombière les définit: « les habitudes réglées sur le sentiment du devoir, de l'honnêteté, de la pudeur publique. Ce qui est contraire aux bonnes mœurs est ce qui blesse ce sentiment » (1). Laurent exprime la même idée dans ces termes : « Il y a, à chaque époque de la vie de l'humanité, une doctrine sur la morale que la conscience accepte, sauf des dissidences individuelles qui ne comptent pas. En ce sens, on peut dire qu'il y a une morale publique. Les conventions contraires à cette morale sont par cela même contraires aux bonnes mœurs » (2). Si nous consultons enfin le dictionnaire de l'Académie, nous y voyons que mœurs signifie inclinations, habitudes naturelles ou acquises. Bonnes mœurs signifie, en conséquence, bonnes inclinations, bonnes habitudes naturelles ou acquises, ou si l'on veut, inclinations, habitudes pour le bien. Le bien est ce qui est conforme à la morale. Nous revenons donc à cette conséquence, que les conventions contraires aux bonnes mœurs sont celles qui choquent la morale.

Il est évident que la loi exerce parfois une influence considérable sur le développement de la morale et des bonnes mœurs. Les institutions sociales et l'éducation peuvent aviver le sens moral des individus, réveiller leur conscience et leur faire considérer comme mal ce qui était regardé comme bien. Les mœurs se modifient avec les époques, les gouvernements et les institutions. Elles suivent une évolution lente, mais toujours progressive. L'on ne doit donc pas, pour appré-

---

(1) *Théorie et pratique des obligations*, t. 1, p. 302.
(2) *Précis de droit civil*, t. 1, n° 56, p. 90.

cier un acte au point de vue des bonnes mœurs, le soumettre
aux principes de la morale absolue, se demander si, dans tous
les temps et dans tous les pays, il aurait été considéré conforme
aux règles du bien. Chaque peuple a son caractère propre, ses
mœurs et sa morale particulières. Il ne faut tenir compte dans
un pays que des mœurs qui y sont en honneur, sans se
préoccuper de ce que furent ses mœurs autrefois, ni de ce que
sont les mœurs des pays voisins. Nous admettons avec
M. Coin-Delisle que le Code n'a entendu parler que des mœurs
de la cité.

Nous nous séparons de lui lorsqu'il veut mettre au rang des
bonnes mœurs, les mœurs que le législateur cherche à développer. L'on doit tenir compte uniquement des mœurs actuellement existantes, qui sont les mœurs de la masse et correspondent au sentiment universel de la nation, et non des mœurs
que l'on s'efforce d'introduire. Il n'est pas impossible qu'avec
le temps les idées des législateurs pénètrent dans l'âme du
peuple pour devenir également les siennes ; mais, tant que cet
accord de sentiments ne s'est pas opéré, toutes les dispositions
du Code doivent être obéies comme étant la volonté de la loi ;
si on les viole, on viole la loi, mais on ne peut pas dire que
l'on manque de respect pour les bonnes mœurs. Pour montrer
qu'un acte est illicite, il importe de montrer qu'il est contraire
à la morale actuellement reçue dans la cité, et non à une morale
future que l'on tend à acclimater. Il faut se garder de confondre la loi et les bonnes mœurs.

A quoi reconnaître qu'un acte est contraire aux bonnes
mœurs ? Il est impossible de donner un critérium certain, permettant dans tous les cas de discerner ce qui est bien et ce
qui est mal ; car ce qui est bien pour les uns est mal pour les
autres. Il appartient aux juges de se prononcer dans chaque
espèce sur la moralité des actes qui leur sont déférés. Hâtons-
nous d'ajouter que leur appréciation pour être juste devra tou-

jours être empreinte de la plus grande indulgence. Ce n'est pas
au point de vue de la morale stricte qu'ils doivent apprécier les
conventions, mais au point de vue de la morale courante, de
l'honnêteté publique ; c'est un devoir pour eux de refouler au
fond de leur cœur leurs sentiments d'honnêteté, de probité et
de vertu personnelles, et de ne prendre pour terme de comparaison que l'honnêteté, la probité et la vertu de la généralité
des citoyens.

Dans ces conditions il paraît bien difficile de considérer
l'engagement de la femme et la cession de son hypothèque
comme contraires aux bonnes mœurs. C'est en vain que M. Coin-
Delisle invoque à l'appui de sa thèse les principes d'égalité et
de désintéressement. Leur autorité est contre-balancée par l'idée
de la conservation du patrimoine. La preuve qu'ils n'ont
pas pénétré dans la conscience des individus et que leur
violation ne peut pas être considérée comme un acte contraire aux bonnes mœurs, ne résulte-t-elle pas clairement de
cette constatation que si la voix du peuple flétrit celui qui prend
le bien d'autrui, elle ne condamne pas celui qui a seulement
voulu s'assurer le paiement intégral de ce qui lui était dû.
Par conséquent, si un texte est violé par l'engagement de la
femme et la subrogation, qu'on l'applique ; mais que l'on ne pro-
teste pas au nom des bonnes mœurs. Du reste, s'il était exact
que les principes invoqués par M. Coin-Delisle font partie de
la morale publique, pourrait-il nous expliquer pourquoi, obligatoires en cas de faillite, ils peuvent être ouvertement violés
en cas de déconfiture ? Au point de vue moral, où trouver des
raisons de différence entre ces deux situations ? L'idée domi-
nante parmi le peuple est que l'on ne saurait faire un grief à
un créancier de veiller à ses intérêts, et bien des personnes
d'une honorabilité parfaite ne croient pas faire un acte blâma-
ble en s'assurant le remboursement intégral de leurs créances,
alors que d'autres ne recevront qu'un dividende. La meilleure

preuve que le désintéressement n'est pas entré dans l'esprit du peuple, c'est que la loi a dû l'imposer en matière de faillite.

Laissons donc de côté cet argument tiré des bonnes mœurs et attachons-nous aux textes du droit.

L'on a dit, en troisième lieu, que l'engagement de la femme tombera, parce que le contrat d'où il dérive manque d'un élément indispensable à sa validité. Il est de règle que la femme ne peut pas s'obliger sans l'autorisation de son mari. Elle se trouve placée vis-à-vis de lui dans un état de tutelle et de dépendance. Si l'autorisation exigée lui fait défaut, le contrat auquel elle participe est entaché d'un vice et la nullité peut en être prononcée. Admettons que le mari ait fourni cette autorisation, elle n'est pas valable dans l'hypothèse qui nous occupe comme émanant d'une personne incapable de la donner. Bien que la cessation des paiements n'entraîne pas pour le commerçant le dessaisissement de ses biens, elle modifie profondément sa capacité et lui enlève le droit de disposer de son patrimoine de façon à faire passer une partie du gage commun entre les mains de certains créanciers. Notamment dans l'intervalle qui correspond à la période suspecte il est frappé d'une incapacité légale de conférer des hypothèques sur ses immeubles en faveur des créanciers antérieurs. Lorsqu'il autorise sa femme à le cautionner, il consent par cela même à ce que sa femme acquière contre lui le droit à une indemnité et en même temps une hypothèque légale en garantie de sa créance. L'hypothèque est donc créée par lui, puisqu'elle est le résultat de son intervention et de sa volonté. Or, comme à cette époque il ne peut soustraire aucun de ses créanciers à la loi du concours et comme le consentement de le cautionner qu'il donne à sa femme aboutit à ce résultat, il fait un acte réprouvé par la loi et frappé de nullité par l'art. 446 C. com. L'autorisation donnée équivaut pour lui à la constitution d'une hypothèque.

Il confère conventionnellement une hypothèque légale (1).

L'autorisation sera nulle comme le serait une convention d'hypothèque et la masse représentée par le syndic aura qualité pour invoquer cette nullité.

Quel en sera l'effet sur le cautionnement de la femme ? Ce cautionnement aura été consenti par une femme mariée non autorisée ; il sera valable en principe, mais susceptible d'être annulé en vertu des art. 225 et 1125. C. civ. Cette nullité diffère de celle de l'art. 446 en ce qu'elle doit être prononcée, tandis que l'autre existe par la seule force de la loi et n'a besoin que d'être constatée par les juges. L'une et l'autre ne peuvent être invoquées que par certaines personnes. La masse a sûrement qualité pour se prévaloir du défaut de capacité chez le mari au moment où il autorise sa femme à le cautionner ( art. 446 C. com. ) A-t-elle également le droit d'invoquer le défaut d'autorisation pour faire tomber l'engagement de la femme ? La

---

(1) La Cour de Nancy, dans deux arrêts du 4 août 1860 ( S. 61, 2, 119 ) et du 4 mars 1876 ( S. 77, 1, 406 ), a admis en principe cette manière de voir. Elle reconnaît que le mari ne peut, sans un exercice abusif de la puissance maritale, habiliter sa femme à contracter avec lui des obligations qui aboutiraient à créer une hypothèque sur ses immeubles, « que l'incapacité de la femme participe de l'incapacité du mari, se confond avec elle. » Mais le principe une fois posé elle recule devant ses conséquences. D'après elle, ce qui est nul pour défaut d'autorisation, c'est l'hypothèque elle-même. L'obligation n'est annulée que comme une conséquence de la nullité de l'hypothèque, parce que la femme ne pourrait pas demeurer obligée lorsqu'elle est privée de sa garantie ordinaire. Cette jurisprudence est essentiellement critiquable, parce que le défaut d'autorisation ne saurait avoir aucun effet direct sur l'hypothèque. ( V. la suite du texte en ce qui concerne son effet sur l'obligation. )

Cette opinion est défendue par Coin-Delisle, *op. cit.,* p. 235 et s., et Pont, *Des privilèges et hypothèques,* t. 1, p. 443 et s. n° 447.

16

question est controversée et donne lieu à une sérieuse difficulté.

Aux termes de l'article 225 C. civ., la nullité des engagements de la femme pour défaut d'autorisation ne peut être invoquée que par certaines personnes limitativement déterminées, la femme elle-même, le mari et leurs héritiers. L'article 1125, corroborant l'article 225, décide que « les personnes capables de s'engager ne peuvent opposer l'incapacité du mineur, de l'interdit ou de la femme mariée avec qui elles ont contracté. » Ces deux textes semblent bien exclure les créanciers de la femme et du mari. Devons-nous cependant leur reconnaître le droit d'agir ?

La question a pour eux un grand intérêt. Si on les confond avec les tiers, lorsque les personnes aptes à invoquer la nullité demeureront dans l'inaction, ils ne pourront pas faire tomber l'engagement de la femme ; ils devront en subir toutes les conséquences et notamment respecter l'hypothèque légale. Dans la plupart des cas aucune réclamation ne s'élèvera. De qui émanerait-elle ? Sera-ce de la femme ? Elle n'aura souvent aucun intérêt à faire annuler son obligation du moment qu'elle en est dédommagée par l'hypothèque légale. Sera-ce du mari ? Peu lui importe qu'une créance soit chirographaire ou hypothécaire, puisqu'il demeure toujours tenu de la payer. Sera-ce des héritiers ? Ils n'ont pas d'autres intérêts que leurs auteurs. La masse se trouvera ainsi, si elle ne peut agir, en présence d'un engagement qui lui nuit, qui est entaché de nullité et qu'elle sera obligée de respecter. Au contraire, si on met les créanciers sur le même rang que la femme, le mari et leurs héritiers, ils ne subiront pas le préjudice dont ils sont menacés.

Nous n'avons à nous occuper que de la masse, c'est-à-dire des créanciers du mari.

Certains auteurs, esclaves de la loi et de son texte, soutiennent que l'article 225 contient une énumération absolument limitative, et que sa formule exclut toutes les personnes dont il ne parle pas, les créanciers aussi bien que les autres intéressés (1).

D'autres, dans un sens opposé, invoquent l'article 1166 C. civ., aux termes duquel « les créanciers peuvent exercer tous les droits et actions de leur débiteur, à l'exception de ceux qui sont exclusivement attachés à la personne. » Ce texte est l'expression du droit commun. En conséquence ils autorisent les créanciers à agir toutes les fois que l'on n'est pas dans un cas d'exception (2).

Mais précisément la question est de savoir si l'art. 225 ne constitue pas une dérogation à l'art. 1166.

Sur ce point la difficulté est grande. Nous sommes en présence de textes contradictoires, également formels, également explicites. Dans ces conditions nous devons consulter l'équité, et l'équité veut que les créanciers ne soient pas victimes de l'inaction de leur débiteur. Du reste, en faveur de cette opinion l'on peut faire valoir certaines considérations de droit. Au titre du mariage il est possible que le législateur n'ait pas parlé des créanciers dans l'art. 225, parce qu'il se réservait de régler leur condition d'une manière générale au titre des obligations. Dans ce dernier titre nous avons un art. 1125 qui semble bien montrer que l'unique préoccupation des rédacteurs

_____

(1) V. Demolombe, *Cours de Code Napoléon*, t. 4, p. 439, n° 342 *in fine ;* Bruxelles, 30 janvier 1808, Angers, 1ᵉʳ août 1810, Grenoble 2 août 1827, Dal. J. G. vᵒ Mariage, n° 939 ; Lyon 27 mars 1832, Dal. J. G., vⁱˢ Priviléges et hypothèques n° 1216 ; Angers, 1ᵉʳ août 1810, S. 1814, 2, 144 ; Grenoble 2 août 1827, S. 1828, 2, 186.

(2) Aubry et Rau, *Cours de droit civil*, t. 5, p. 162 ; Laurent, *Principes du droit civil,* t. 3, n° 158, p. 196 et n° 163, p. 201 ; Cas., 10 mai 1853, S. 53, 1, 572 ; D. 53, 1, 160 ; Paris 14 novembre 1887, D. 88, 2, 225.

du Code a été de refuser le droit d'agir aux personnes capables qui ont traité avec des incapables.

On arrive à ce résultat que l'autorisation du mari est nulle par application de l'art. 446 C. com., que l'engagement de la femme est annulable comme contracté sans autorisation et que la masse a qualité pour invoquer ces deux nullités.

Mais devons-nous admettre que l'art. 446 s'applique à l'autorisation maritale ?

L'on objecte que la déclaration de faillite n'enlève au mari ni le droit ni le pouvoir d'autoriser sa femme et que par *a fortiori* on doit lui reconnaître ce droit et ce pouvoir avant le jugement déclaratif. Il n'y a pas de raison pour que l'état de cessation des paiements produise sur la puissance maritale un effet plus considérable que l'état de faillite. L'on voit journellement la femme intervenir au concordat et donner sa signature sous l'autorisation de son mari, et son engagement est valable. Pourquoi ne pourrait-elle pas être valablement habilitée à contracter pendant la période suspecte ? (1)

La comparaison n'est pas entièrement exacte. L'intervention de la femme au concordat ne peut avoir aucune conséquence fâcheuse pour la masse, elle ne modifie en rien l'égalité qui doit régner entre les créanciers. Au contraire, lorsque, avant la déclaration de faillite, la femme fait naître sur les biens du mari une hypothèque légale et la cède à un créancier, le gage commun se trouve diminué. Le mari en donnant son autorisation contribue à créer un droit de préférence, c'est pour cela qu'on a contesté la validité de son autorisation.

Il n'en demeure pas moins certain que la capacité pour le mari d'autoriser sa femme est la règle, qu'elle existe après le

_____

(1) V. Aubry et Rau, t. 3, p. 225 en note. — Bordeaux, 29 février 1888, S. 89, 2, 125.

jugement déclaratif de faillite et que, pour y apporter une exception pendant la période de la cessation des paiements, il faudrait un texte formel.

Ce texte peut-il être l'art. 446 ? Coin-Delisle le pense. «Non certes, dit-il, ce n'est pas forcer le sens des termes de l'art. 446 que de les prendre *dans leur ensemble* pour toute sûreté quelconque donnée aux dépens de l'actif, que de prendre les mots *toute hypothèque conventionnelle* pour tout moyen de constituer par convention une hypothèque nouvelle, et de prendre le mot *nantissement* dans toute l'étendue de son sens grammatical qui s'applique aux immeubles comme aux meubles. » (*Revue crit.*, année 1853, p. 236).

Contre cette interprétation, nous ferons observer :

1° Que lorsque la loi parle seulement des hypothèques conventionnelles et judiciaires, soumettre à ses dispositions les hypothèques légales, ce serait forcer outrageusement le sens de ses termes.

2° Que l'art. 446 est relatif à la constitution d'hypothèques et ne s'applique nullement aux obligations elles-mêmes et que, par conséquent, il ne peut pas dépouiller le mari de la faculté d'autoriser sa femme à s'obliger.

3° Que les hypothèques légales ne sont pas constituées par les parties et que l'on ne peut pas assimiler à un acte de constitution le fait qui leur donne naissance.

4° Que, cette assimilation fût-elle possible, l'art. 446 ne s'appliquerait pas, parce qu'il ne prohibe pas toutes sortes d'hypothèques, mais seulement celles qui sont attachées après coup à une obligation préexistante ; que l'hypothèque légale naît toujours en même temps que l'engagement de la femme ( art. 2134 C. civ. ) et que, si dans l'espèce le créancier antérieur du mari en réclame le bénéfice, ce n'est qu'à la suite d'une subrogation, laquelle n'est nullement visée par l'article.

5° Que si, *lato sensu*, le mot nantissement s'applique aux

immeubles comme aux meubles, il doit être entendu dans un
sens plus restreint lorsqu'il est employé, ainsi que dans l'art.
446, par opposition aux termes d'hypothèque et d'antichrèse
et ne désigne alors que le nantissement mobilier.

Ainsi l'autorisation maritale n'est pas nulle de plein droit.
Voyons du moins si elle ne peut pas être annulée par application des art. 1167 C. civ. et 447 C. com.

Pont estime que les créanciers peuvent invoquer l'art. 1167
C. civ., puisqu'il leur permet de faire révoquer les actes passés
par leur débiteur en fraude de leurs droits. En théorie pure
cette manière de voir est admissible, mais en pratique l'on
arrivera bien rarement à obtenir la nullité en vertu de l'action
Paulienne. L'art. 1167 constitue le droit commun. Malgré la
législation spéciale qui régit les commerçants, on peut l'invoquer contre les actes qu'ils ont passés ; mais alors on doit faire
abstraction de leur qualité de commerçants et les considérer
comme de simples particuliers. Si la loi a établi des dispositions
spéciales en matière de faillite, lorsque l'on veut les compléter par les textes du Code civil, on doit conserver à ces textes
la portée et la signification qu'ils ont d'après le droit civil.
Ce point établi, il est incontestable que si, au lieu d'être en
présence d'un failli, on était en présence d'un débiteur en déconfiture, l'on songerait rarement à invoquer l'action Paulienne
contre l'autorisation de le cautionner qu'il aurait donnée à sa
femme, puisque dans la déconfiture il est permis de conférer
des garanties pour les dettes préexistantes.

En ce qui concerne l'art. 447 C. com., nous ne voyons
aucun motif d'en repousser l'application. Toutes les conditions
par lui requises se trouvent réunies quand la femme a eu
connaissance de la cessation des paiements lors de son engagement.

Nous supposons par hypothèse que la cessation des paiements existe, il ne reste qu'à montrer que l'acte incriminé a

été passé par le mari et qu'il est à titre onéreux. Or, quel est l'acte incriminé ? C'est l'autorisation de s'obliger donnée par le mari à sa femme, autorisation sans laquelle celle-ci aurait été incapable de contracter. Cette autorisation n'est-elle pas à titre onéreux, puisqu'elle a eu pour conséquence d'obliger le mari à indemniser sa femme dans la mesure où elle s'est portée caution ? Il est vrai que s'il a désormais deux créanciers, sa dette reste la même ; il n'est obligé de la payer qu'une seule fois. Mais, tandis qu'il n'était tout d'abord tenu que chirographairement, il pourra désormais être poursuivi hypothécairement.

Le mari a conclu avec la femme une convention de cautionnement, par son exécution il s'est trouvé engagé envers elle ; aussi l'article 447 ne peut-il être invoqué que si la femme a connu la cessation des paiements.

Le créancier est également intéressé à ce que la femme soit autorisée, puisque c'est avec elle qu'il a traité. Ne faudra-t-il pas aussi exiger chez lui la connaissance de la cessation des paiements. Nous ne le pensons pas. Il est demeuré étranger à l'acte par lequel le mari a habilité sa femme à le cautionner. Ce n'est pas avec lui que le failli a traité ; vis-à-vis de lui le failli n'a pris aucun engagement. Il peut paraître rigoureux que ce créancier soit privé du bénéfice du cautionnement et de la subrogation à l'hypothèque légale, alors qu'il ignorait la cessation des paiements ; mais il n'a pas à se plaindre, car, pendant la période suspecte, il ne pouvait recevoir aucune garantie de la part du débiteur. Il se trouve dans la situation où il aurait été s'il avait obtenu une hypothèque conventionnelle.

Du reste, s'il échappait à l'application de l'article 447, il ne serait pas pour cela assuré de jouir de l'hypothèque légale de la femme en qualité de subrogé. Le principe de l'égalité est une des bases de l'organisation de la faillite. Les rédacteurs de la loi de 1838 l'ont considéré comme la sauvegarde du crédit commercial et ont voulu en assurer l'observation rigoureuse. Non seulement dans les articles 446 et 447 ils ont défendu au débiteur de conférer des garanties pour des dettes préexistantes et permis aux juges d'annuler les actes à titre onéreux passés avec des tiers qui connaissaient la cessation des paiements ; mais encore dans les articles 597 et 598 ils ont interdit aux créanciers de s'assurer un avantage au préjudice de l'actif de la faillite. L'observation de cette dernière prohibition est édictée sous une sanction sévère. Tout créancier qui la viole encourt une double peine : la nullité de l'acte auquel il a concouru et une condamnation pénale à la prison et à l'amende. Les articles 597 et 598 sont ainsi le complément des articles 446 et 447. Dire que le débiteur est incapable d'avantager un de ses créanciers et que le créancier ne peut profiter d'aucun avantage, c'est le plus sûr moyen de conserver intact le gage de la masse. Que le créancier ait directement traité avec le débiteur, ou qu'il ait eu recours à diverses combinaisons, peu importe ; il ne parviendra pas à détourner une partie de l'actif.

Les termes de la loi sont formels, l'intention du législateur non équivoque. L'on peut dire en toute vérité que chaque fois qu'un créancier obtiendra une garantie qu'il n'avait pas primitivement stipulée, le texte de la loi sera violé et son esprit méconnu.

Nous avons admis que l'engagement de la femme pouvait être annulé parce qu'il avait été pris sans autorisation valable. Il faut aller plus loin et décider, avec Bédarride, que le cautionnement est radicalement nul comme obtenu au mépris des articles 597 et 598 C. com. (1)

Ces articles prohibent tout traité duquel résulterait en faveur

_____

(1) *Traité des faillites et banqueroutes*, t. 1, p. 212 et s. n° 123 ter.

d'un créancier un avantage au préjudice de l'actif du failli. Nous savons déjà que leur violation entraîne une condamnation pénale et la nullité du traité.

De l'examen des conditions d'application et des effets de ces textes résultera la preuve que la nullité s'étend non seulement à l'hypothèque et à la subrogation, mais encore à l'engagement de la femme.

Les conditions d'application sont déterminées par l'article 597, auquel se réfère l'article 598. Il semble bien que ce dernier reçoive son application dans tous les cas où l'autre est applicable, et seulement dans ceux-là. La réparation civile ne serait, en quelque sorte, que le complément de la répression pénale. Cependant, comme ces deux articles édictent des sanctions de nature différente, nous aurons à rechercher si l'action civile est tellement liée à l'action pénale, qu'elle ne puisse être exercée que lorsque cette dernière pourrait l'être.

L'article 597 décide que le créancier « qui aura fait un traité particulier duquel résulterait en sa faveur un avantage à la charge de l'actif du failli, sera puni correctionnellement d'un emprisonnement qui ne pourra excéder une année, et d'une amende qui ne pourra être au-dessus de 2,000 fr. » De ces termes, il résulte que trois conditions sont nécessaires :

1° Il faut qu'un traité soit intervenu et que le créancier ait figuré dans ce traité. Peu importe, du reste, que le traité soit simple ou complexe, qu'il ait été fait directement avec le failli ou avec toute autre personne. Il est prohibé par cela seul qu'il est l'œuvre du créancier et qu'il réunit les deux conditions suivantes :

2° Qu'il ait profité au créancier ;

3° Qu'il ait causé un préjudice à la masse en diminuant l'actif du failli.

A ces trois conditions, il faut en ajouter deux autres. L'une

dérive implicitement de l'ensemble du texte, l'autre des principes.

4° Il faut que le commerçant soit, au moment du traité, sinon
en état de faillite déclarée, tout au moins en état de faillite
virtuelle, c'est-à-dire qu'il ait cessé ses paiements. Cette condition n'est pas exprimée directement dans le texte, mais elle
ne saurait être contestée. Elle résulte implicitement des termes
de l'article 597 qui parle de failli, de délibérations de la faillite,
de vote des créanciers, d'actif du failli, de syndics. Ce sont là
des expressions qui ne se comprendraient pas si la faillite
n'était pas déclarée, ou s'il n'y avait pas les motifs de la déclarer. Leur ensemble suppose que la cessation des paiements
existe. Du reste, cet article placé au livre des faillites et banqueroutes ne peut frapper que des actes contraires aux règles
des faillites, et nous savons que les actes à titre onéreux ne
peuvent pas être critiqués lorsqu'ils sont intervenus avant la
cessation des paiements (art. 447). Enfin, les dispositions des
articles 597 et 598 sont destinées à maintenir l'égalité entre
créanciers, et il n'y a lieu d'assurer cette égalité qu'entre les
créanciers d'un débiteur en état de cessation des paiements (1).

---

(1) V. Lyon-Caen et Renault, t. 2, n° 3092, p. 902 ; Bravard-Veyrières, *Traité de dr. com.*, t. 6, p. 122. — Bordeaux, 29 février 1888,
S. 89, 2, 125 ; Cas. req., 26 mars 1888, S. 88, 1, 461.

Il est de jurisprudence constante que les articles 597 et 598 ne
sont pas applicables aux avantages particuliers consentis par le débiteur antérieurement à la cessation des paiements. V. Cas. crim.,
17 novembre 1870, S. 71, 1, 62 ; Lyon, 20 janvier 1869, S. 69, 2, 68 ;
Cas., 22 août 1866, S. 66, 1, 389 ; Paris, 15 décembre 1863, S. 64, 2,
39 ; Orléans, 8 novembre 1859, J. P. 1860, 408 ; Cas., 8 janvier 1855,
S. 56, 1, 801 ; Paris, 27 décembre 1854, D. 55, 5, 216 ; Cas., 8 août
1848, S. 48, 1, 60 ; 2 juin 1849, S. 50, 1, 620 ; 4 juillet 1854, S. 55, 1,
785 ; Aix, 5 mai 1845, D. 45, 2, 136 ; Paris, 21 avril 1845, D. 45, 2,
138 ; 30 mars 1843, S. 43, 2, 419 ; 11 janvier 1844, S. 44, 2, 479.

Dès que la cessation des paiements existe, on doit s'efforcer de la maintenir.

5° Une dernière condition, à laquelle l'article 597 ne fait même pas allusion, résulte des principes admis en matière criminelle. Il faut que le créancier ait connu la cessation des paiements et qu'il ait participé au traité au mépris de cette connaissance. En d'autres termes, il faut qu'il ait agi sciemment, sachant qu'il s'assurait un avantage illégitime au préjudice de la masse. S'il n'avait pas eu cette connaissance, l'élément intentionnel du délit n'existerait pas, et, par suite, il ne saurait y avoir, au point de vue de la loi pénale, ni délit ni répression (1).

Après avoir édicté une peine contre le créancier dans l'article 597, le législateur, dans l'article suivant, prononce la nullité du traité intervenu. Il ne dit pas à quelles conditions cette nullité sera subordonnée. Sur ce point il semble se référer à l'article 597, auquel l'article 598 se relie d'une façon très étroite par l'expression « en outre. » Les conditions d'application paraissent donc, *a priori*, devoir être les mêmes dans tous les cas, soit que l'on poursuive la répression pénale, soit que l'on demande la réparation civile. Il ne saurait sur ce point exister aucun doute en ce qui concerne les quatre premières. Elles résultent du texte de l'article 597 ; elles sont indispensables pour la recevabilité de l'action civile. En ce qui concerne la dernière, nous devons la déclarer inutile. Elle n'est pas énoncée dans l'article 597 ; elle est commandée par les principes du droit criminel et c'est seulement à l'article 597 que se réfère l'article 598. Bien que les conditions imposées directement par l'article 597 fussent réunies, si la cinquième manquait, il ne saurait y avoir délit ; mais il est certain qu'un acte, quoique ne constituant pas un délit, parce que

---

(1) V. Lyon-Caen et Renault, t. 2, n° 3092, p. 902 ; Bordeaux, 29 février 1888, S. 89, 2, 125.

l'élément intentionnel fait défaut, peut néanmoins engendrer la
responsabilité civile (1). Nous devons compléter l'article 598
par l'article 597, mais uniquement par lui, et non par les principes du droit criminel. Si ces principes s'imposent lorsqu'il
s'agit de qualifier un acte délit et de le punir comme tel, ils
sont sans valeur lorsqu'on recherche quelle est, au point de
vue civil, la valeur de l'acte. Il faut considérer l'article 598
comme si les conditions exprimées dans l'article précédent s'y
trouvaient reproduites et lire : les conventions desquelles résulterait en faveur d'un créancier un avantage à la charge de
l'actif de la masse, seront déclarées nulles. Si le texte était
ainsi libellé, nul doute que la connaissance de la cessation des
paiements ne parût indifférente.

La nullité est absolue ; elle n'est pas couverte par l'exécution du traité ; elle peut être demandée par tout intéressé, même
par le failli. Cette conséquence montre jusqu'à quel point le
législateur a poussé le désir d'égalité, puisqu'il permet à
quiconque aurait consenti certains avantages d'en demander
la révocation.

Enfin, et ceci a pour nous un intérêt tout particulier, la
nullité existe à l'égard de toutes personnes. Le traité disparaît
dans son ensemble, il n'en reste nulle trace, il est considéré
comme non avenu, et censé n'avoir jamais existé.

Ces notions connues, il est facile de voir que le traité par
lequel la femme cautionne un créancier et le subroge à son
hypothèque légale, tombe sous le coup de l'article 598. N'en
résulte-t-il pas un avantage au profit du créancier, puisqu'il
n'avait qu'une créance chirographaire contre un commerçant
en état de cessation des paiements, et que désormais il aura
une créance garantie par une caution et une hypothèque ? N'en
résulte-t-il pas un préjudice pour la masse, qui sera primée par

--------

(1) V. Laborde. *Cours de droit criminel*, nos 147 et suiv.

le créancier? Il ne peut y avoir aucun doute sur ce point. Nous sommes bien dans les termes des articles 597 et 598 combinés (1).

Le traité, frappé de nullité, le sera dans son ensemble et à l'égard de toutes les parties. Non seulement la subrogation et l'hypothèque disparaîtront, mais encore la femme sera dégagée de son obligation envers le créancier.

Cette dernière conclusion est repoussée par M. Ortlieb, sous prétexte que de l'engagement personnel de la femme envers le créancier, il ne peut résulter aucun avantage à la charge de l'actif du failli (2). C'est une conséquence du système de cet auteur qui, après avoir séparé l'hypothèque de l'engagement et proclamé la nullité de l'hypothèque, se demande ensuite

_____

(1) Il peut arriver dans certains cas spéciaux que la masse ne subisse aucun préjudice à la suite du cautionnement de la femme et de la transmission de son hypothèque au créancier. Alors l'article 598 ne recevra pas son application. C'est ce qu'a décidé la Cour de Bordeaux, dans une espèce très favorable, le 29 février 1888 (S. 89, 2, 125). Voici en quels termes elle s'exprime : « Attendu, en ce qui concerne la seconde condition (que l'avantage résultant du traité soit à la charge du failli), qu'on ne saurait décider que le cautionnement de la dame Tempier ait eu pour conséquence d'aggraver les charges de la faillite ; qu'en effet, d'une part, il est établi que la dame Tempier n'a été admise au passif de la faillite que comme chirographaire et, qu'en outre, Grégoire et C$^{ie}$ n'ont pas produit à cette faillite ; que, d'autre part, il est reconnu que la dite dame n'a pas eu à recourir à son hypothèque légale, son mari n'ayant pas d'immeubles pour en répondre ; qu'il s'ensuit que le recours qui lui était ouvert par l'article 1431 C. civ., ne pourrait aboutir qu'à une simple participation aux dividendes de la faillite, aux lieu et place du créancier cautionné ; que, dès lors, le cautionnement est sans influence sur la masse à laquelle il n'importe que ce soit le créancier ou sa caution qui réclame le dividende. »

(2) Ortlieb, *note sous Nancy,* 19 mars 1879, S. 79, 2, 113.

quelle est la valeur de l'engagement. Il est évident que dans son opinion aucun préjudice ne peut résulter pour la masse du cautionnement de la femme et que la condition *sine qua non* de l'article 598 fait défaut. Il ne saurait en être ainsi à nos yeux, puisque nous avons admis que l'on ne pouvait pas séparer l'obligation de l'hypothèque. Pour nous, toutes les fois que la femme cautionne son mari, il en résulte forcément un préjudice pour la masse.

Reprenant la même idée que M. Ortlieb, la Cour de cassation a décidé « que si, par application des articles 597 et 598 C. com., ces obligations et subrogations ont pu être déclarées sans valeur par l'arrêt attaqué à l'égard de la masse de la faillite de François, comme ayant été consenties à la charge de l'actif de la faillite en connaissance de la cessation des paiements préexistante, lesdites dispositions de loi sont sans application au règlement des rapports entre la femme du failli et le créancier, à l'égard duquel elle s'est engagée » (1). Cette théorie ne saurait être acceptée. En présence des termes formels de l'article 598, qui déclare que les conventions seront nulles à l'égard de toutes personnes, il est impossible de faire une distinction, et de décider avec la Cour de cassation que la nullité n'existera qu'au regard de la masse. Ce serait violer trop ouvertement la loi.

Nous arrivons à cette conclusion, que la femme qui cautionne une dette préexistante de son mari, alors que celui-ci avait déjà cessé ses paiements, ne fait pas un acte valable. Les créanciers peuvent attaquer ce cautionnement, soit en vertu des articles 1167 C. civ. et 447 C. com., soit en vertu de l'article 598 du Code de commerce.

Si nous laissons de côté l'article 1167, dont l'application

---

(1) Cas. civ., 27 avril 1881, S., 81, 1, 393.

sera excessivement rare, nous constatons que les autres deux
ne présentent pas la même utilité. A plusieurs points de vue,
l'article 598 est plus avantageux que l'article 447. D'abord,
l'article 447 ne peut s'appliquer que si la femme connaissait
la cessation des paiements; cette condition n'est pas exigée
par l'article 598. En second lieu, l'article 447 donne aux juges
un large pouvoir d'appréciation et laisse à leur conscience le
soin de décider si la nullité sera prononcée ou non. Au contraire, l'article 598 leur fait un devoir de la prononcer. La
nullité de l'article 447 est facultative, celle de l'article
598 est impérative. Enfin, la nullité de l'article 598 peut être
demandée par tout intéressé et par le failli lui-même, tandis
que celle de l'article 447 ne peut l'être que par la masse représentée par les syndics.

L'engagement de la femme une fois annulé, il ne reste plus
trace ni de l'hypothèque, ni de la subrogation. L'opération,
savamment combinée entre la femme, le mari et le créancier,
ne produit aucun effet (1).

---

(1) Il reste, sur cette question si délicate, à dire quelques mots
d'une opinion que M. Labbé croit trouver consacrée par deux arrêts,
l'un de la Cour de Nancy, du 19 mars 1879 (S. 79, 2, 113), l'autre de
la chambre civile de la Cour de Cassation, du 27 avril 1881
(S. 81, 1, 393). — (V. note sous Cassation, 27 avril 81). Dans cette
opinion il faudrait distinguer, suivant que la femme qui s'oblige
envers un créancier et le subroge dans son hypothèque légale, a ou
n'a pas d'hypothèque pour des causes antérieures à la cessation des
paiements. Dans le premier cas elle fait un acte parfaitement valable,
puisqu'elle dispose de ses biens. Dans le second, lorsqu'elle suscite
une hypothèque sur les immeubles de son mari pour en transférer
le bénéfice au créancier, elle participe à une fraude, et son acte disparaît dans la répression de la fraude. En conséquence, « il faut
donc séparer l'obligation en deux parties, maintenir l'obligation dans
la mesure où elle grève l'avoir propre de la femme au profit du créan-

Il est possible que l'intervention de la femme ne se produise pas toujours de la même manière.

Elle peut cautionner purement et simplement une dette préexistante de son mari, sans subroger le créancier dans son hypothèque légale. Au lieu de deux opérations, cautionnement et subrogation, il n'en existera plus qu'une seule, le cautionnement ; mais dans cette combinaison, comme dans la précédente, le préjudice de la masse sera toujours le même. Ce qui lui nuit, c'est l'existence de l'hypothèque, et l'hypothèque naît de l'engagement de la femme.

---

cier, anéantir l'obligation en tant qu'elle est un expédient employé pour faire passer à ce créancier, au détriment des autres, une partie de l'actif de la faillite. » Telle est, d'après Labbé, la théorie de ces deux arrêts. Cette analyse est inexacte. La Cour de Nancy, après avoir annulé l'hypothèque légale par application de l'article 447, a également annulé l'engagement de la femme, sous le prétexte qu'elle ne pouvait pas être tenue lorsqu'elle était privée de l'hypothèque. La Cour de Cassation appelée, sur pourvoi, à se prononcer sur l'arrêt de la Cour de Nancy, admet que, par application des articles 447 et 597 C. com., l'obligation et la subrogation ont pu être à bon droit déclarées sans valeur à l'égard de la masse de la faillite. Elle se sépare de la Cour de Nancy lorsqu'il s'agit de fixer le sort de l'obligation dans les rapports du créancier et de la femme, et, sur ce point, casse l'arrêt dont était appel, pour ce motif, que les dispositions précitées étaient sans application au règlement des rapports entre la femme du failli et le créancier, et que la validité de l'obligation de la femme à l'égard du créancier n'est pas subordonnée à l'efficacité du recours que la loi lui accorde sur les biens de son mari. La jurisprudence consacrée par cet arrêt de la Cour de Cassation est que la femme reste obligée envers le créancier et que, cette obligation étant valable, toutes les garanties autres que l'hypothèque légale résultant de l'engagement de la femme envers le créancier, doivent produire leurs effets ordinaires. Ainsi, si la femme a constitué des hypothèques sur des immeubles à elle propres, ou si elle a cédé l'hypothèque qu'elle avait contre son mari pour des

M. Poignard (1), qui applique l'article 598 C. com. à l'hypothèque légale lorsqu'elle est transférée au créancier par voie de subrogation, estime, au contraire, qu'il est sans effet dans cette nouvelle hypothèse. « La masse, dit-il, va se trouver ainsi protégée, mais en une mesure seulement ; car la femme, si elle avait cautionné son mari, aurait droit à une hypothèque légale qu'elle opposerait valablement à la masse, à supposer bien entendu qu'il n'y ait pas eu, de sa part, de subrogation. » Il pense qu'il y a là une lacune regrettable dans notre législation moderne. Si elle existait réellement et si on ne pouvait la combler, elle serait plus que regrettable ; elle suffirait à elle seule à renverser tout le système de protection laborieusement édifié par les législateurs en faveur de la masse. Le principe de l'égalité serait battu en brèche ; par l'intervention de la femme on arriverait à en paralyser les effets. Que le créancier exige la subrogation ou qu'il se contente de l'engagement personnel

---

causes antérieures, le créancier pourra se prévaloir de ces hypothèques ; de même, en dehors de toute garantie, il pourrait poursuivre l'exécution de sa créance sur les biens personnels de la femme. La Cour de Cassation ne dit nullement que l'obligation n'est valable que pour partie. Elle admet qu'elle est valable pour le tout, mais que certaines garanties doivent être annulées.

Il résulte des explications précédentes, que la théorie de la Cour de Cassation est fausse. Celle que lui suppose Labbé n'est pas meilleure. De deux choses l'une : ou bien la femme a été capable de s'obliger et son obligation est entièrement valable, ou bien elle a été incapable, et alors elle n'a pas pu s'obliger. Il est impossible d'admettre une opinion intermédiaire. Soutenir que l'obligation est valable dans la mesure où la femme a des biens pour en répondre et nulle pour le reste, ne serait-ce pas aboutir à cette conclusion absurde que la capacité de s'obliger se mesure à la fortune personnelle de chaque individu? Il serait plaisant de soutenir que celui qui ne peut pas payer ses dettes n'avait pas la capacité de les contracter.

(1) Thèse de doctorat, Paris, 1887, p. 238.

17

de la femme, le préjudice ne sera-t-il pas le même pour la masse si l'engagement est valable et si l'hypothèque légale qui en résulte lui est opposable?

Mais la masse n'est pas désarmée contre cette nouvelle combinaison. Pour nous, qui avons directement annulé l'engagement de la femme sans tenir compte de la subrogation ultérieure, les raisons de décider sont dans cette hypothèse les mêmes que dans l'hypothèse précédente ; la solution doit être identique. Nous appliquerons les art. 1167 C. civ., 447 et 598 C. com. Pourquoi n'en serait-il pas ainsi? Le mari, en donnant son consentement, n'aura-t-il pas pris part à l'acte parce qu'il n'y aura pas eu de subrogation? N'aura-t-il pas désormais deux créanciers au lieu d'un et ne sera-t-il pas tenu hypothécairement, tandis qu'il n'était tenu que chirographairement ? D'un autre côté, le cautionnement de la femme ne fait-il pas éprouver un préjudice à la masse qui sera primée par l'hypothèque légale née de ce cautionnement, ne procure-t-il pas un avantage au créancier qui, désormais, aura deux débiteurs au lieu d'un ?

Ce n'est pas seulement à l'occasion de dettes préexistantes que la femme peut intervenir. Elle peut encore garantir les dettes actuellement contractées par son mari, soit en se portant caution, soit en s'engageant solidairement avec lui. Dans ce second cas comme dans le premier, nous savons que vis-à-vis de lui elle n'est réputée s'être engagée que comme caution.

Elle acquiert donc toujours, par le fait de son intervention, le droit à une indemnité, et, par suite, une hypothèque légale, dont elle peut faire passer le bénéfice au créancier au moyen d'une subrogation. Cette hypothèque et cette subrogation sont-elles valables ?

Il est à remarquer que, malgré la cessation des paiements, le commerçant aurait pu valablement consentir une hypothèque en garantie de sa nouvelle dette. Cette constitution serait tombée seulement sous le coup des articles 1167 C. civ. et 447 C. com. Il ne l'a pas fait. Au lieu d'une hypothèque conventionnelle, le créancier a obtenu la subrogation à l'hypothèque légale ; il peut même avoir cumulé le double bénéfice d'une hypothèque conventionnelle et de l'hypothèque légale. En faveur du maintien de l'hypothèque légale, nous retrouvons les mêmes raisons qui ont fait admettre la validité de l'hypothèque conventionnelle. La concession de ces garanties n'est pas le résultat d'une intention de libéralité ; c'est une condition de la livraison des deniers. L'on doit, en principe, décider que l'hypothèque, soit légale, soit conventionnelle, a pu être valablement constituée. Ni l'une ni l'autre n'assurent au créancier un avantage au préjudice de la masse. Celle-ci n'a pas été lésée, car si son gage se trouve diminué par la naissance de l'hypothèque, il est reconstitué par l'entrée des deniers dans la caisse du commerçant.

Cependant nous avons admis que l'hypothèque conventionnelle tombe sous le contrôle des magistrats et que ceux-ci peuvent, sinon l'annuler isolément, du moins annuler dans son ensemble l'acte qui contient à la fois la convention de prêt et la constitution d'hypothèque. Il faut leur reconnaître un droit analogue lorsqu'il s'agit d'une hypothèque légale. Ils ne pourront pas annuler l'hypothèque seule, mais ils pourront frapper dans son ensemble l'acte qui contient convention de prêt, cautionnement de la femme et subrogation.

Pour appliquer l'art. 447 C. com., il suffira que le créancier ait connu la cessation des paiements. S'il l'a connue, la convention intervenue entre lui et le commerçant est annulable, et comme le cautionnement n'est qu'un accessoire de la créance principale, il doit disparaître avec elle. Du reste, la femme n'a aucune plainte à formuler ; elle est relevée purement et simplement d'une obligation qu'elle avait contractée.

La solution est la même dans le cas où la femme se contente de s'obliger envers le créancier sans lui céder son hypothèque.

Après cette longue étude sur la question capitale du sujet, l'on peut ainsi résumer la situation. La femme, incapable de cautionner une dette antérieure du mari, peut garantir une dette nouvelle ; cependant dans ce dernier cas son engagement est susceptible d'être annulé par application des art. 1167 C. civ. et 447 C. com.

Que penser de cette conclusion ? La femme sera le plus souvent empêchée malgré sa bonne volonté de venir au secours de son mari. Elle ne peut pas s'obliger envers des créanciers antérieurs. Il est vrai que si elle se contentait de cautionner son mari sans céder son hypothèque et sans produire dans l'ordre, la masse n'aurait aucun intérêt à provoquer la nullité de son engagement. Mais quel parti prendra-t-elle lors de la liquidation ? S'abstiendra-t-elle d'invoquer sa garantie et consentira-t-elle à supporter les conséquences de son engagement sans profiter du recours efficace que la loi lui accorde sur les immeubles du mari, ou bien demandera-t-elle à être colloquée à son rang en vertu de son hypothèque ? L'on n'en sait rien. Que de femmes, ayant la ferme intention de sacrifier leur fortune pour sauver leur mari d'un désastre imminent, ne chercheront, une fois le mal irréparablement accompli, qu'à perdre le moins possible. Placés en présence de cette incertitude, les créanciers ne tiendront nul compte du cautionnement.

Il reste cependant à la femme deux moyens de venir en aide à son mari. Elle peut cautionner des dettes nouvelles ou bien fournir elle-même l'argent nécessaire au maintien des affaires. Mais il n'est pas toujours facile de trouver des prêteurs, et la plupart du temps si la femme consent à cautionner son mari, c'est qu'elle n'a pas des sommes disponibles à lui offrir. Que faire alors ? A-t-elle des biens, meubles ou immeubles ? Elle peut les vendre, mais la vente demande du temps.

N'a-t-elle que des créances contre son mari ? Elle est réduite à l'impuissance, à moins qu'elle n'emprunte elle-même en son nom personnel.

De quelque côté que l'on envisage la situation, il s'écoulera toujours un certain délai avant que la femme puisse venir en aide à son mari et ce délai peut être fatal ; car la faillite peut tout à coup être prononcée à la requête des créanciers ou même d'office si la gêne devient apparente.

Une réforme dans cette matière serait utile. L'on pourrait, par exemple, revenir au principe adopté par la majorité des auteurs qui ont écrit sous l'empire du Code de commerce, et décider que pendant la période suspecte la femme aura une hypothèque légale pour les créances qu'elle acquerra contre son mari pour des causes indépendantes de sa volonté, et qu'elle n'en aura pas pour les obligations par elle contractées dans l'intérêt du mari. Il n'y aurait alors nul inconvénient à lui permettre de s'engager envers les créanciers antérieurs et de leur céder l'hypothèque qu'elle peut avoir pour des causes antérieures. Lorsqu'elle vient au secours de son mari il est bon qu'elle le fasse à ses risques et périls. Cependant si elle ignorait la cessation des paiements, il n'est pas juste de la laisser sous le coup d'un engagement qu'elle n'a peut-être pris qu'en considération du recours garanti par une hypothèque qu'elle croyait exercer contre son mari. Alors de deux choses l'une : ou bien elle a cautionné une dette nouvelle du mari et il n'y a pas grand inconvénient à lui laisser acquérir une hypothèque, puisque le créancier aurait pu en obtenir une du débiteur, ou bien elle a accédé à une obligation antérieure, alors en la privant de son hypothèque on doit la relever de son engagement. Le créancier en souffrira, mais ce n'est pas à lui à se plaindre. Il n'a exigé au moment du prêt aucune garantie. De même que le débiteur ne peut plus lui en fournir à partir de la cessation des paiements et dans les dix jours antérieurs (art. 446 C. com.),

de même il ne pourra pas s'en procurer par l'intermédiaire de
la femme lorsque, en définitive, ces garanties seraient constituées sur les biens du commerçant (1).

Cette réforme, si désirable pourtant, n'est pas sur le point
d'aboutir. Parmi les nombreux projets présentés sur la réor-
ganisation de la faillite, aucun ne la demande. Il est regrettable
que cette question n'ait pas été aperçue, elle a pu paraître spéciale ; cependant, à cause des nombreuses combinaisons frauduleuses auxquelles donne lieu l'hypothèque légale, elle s'est
fait une place importante dans la théorie délicate de la faillite.
Espérons que dans la discussion des projets présentés, elle
surgira tout à coup et prendra le rang qui lui convient.

L'intervention législative aurait un autre avantage : celui de
faire cesser toutes les controverses et d'éviter les nombreux
procès auxquels donnent lieu la difficulté d'interprétation et la
diversité des opinions. La jurisprudence, il est vrai, paraît
fixée ; mais, sur une question si importante, l'on ne peut pas se
contenter de l'autorité de la jurisprudence, qui n'est pas im-
muable et qui, l'on en voit des exemples frappants, peut toujours être modifiée.

---

(1) V. Thaller, *Des faillites en droit comparé*, t. 1, p. 398.

# CHAPITRE IV

## INFLUENCE DE LA FAILLITE SUR L'INSCRIPTION
## DES HYPOTHÈQUES

L'hypothèque est valable entre les parties dès qu'elle a été constituée ; elle forme un droit acquis pour le créancier, et le débiteur ne peut rien faire pour en paralyser l'exercice.

Mais ce n'est pas entre les parties que l'hypothèque a sa raison d'être. Elle ne modifie en rien leurs rapports. Qu'elle existe ou non, le créancier a toujours la faculté de saisir les biens du débiteur et de les faire vendre pour se payer sur le prix. Son utilité apparaît seulement au regard des tiers. D'après l'article 2093 C. civ., tous les créanciers ont des droits égaux, et, si les biens de leur débiteur sont insuffisants pour les désintéresser, chacun devra subir une réduction proportionnelle au montant de sa créance. Plus l'écart entre l'actif et le passif sera considérable, plus le dividende à distribuer sera petit. L'hypothèque sert à se prémunir contre les dangers de l'insolvabilité. Elle confère à celui qui en est investi un droit de préférence et un droit de suite, lui permettant de primer tous ceux qui n'ont pas de droits réels sur l'immeuble ou qui les ont acquis postérieurement à lui.

A cause même de l'étendue de ses effets, l'hypothèque constitue un danger pour les tiers qui traiteront ultérieurement avec le débiteur. Ceux-ci ont tout intérêt à connaître la situation exacte de ses immeubles. C'est pour cela que le Code civil a décidé que l'hypothèque ne leur serait, en principe, opposable que lorsqu'elle aurait été rendue publique par une inscription prise sur les registres du conservateur. L'inscription n'est qu'une simple formalité, mais elle est nécessaire pour vivifier un droit préexistant, et lui faire produire ses effets au regard des tiers.

Il n'en a pas toujours été ainsi. Dans notre ancien droit, comme aussi dans le droit romain, les hypothèques étaient occultes (1). Le droit intermédiaire, par deux lois du 9 messidor an III et du 11 brumaire an VII, a inauguré un régime nouveau, celui de la publicité et de la spécialité. Aucune hypothèque ne pouvait être opposée aux tiers avant l'inscription.

Le Code civil a maintenu l'inscription des hypothèques comme condition essentielle de leur efficacité. Mais, en même temps qu'il reproduisait les principes de la loi de messidor, il y apportait une dérogation et dispensait d'inscription les hypothèques légales de la femme mariée, du mineur et de l'interdit.

La loi postérieure du 23 mars 1855 est venue limiter la portée de cette exception en décidant que ces hypothèques ne seraient dispensées d'inscription qu'en faveur des femmes mariées, des mineurs et des interdits. Après la dissolution du mariage ou la fin de la tutelle, elles doivent être inscrites. Si elles le sont dans le courant de l'année qui suit la dissolution du mariage ou la fin de la tutelle, elles produisent effet à la date qui leur est assignée par l'article 2135 C. civ. Inscrites après ce délai, elles ne prennent rang qu'à partir du jour de leur inscription.

---

(1) Il faut noter cependant que dans certaines provinces du Nord, appelées pays de saisine ou de nantissement, il existait un régime hypothécaire tout différent. Dans ces provinces, l'hypothèque ne pouvait être opposée aux tiers qu'après une inscription sur un registre à ce destiné. C'est à cette institution que le droit intermédiaire a emprunté la théorie de la publicité des hypothèques.

Cet aperçu historique explique que, dans l'ancien droit, l'on ne se soit pas occupé de régler le sort des inscriptions hypothécaires en cas de faillite, puisqu'à cette époque toutes les hypothèques étaient occultes. Cette question, qui n'existait pas autrefois, s'est posée quand le régime de publicité a été consacré par notre législation. Le Code civil l'a tranchée dans l'art. 2146, où il a décidé que les inscriptions « ne produisent aucun effet, si elles sont prises dans le délai pendant lequel les actes faits avant l'ouverture des faillites sont déclarés nuls. » Lors de sa promulgation, ce délai était fixé par la déclaration royale du 18 novembre 1702 encore en vigueur, qui était conçue en ces termes : « Toutes cessions et transports sur les biens des marchands qui font faillite sont déclarés nuls et de nulle valeur, s'ils ne sont faits dix jours au moins avant la faillite publiquement connue. » Plus tard, le Code de commerce est venu à son tour régler en 1807 l'étendue de la période suspecte.

Il a prononcé la nullité de certains actes faits dans les dix jours qui précèdent l'ouverture de la faillite (art. 444), et décidé que *l'ouverture de la faillite serait déclarée par le Tribunal de commerce* et *caractérisée* par la cessation des paiements. La cessation des paiements pouvait être bien antérieure au jugement déclaratif de faillite, elle produisait ses effets encore qu'elle n'eût pas été notoire. On voit par là combien était rigoureuse la disposition de l'art. 2146, qui frappait de nullité des inscriptions prises de très bonne foi par des créanciers ayant acquis régulièrement leur hypothèque et auxquels on ne pouvait reprocher aucune négligence.

Le Code de commerce ne parlait pas des inscriptions, l'on en a profité pour conclure qu'il avait implicitement abrogé l'article 2146, puisqu'il contenait une théorie complète sur la validité des actes antérieurs à la faillite, et que, s'il défendait d'acquérir un droit de privilége ou d'hypothèque depuis l'ouverture de la faillite ou dans les dix jours précédents, il ne défendait pas d'inscrire ce droit lorsqu'il était régulièrement établi (1).

Ce système, imaginé pour atténuer la rigueur de la loi, n'avait pas prévalu. Il était repoussé par la majorité des auteurs. Il est, en effet, naturel de penser que dans le Code de commerce on ne s'était pas occupé du sort des inscriptions, puisqu'il avait été fixé par avance dans l'art. 2146 C. civ. Ainsi, le Code civil et le Code de commerce se complétaient réciproquement sans que les dispositions de l'un eussent anéanti les dispositions de l'autre (2).

Quoi qu'il en soit de cette controverse, elle se trouve définitivement écartée par la loi du 28 mai 1838 qui est venue réglementer à nouveau la matière et a statué dans le nouvel article 448 sur le sort des inscriptions.

I. — ÉTUDE DES DISPOSITIONS DE L'ARTICLE 448 DU CODE DE COMMERCE.

Les dispositions de l'art. 2146 C. civ. étaient trop rigoureuses, la loi de 1848 a eu pour but de les modifier dans un sens favorable aux créanciers hypothécaires. Cette réforme s'imposait. La dérogation apportée par la nouvelle loi à la législation précédente, relativement à la constitution des hypothèques, en nécessitait une en ce qui concerne leur inscription. D'après l'ancien article 443 C. com., l'acquisition des hypothèques était prohibée pendant la période suspecte, leur

---

(1) V. Esnault, *Des faillites*, t. 1, n° 190.
(2) V. Pont, *Des priviléges et hypothèques*, t. 2, n° 872, *in fine*, p. 855 ; Demangeat sur Bravard, t. 5, p. 283, note 1.

inscription l'était également par l'art. 2146 C. civ. Le jour où l'on admit que dans certains cas la constitution d'hypothèques intervenue pendant la période suspecte serait valable, l'on devait également décider que l'inscription le serait aussi. Si l'inscription était demeurée prohibée, la validité des hypothèques eût été sans portée, car l'hypothèque n'est opposable aux tiers que par l'inscription. L'art. 448 est une conséquence de l'art. 446.

Il contient une double règle : 1° il annule toutes les inscriptions prises après la déclaration de faillite ; 2° il permet aux juges d'annuler les inscriptions prises depuis la cessation des paiements et dans les dix jours antérieurs, si elles ont été requises plus de quinze jours après la constitution de l'hypothèque.

Il semble, tout d'abord, que l'inscription devrait suivre le sort de la constitution et que, si la constitution est valable, l'inscription devrait l'être également. Décider le contraire, c'est faire dépendre la validité de l'hypothèque d'une simple formalité. Cependant, l'inscription peut, dans certains cas, présenter un caractère frauduleux ; alors on ne saurait la respecter, bien que l'hypothèque ait été valablement constituée. L'on doit réprimer la fraude, d'où qu'elle vienne. Le but du législateur est nettement exposé par M. Quenault, rapporteur à la Chambre des députés : « Déjà, dit-il, dans les articles 446 et 447 précédemment adoptés, la Chambre a tracé une ligne de démarcation entre les actes qui, à raison du caractère qu'ils présentent de fraude, de lésion pour la masse, doivent être déclarés nuls, et ceux qui, pouvant avoir été faits de bonne foi, et sans préjudice pour la masse, peuvent être déclarés valables ; ceux-ci même, s'ils exigent encore, pour être pourvus de leurs effets vis-à-vis d'un tiers, un complément tel que l'inscription des hypothèques, qui a pour objet de leur donner la publicité, peuvent être encore, à raison du retard apporté à cette inscription, l'objet, le moyen de certaines fraudes. En effet, on a pensé que si l'inscription était retardée, il y aurait moyen de ménager à un débiteur commerçant un crédit apparent, mensonger, qui pourrait induire les tiers en erreur sur sa véritable situation. On a donc senti la nécessité d'ajouter, relativement à la publicité des hypothèques, une disposition spéciale qui ne permît pas à un débiteur au-dessous de ses affaires de conserver un crédit apparent par la complaisance que pourraient mettre les prêteurs à retarder l'inscription jusqu'à la veille, jusqu'au jour même du jugement déclaratif de la faillite ; on a senti la nécessité d'apporter une limite et une restriction au droit de prendre inscription sur un débiteur près de faillir. C'est là l'objet des divers amendements qui ont été proposés » (1).

L'on a craint de voir les commerçants consentir des hypothèques au profit de certains créanciers au moment même du prêt et obtenir de ceux-ci la promesse de retarder l'inscription. De cette façon ils auraient conservé leur crédit intact, et, à l'approche de leur chute, à la veille même de la faillite, une foule d'hypothèques valables, puisqu'elles auraient été valablement constituées, auraient subitement apparu et absorbé la majeure partie de l'actif. Il est vrai qu'en ne s'inscrivant pas les créanciers couraient le risque d'être devancés par d'autres ; mais dans le commerce l'on sait que les hypothèques sont rares. Il était surtout à craindre que le failli n'eût simulé des dettes, et donné des hypothèques pour les garantir, afin de s'assurer plus tard des ressources au détriment de la masse. Dans ce cas, le créancier apparent, ne courant aucun danger, aurait tenu son hypothèque occulte aussi longtemps que le débiteur l'aurait désiré. Ce procédé était de nature à nuire aux créanciers chirographaires qui ont tout intérêt à connaître la situation

---

(1) Séance du 3 avr. 1831, *Mon.* du 4, p. 788.

exacte de leur débiteur. S'ils voient ses immeubles libres de toutes charges, ils peuvent lui accorder du crédit en comptant sur eux en cas de désastre. Il ne faut pas que leurs espérances soient déçues par des manœuvres frauduleuses. Ceux qui les pratiquent ou y concourent sont coupables ; le meilleur moyen de les punir est de leur supprimer la garantie et de les mettre au même rang que les créanciers chirographaires, qu'ils ont voulu frustrer. Ces considérations expliquent que le législateur ait vu avec défaveur l'inscription prise trop longtemps après la constitution de l'hypothèque.

Cependant, quelque hâte que l'on ait de faire inscrire une hypothèque, il est rare que l'on puisse en requérir l'inscription le jour même où elle aura été constituée. Par la force des choses il s'écoulera toujours un certain laps de temps entre l'acte constitutif et la formalité de l'inscription. Si ce laps de temps est de quelques jours seulement, il témoignera de la diligence du créancier dont la bonne foi sera présumée ; s'il est trop prolongé, il arrivera un moment où le défaut d'inscription dénotera, de la part du créancier, une grave négligence ou même une coupable connivence. Dans le premier cas, il est de toute justice de déclarer l'inscription valable ; dans le second, l'article 448 autorise les magistrats à en prononcer la nullité. Mais à quel moment pourra-t-on accuser le créancier de négligence ? Il semble que ce soit là une question de fait bien plus qu'une question de droit, que l'on ne puisse pas *a priori* fixer un délai et que l'on doive dans chaque cas laisser aux juges le soin de décider d'après les circonstances de la cause. Le législateur ne l'a pas pensé ; il a précisé davantage et déterminé un délai pendant lequel l'inscription serait toujours prise utilement. Ce délai est de quinze jours ; mais c'est un délai franc, susceptible d'augmentation à raison des distances.

L'hypothèque, valablement acquise pendant la période suspecte et inscrite dans la quinzaine, sera à l'abri de toute

attaque ; si elle est inscrite après ce délai, elle sera susceptible d'annulation.

Ces dispositions ont été l'une et l'autre l'objet de critiques.

L'on s'est demandé tout d'abord pourquoi fixer à quinze jours
le délai pendant lequel les inscriptions seront prises valablement. Si l'inscription est faite le seizième jour, est-ce que ce
léger retard impliquera une grande négligence ? Cette objection
est réelle, mais elle peut s'appliquer à toutes les déterminations
de délais. Ici elle est en quelque sorte sans portée ; elle tombe
devant cette double considération, que dans aucun cas on ne
saurait suspecter la bonne foi d'une personne qui a inscrit son
hypothèque dans la quinzaine du titre, et que, si l'inscription
est prise après l'expiration de ce délai, elle n'est pas radicalement nulle, mais simplement annulable au gré des Tribunaux.

En second lieu, l'on a dit que la différence faite entre créanciers, suivant la date de l'inscription, n'est pas justifiée et que
l'on devrait permettre d'inscrire une hypothèque légale jusqu'au
jugement déclaratif. Les créanciers ne seront pas plus dignes
de faveur parce qu'ils se seront fait inscrire plus vite. Leur
empressement, au contraire, montre qu'ils étaient au courant
de la situation, qu'ils ont voulu en tirer le meilleur parti
possible et essayer de frauder la masse. Quant aux créanciers
chirographaires ils n'ont pas à se plaindre, puisqu'ils pouvaient
demander eux-mêmes une hypothèque au moment du prêt et
la faire inscrire immédiatement. Ils auraient ainsi pris rang à
leur date. S'ils ne l'ont pas fait, c'est tant pis pour eux (1). Ces
arguments ne paraissent pas entièrement fondés. Il semble
fort difficile d'admettre que l'empressement à s'inscrire dénote
une intention frauduleuse. L'on ne voit pas en quoi une inscrip-

---

(1) V. Poignard, *op. cit.*, p. 256 et suiv.

tion rapide pourrait entraîner une présomption de mauvaise
foi. S'il y a fraude, elle ne peut se trouver que dans la constitution ou dans l'inscription tardive. Est-elle dans la constitution, nous avons déjà vu quels sont les moyens d'y parer ;
est-elle dans l'inscription tardive, il est tout naturel que les
Tribunaux aient le pouvoir de la réprimer en annulant l'inscription. Cette annulation profitera aux autres créanciers, qui n'ont
peut-être consenti à traiter avec le commerçant que parce
qu'ils croyaient ses immeubles libres d'hypothèques. S'ils avaient
connu la véritable situation de leur débiteur, il est possible
qu'ils n'eussent point prêté ou qu'ils eussent, eux aussi,
demandé une garantie. Enfin, admettre l'inscription à toute
époque, même à la veille de la faillite, lorsqu'elle est prise pour
garantir des hypothèques bien antérieures, ce serait porter un
rude coup au principe d'égalité et sacrifier entièrement la masse
au profit de quelques créanciers, qui auraient tout au moins
une négligence à se reprocher.

Si nous supposons que la faillite a été déclarée après la
constitution de l'hypothèque, mais avant son inscription, le
créancier se trouvera dans une condition tout à fait défavorable ; l'inscription sera devenue impossible. Cela résulte du
premier paragraphe de l'article 448, aux termes duquel « les
droits d'hypothèque et de privilége valablement acquis pourront être inscrits jusqu'au jour du jugement déclaratif de faillite. » Passé ce délai il sera trop tard ; le créancier non inscrit figurera dans la masse comme chirographaire, quand bien
même au moment de l'emprunt le débiteur lui aurait accordé
une hypothèque. Cette règle est d'autant plus rigoureuse qu'elle
est absolue et s'applique dans tous les cas, quelle que soit
l'époque de la constitution, alors même que le créancier le
plus diligent n'aurait pas encore pu prendre l'inscription.

On a pensé que, si on laissait un délai pour s'inscrire, l'on
favoriserait les créanciers hypothécaires les plus rapprochés

ou les mieux renseignés. Il se serait produit une véritable course au clocher et les premiers arrivés n'auraient peut-être pas été les plus dignes d'intérêt. De plus, ce délai aurait été en quelque sorte un encouragement à la fraude que nous avons déjà signalée et qui consiste à garder secrète une constitution de droit réel. Aujourd'hui le créancier est toujours stimulé à révéler son hypothèque par cette pensée que la faillite peut éclater et que sa garantie demeurera sans effet, faute d'avoir été inscrite. Au contraire, s'il avait toujours un délai pour s'inscrire après le jugement déclaratif, il attendrait avec plus de calme la suite des événements. Il est vrai qu'en prévision de cette dernière hypothèse l'on aurait pu décider que l'hypothèque trop antérieure à la faillite ne pourrait plus être inscrite après le jugement déclaratif; l'on aurait ainsi, tout en réprimant la fraude, sauvegardé les droits très légitimes de ceux qui ont obtenu l'hypothèque quelques jours seulement avant le jugement déclaratif. C'eût été compliquer la situation et favoriser toujours les créanciers présents.

La loi a voulu, en outre, que la situation de chacun au regard de la masse fût définitivement fixée au moment de la faillite. De même que nul ne peut après le jugement déclaratif acquérir une hypothèque, de même nul ne pourra remplir les formalités voulues pour que l'hypothèque seulement constituée devienne efficace.

A côté de ces motifs utilitaires MM. Lyon-Caen et Renault donnent un argument juridique pour légitimer la règle de l'article 448 § 1. « L'inscription, disent-ils, est une sorte de confirmation de l'hypothèque ou du privilége ; il ne saurait intervenir de confirmation au moment où la naissance de ces droits est devenue impossible(1) ». Cet argument ne porte pas, il repose

_____

(1) Lyon-Caen et Renault, t. 2, p. 690, n° 2710.

sur une erreur de droit. Il est inexact de prétendre que l'inscription est une confirmation de l'hypothèque. Si le législateur a exigé pour la validité des hypothèques l'accomplissement d'une double formalité, la constitution et l'inscription, il a donné à chacune d'elles une portée spéciale et distincte. L'inscription est nécessaire pour rendre l'hypothèque opposable aux tiers ; entre parties elle est sans influence. Dès que la garantie est constituée, celles-ci sont définitivement liées ; il n'est au pouvoir du grevé d'en arrêter l'efficacité par aucun moyen. L'inscription est une simple formalité tout à fait indépendante de sa volonté ou de sa capacité ; elle ne produit envers lui aucun effet, et ne saurait à aucun point de vue être considérée comme une confirmation. S'il en était autrement l'on devrait décider que toutes les fois que la constitution serait impossible, l'inscription ne pourrait plus être prise utilement. Il n'en est pas ainsi. Supposons qu'au lieu de tomber en faillite, le grevé devienne incapable ou décède, l'hypothèque, qu'il aura consentie pendant sa capacité ou avant son décès, pourra être inscrite postérieurement soit contre lui-même, soit contre ses héritiers qui sont ses représentants et sont tenus de toutes ses obligations. Cependant si l'on appliquait la théorie de MM. Lyon-Caen et Renault il faudrait dire dans ces hypothèses que l'inscription ne pourra pas être prise du chef de l'incapable ou du *de cujus*, parce que ni l'un ni l'autre n'ont la capacité de constituer l'hypothèque au moment où elle est inscrite.

Connaissant les motifs qui ont inspiré les rédacteurs de la loi de 1838, nous pouvons aborder le texte et étudier en elles-mêmes les dispositions de l'article 448.

Cet article s'occupe dans deux paragraphes distincts des inscriptions et règle différemment leur sort suivant qu'elles sont prises avant ou après le jugement déclaratif de faillite. Il laisse soumises au droit commun celles qui sont requises avant la période suspecte. Par conséquent nous allons retrouver, en ce qui concerne l'inscription des hypothèques, les trois périodes que nous avons déjà déterminées à propos de leur constitution.

La première correspond à la marche régulière et normale des affaires ; elle se prolonge jusqu'aux dix jours antérieurs à la cessation des paiements. Les inscriptions prises pendant cette période sont valables.

La seconde, qui correspond exactement à la période suspecte de l'article 446, comprend le laps de temps pendant lequel le commerçant a été en état de cessation de paiements et les dix jours antérieurs. Elle prend fin avec la déclaration de faillite. Toutes les inscriptions prises pendant cette période sont, en principe, valables. « Néanmoins, dit l'article 446, elles pourront être déclarées nulles s'il s'est écoulé plus de quinze jours entre la date de l'acte constitutif de l'hypothèque et celle de l'inscription. » Le paragraphe suivant ajoute un délai complémentaire de un jour par cinq myriamètres de distance entre le lieu où le droit d'hypothèque aura été acquis et le lieu où l'inscription sera faite.

L'inscription prise dans les délais déterminés par l'article 448 est toujours valable. Si elle est prise postérieurement, les juges ont la faculté de l'annuler. A ne consulter que les termes de la loi, il semble que les Tribunaux soient investis d'un pouvoir discrétionnaire absolu ; cependant, ce pouvoir est tempéré par les principes du droit.

Tout d'abord, les juges doivent motiver leurs décisions. C'est là une garantie que tout justiciable doit trouver dans les sentences qui lui font grief ; l'on ne saurait l'en priver. Aussi le jugement qui annule l'inscription par ce seul motif « eu égard aux circonstances de la cause », ne remplit pas les conditions essentielles de toute décision judiciaire. C'est ce qu'a pensé la Cour de Rouen dans un arrêt du 8 mai 1851 (D. 53, 2, 55).

En second lieu, et c'est là une conséquence de leur obligation

de motiver les décisions, les magistrats ne doivent annuler
que lorsqu'il existe des raisons sérieuses. Il ne suffit pas
de la seule expiration du délai de quinzaine pour entraîner
forcément la chute de l'inscription. Mais alors dans quels cas
la faculté de prononcer la nullité devra-t-elle être considérée
comme un devoir qui s'impose à la conscience du juge? La Cour
de Rouen, dans l'arrêt précité, a décidé qu'il fallait, pour motiver la nullité, la réunion de deux conditions, l'intention frauduleuse de la part des créanciers et un préjudice subi par les
tiers. « Attendu, dit-elle, qu'il résulte, tant des dispositions de
l'art. 448 C. com. et de celles des art. 446 et 447, qui le précèdent, que la discussion qui a eu lieu devant les Chambres,
lors de l'adoption de ces trois articles, que l'annulation de
l'inscription tardivement prise ne doit être prononcée que
lorsque le créancier, par sa tardiveté, a causé un préjudice à la
masse, en ménageant au débiteur un crédit apparent, mensonger, qui a pu induire les tiers en erreur sur sa véritable situation. Que cette annulation au profit de la masse est une peine ;
qu'elle ne peut être imposée au créancier que pour des causes
graves et lorsque sa conduite ne peut laisser de doute sur sa
connivence avec le débiteur ou sur sa simple complaisance pour
lui, et sur l'erreur et le préjudice qui en serait résulté pour les
tiers. » La Cour de Colmar s'est prononcée dans le même sens ;
elle exige qu'il soit démontré « que le retard dans l'inscription a été le résultat d'une fraude concertée entre le failli et
le créancier hypothécaire et que ce retard ait été préjudiciable
à des tiers » (1). Sans doute les tribunaux devront annuler l'inscription lorsque le retard apporté à s'inscrire sera le résultat
d'une connivence coupable du créancier avec le débiteur
failli ; mais rien ne les oblige à considérer la bonne foi comme

_____

(1) 15 janvier 1862, D. 62, 2, 101.

suffisante pour mettre le créancier à couvert. La simple négligence peut avoir des conséquences graves pour les tiers ; elle
peut les induire en erreur sur la véritable situation du commerçant et, par suite, leur causer un préjudice. C'est ce
résultat qu'il faut éviter. Par conséquent, la première mission
du juge devra être de rechercher si par le retard à s'inscrire le
créancier a pu tromper quelqu'un, même involontairement. En
cas d'affirmative et dès qu'un dommage sera constaté, il paraît
de bonne justice et conforme aux intentions du législateur de
prononcer la nullité de l'inscription (1). Cependant, même
alors, les juges conservent leur liberté d'appréciation ; ils
pourront puiser dans les circonstances de la cause des motifs
de maintenir l'inscription ; il en sera notamment ainsi si le
défaut d'inscription dans la quinzaine du titre est dû non à la
connivence ou à une négligence coupable, mais seulement à
des circonstances fortuites ou à un cas de force majeure, en un
mot lorsqu'il est la conséquence d'un empêchement sérieux (2).

La nullité de l'article 448 § 2 est facultative pour le juge ;
elle diffère par là de la nullité de l'article 446, qui a lieu de
plein droit, et se rapproche de celles des articles 447 C. com. et
1167 C. civ. Cependant si elle a ce point de ressemblance avec
ces dernières, elle ne saurait leur être entièrement assimilée.
Elle se sépare de la nullité de l'article 447 qui, bien que facultative pour le juge, ne peut être prononcée que si le créancier
connaissait la cessation des paiements, cette condition n'étant

---

(1) En ce sens : Bourges, 9 août 1848, D. 48, 2, 153, et sur pourvoi
Cas. req. 17 avril 1849, D. 49, 1, 150 ; Rouen, 16 mai 1857, D. 58, 2,
11 ; Dijon, 7 février 1866, D. 66, 2, 48 ; Alger, 23 juin 1879, D. 80, 2,
33 ; Bravard-Veyrière et Demangeat, *Droit commercial*, t. 5, p. 285,
et suiv. (texte et notes) ; Paul Pont, *Des privilèges et hypothèques*,
t. 2, n° 888 ; Bédarride, *Faillites et banqueroutes*, t. 1, p. 223.

(2) V. Bédarride, *loc. cit.*, et Paul Pont, *loc. cit.*

pas nécessaire pour l'annulation des inscriptions. Cette première différence en amène une seconde. Tandis que l'article 447 ne s'applique qu'aux actes postérieurs à la cessation des paiements, l'article 448 permet d'annuler les inscriptions antérieures prises dans les dix jours qui ont précédé cette cessation.

La nullité de l'article 448 § 2, diffère aussi à un double point de vue de celle qui résulte de l'article 1167 C. civ. Il est généralement admis que l'action Paulienne ne peut aboutir contre les actes à titre onéreux (et la constitution d'hypothèque est du nombre) qu'à la condition de démontrer à la fois le préjudice et la fraude. En ce qui concerne l'art. 448 nous venons de voir que des conditions si rigoureuses ne sauraient être imposées à la conscience du juge, et que celui-ci peut annuler l'inscription tardive, par cela seul qu'elle cause un préjudice. En second lieu, nous verrons plus tard que la nullité de l'article 448 profite à la masse entière des créanciers, tandis qu'il est fort controversé de savoir à qui profite la nullité obtenue en vertu de l'action Paulienne.

Dans la troisième période, qui commence avec le jugement déclaratif de faillite, les inscriptions ne sont plus possibles. Si elles sont prises, elles demeurent sans valeur. Aucun doute ne peut s'élever sur ce point en présence de l'article 448 § 1, aux termes duquel « les droits d'hypothèque et de privilége valablement acquis, pourront être inscrits jusqu'au jour du jugement déclaratif de faillite. » Passé ce délai, il sera trop tard (1). Aucune inscription ne pourra plus être prise sur les immeubles du failli, alors même que ces immeubles auraient été réinté-

_____

(1) En ce sens : Cas. req., 18 février 1873, D. 74, 1, 166 ; Grenoble, 9 août 1882, D. 83, 2, 100 ; Dal., Code de commerce annoté, art. 448, n° 31.

grés dans son patrimoine sur la poursuite du créancier inscrit ; le seul fait des poursuites ne peut pas lui assurer un avantage. En faisant rentrer un bien dans le patrimoine du failli, ce créancier a seulement reconstitué le gage commun (1).

La nullité de l'article 448 § 1, comme celle des art. 446 et 598, est obligatoire ; les juges ne pourraient pas se refuser à la prononcer. Nous verrons qu'elle n'existe que relativement à la masse, de même que la nullité de l'art. 446 ; tandis que celle de l'art. 598 est opposable par toute personne, même par le failli.

L'art. 448 a une portée très générale. L'expression droits d'hypothèque valablement acquis s'applique sans difficulté à toutes les hypothèques quelle que soit leur nature. Qu'une hypothèque soit conventionnelle, judiciaire ou légale, il semble que toutes les fois qu'elle aura besoin pour produire des effets d'être inscrite, soit pendant la période suspecte, soit après le jugement déclaratif de faillite, elle sera toujours soumise aux dispositions du premier ou du second paragraphe de l'article.


II. — Exceptions a apporter aux règles de l'article 448


L'article 448 n'apporte aucune dérogation aux règles qu'il pose ; il n'en existe aucune formellement consacrée par d'autres textes. Cependant. quelque absolues que paraissent ces règles, les auteurs et la jurisprudence n'ont pas hésité à en limiter la portée. Ils ont trouvé, soit dans de puissantes considérations pratiques, soit dans des dispositions éparses au milieu des

---

(1) La question a été ainsi résolue par la Chambre civile de la Cour de Cassation dans son arrêt du 9 juin 1847 (D. 33, 1, 306).

Codes ou de lois particulières, des motifs suffisants pour soustraire dans certains cas les inscriptions au système de nullités organisé par l'art. 448. Ces cas peuvent se classer en deux catégories. Tantôt l'on a tenu compte du caractère spécial des immeubles sur lesquels l'inscription est prise, de leur mode d'acquisition et de la situation juridique qu'ils occupent dans le patrimoine du commerçant, tantôt l'on a justifié les exceptions par la nature spéciale de l'inscription et des droits qu'elle conserve ou vivifie.

Ces dérogations à l'art. 448 n'ont pas toutes la même portée. Certaines sont générales et s'appliquent à l'inscription sans distinguer si elle est prise avant ou après la déclaration de faillite, d'autres sont admises seulement lorsque l'inscription a été faite pendant la période suspecte, d'autres enfin lorsque l'inscription a eu lieu après le jugement déclaratif.

*Première catégorie. — Exceptions basées sur le caractère spécial des biens soumis à l'inscription*

Dans cette catégorie l'on peut ranger : 1° l'inscription prise sur des biens nouvellement acquis en garantie d'une hypothèque constituée sur biens présents et à venir ; 2° l'inscription prise du chef du précédent propriétaire avant la transcription de l'acte de vente sur des immeubles acquis par le failli ; 3° l'inscription prise par les légataires sur les immeubles compris dans une succession échue au failli.

1° *Inscription prise sur des biens nouvellement acquis en garantie d'une hypothèque constituée sur biens présents et à venir.* — D'après l'art. 2129 C. civ., l'hypothèque conventionnelle ne peut être conférée que sur des biens présents. Cependant dans un cas particulier l'article suivant apporte une dérogation à cette règle. « Néanmoins, dit-il, si les biens présents et libres du débiteur sont insuffisants pour la sûreté de la créance, il peut, en exprimant cette insuffisance, consentir que chacun des biens qu'il acquerra par la suite, y demeurera affecté à mesure des acquisitions. » Des difficultés se sont élevées sur le point de savoir dans quelles conditions la constitution d'hypothèques sur des biens à venir est possible. Nous n'avons pas à les examiner. Nous supposons l'hypothèque valablement établie et pouvant grever des biens à venir au fur et à mesure de leur entrée dans le patrimoine du débiteur. Pour produire ses effets à l'égard des tiers elle doit être inscrite, et il est presque universellement admis que l'inscription primitive sur les biens présents ne s'étend pas aux biens à venir et ne les frappe pas au moment de leur acquisition. Pour que l'hypothèque grève ces biens au regard des tiers, il est nécessaire qu'une inscription supplémentaire soit prise sur chacun d'eux. C'est une conséquence de l'art. 2148 5°, aux termes duquel l'inscription n'est utile que si elle désigne spécialement l'immeuble sur lequel elle porte. Il n'est dérogé à ce principe qu'au profit des hypothèques légales ou judiciaires ; les hypothèques conventionnelles restent dans la règle commune, sans qu'il y ait à distinguer si elles frappent uniquement sur des biens présents ou si elles peuvent s'étendre à des biens à venir (1).

Une fois l'hypothèque valablement constituée et l'inscription primitive prise sur les biens présents, supposons qu'interviennent la cessation des paiements ou la déclaration de faillite ; des inscriptions supplémentaires pourront-elles être valablement prises sur les biens à venir ?

---

(1) V. Mourlon, *Répétitions écrites sur le Code civil*, t. 3, p. 711, n° 1512 ; Colmet de Santerre continuateur de Demante. *Cours analytique du Code Napoléon*, t. 9, p. 208, n° 121 bis V.: Beaudry-Lacantinerie, t. 3, p. 745, n° 1276 ; Aubry et Rau, t. 3, n° 273 et les références qu'il donne.

La Cour de Dijon, saisie de la question à propos d'une inscription prise pendant la période suspecte, l'a tranchée dans le sens de l'affirmative (1). Les motifs qu'elle donne paraissent suffisants. D'une part, le créancier ne peut pas prendre son inscription supplémentaire sur les biens à venir, tandis que ceux-ci ne sont pas encore entrés dans le patrimoine du débiteur. S'il s'est écoulé plus de quinze jours entre l'inscription et l'acte constitutif, il n'y a pas de sa faute, on ne peut l'accuser ni de connivence, ni même d'une simple négligence ; il n'a rien à se reprocher. On pourrait aller jusqu'à dire qu'il a été empêché par un cas de force majeure. D'un autre côté, les tiers ne sauraient prétendre avoir éprouvé un préjudice par le fait de l'inscription tardive. Ils ont été avertis par l'inscription primitive qui leur révélait et le montant de la créance et la possibilité d'inscriptions ultérieures. Il semble bien que les conditions essentielles pour que les Tribunaux puissent raisonnablement user de leur faculté d'annuler font défaut et que l'inscription doit être considérée comme valable.

Il en serait autrement si elle était prise seulement après le jugement déclaratif de faillite. A partir de sa date, les inscriptions ne sont plus possibles. Les termes de l'art. 448 § 1 C. com. ne laissent pas de doute sur ce point et l'on ne trouve aucun motif sérieux d'introduire une exception pour le cas qui nous occupe. Il n'y a pas de raisons de se montrer plus favorable pour celui qui n'a pas pu inscrire avant la faillite son hypothèque sur des biens nouvellement acquis, que pour celui qui, la veille de la faillite, a obtenu valablement une hypothèque sur des biens présents et n'a pas eu le temps nécessaire pour prendre l'inscription. Si l'on devait faire une situation de faveur à l'un des deux, ce serait encore ce dernier qui paraîtrait le

_____  _____

(1) 7 fév. 1866, D. 66, 2, 48.

plus digne d'intérèt. Il n'a peut-être traité qu'en vue de l'hypothèque, qui lui fait défaut par suite de circonstances indépendantes de sa volonté ; tandis que l'autre, n'ayant au moment
du prêt que les biens présents comme garantie, a traité quand
même et consenti par là à se contenter de ces biens dans le cas
où le débiteur n'en acquerrait pas de nouveaux dans la suite.

*2° Inscriptions prises avant la transcription de l'acte de vente
par les créanciers du précédent propriétaire sur les immeubles
achetés par le failli.* — Il est possible que, lors de la déclaration de faillite, il se trouve dans le patrimoine du failli des immeubles nouvellement acquis et dont l'acte d'acquisition n'ait
pas encore été transcrit. De droit commun, d'après l'article 3 de
la loi du 23 mars 1855, les créanciers, ayant obtenu du précédent propriétaire une hypothèque sur les immeubles vendus,
peuvent utilement s'inscrire tant que la transcription n'a pas été
opérée, puisque l'aliénation ne leur est pas opposable. Le fait
que l'acquéreur a été déclaré en faillite ne saurait avoir aucune
influence sur leurs droits. Ce ne sont pas des créanciers du
failli cherchant à se faire une situation préférable à celle des
autres, ce sont, par rapport à la faillite, des tiers qui exercent
un droit de suite contre les biens de leur débiteur personnel ;
envers eux le commerçant ne se trouve pas investi de ces biens.
Tant que la transcription n'a pas été opérée, aucune mutation
de propriété ne leur est opposable, les biens sont considérés
par eux comme n'étant pas sortis des mains de leur débiteur
personnel, et contre lui rien ne met obstacle à leur inscription (1).

_____

(1) Lyon-Caen et Renault, t. 2, p. 690, n° 2710, note 2 ; Aubry et
Rau, t. 3, n° 272, p. 332, note 24 ; Troplong, *Des priviléges et hypothèques,* t. 3, p. 28, n° 655 ter ; Pont, *Des priviléges et hypothèques,*
t. 2, p. 875, n° 907.

La solution serait exactement la même, et pour les mêmes
motifs, si, au lieu d'être en faillite, le commerçant était seulement en état de cessation des paiements.

Changeons l'hypothèse, renversons les rôles et supposons
que le failli, au lieu d'avoir acquis un immeuble, l'a vendu. La
déclaration de faillite intervient avant que la transcription ait
été opérée. Les créanciers du failli, ayant régulièrement obtenu
une hypothèque avant la faillite, pourront-ils prendre inscription sur l'immeuble aliéné ? La question est controversée. Certains auteurs estiment qu'elle doit être résolue comme la précédente (1). MM. Aubry et Rau pensent même qu'elle présente
moins de difficulté (2). La seule raison que l'on donne, c'est
que l'immeuble, ayant cessé d'appartenir au failli, n'est plus le
gage des créanciers. Les intérêts de la masse ne sont nullement en jeu et, par conséquent, elle n'a pas qualité pour s'opposer à l'inscription.

MM. Lyon-Caen et Renault ne partagent pas cette manière
de voir (3). Ils soutiennent, avec raison, que la masse a intérêt à méconnaître l'inscription prise par un créancier après
l'aliénation, parce que cette inscription peut lui être nuisible.
Notons que, si l'inscription de l'article 490 C. com. a été faite
avant la transcription de l'acte d'aliénation, l'hypothèque
de la masse est opposable au tiers acquéreur ; la masse a le
droit de suivre l'immeuble entre ses mains, de le saisir et de le
faire vendre, à moins que le détenteur ne préfère acquitter
toutes les charges qui pèsent sur lui. Si l'inscription de la
masse précède celle du créancier, la masse ne court aucun
danger à la respecter, puisque le créancier ne pourra exercer

---

(1) Troplong, *op. cit.*, t. 3, n° 635 ter, *in fine* ; Pont, *op. cit.*, t. 2,
p. 876, n° 908.

(2) Aubry et Rau, t. 3, n° 272, p. 332, note 25.

(3) T. 2, p. 690, n° 2710, note 2.

son hypothèque que lorsqu'elle sera complétement désintéressée. Au contraire, si les deux inscriptions ont été prises le même jour ou si l'inscription de la masse est postérieure à celle du créancier, alors la masse a tout intérêt à ne pas venir en concours avec le créancier ou à ne pas être primée par lui.

Supposons que la transcription ait eu lieu avant l'inscription de l'hypothèque de la masse. Dans ce cas, l'immeuble est sorti du patrimoine du failli, la masse ne peut plus le suivre. Mais est-ce à dire qu'elle n'ait plus intérêt à faire annuler l'inscription prise par le créancier avant la transcription ? Nous ne le pensons pas. Deux situations sont possibles. Il peut se faire que le prix ait été payé ou qu'il soit encore dû. Si le prix est encore dû, l'acquéreur, en présence d'une hypothèque, ne paiera rien à la masse avant d'avoir dégrevé l'immeuble. Par conséquent, tout ce qu'il aura payé au créancier sera de moins dans l'actif de la faillite. Si le prix a été payé, il semble que la masse n'a aucun intérêt à faire tomber l'hypothèque, puisque personnellement elle ne peut rien réclamer à l'acquéreur. Cependant, même dans ce cas, MM. Lyon-Caen et Renault trouvent un préjudice possible. Le tiers détenteur, obligé de payer le créancier hypothécaire, aura après le paiement un recours contre le failli pour se faire indemniser du préjudice subi ; il produira dans la masse en qualité de créancier. Si le recours était strictement limité à la répétition de ce qu'il a été contraint de payer, il n'en résulterait aucun dommage pour la masse ; mais le dommage apparaît si, au lieu de répéter simplement la somme payée, il réclame en outre une indemnité basée sur le préjudice qu'il a subi. Dans ce cas, la masse aurait intérêt à faire prononcer la nullité de l'hypothèque. Mais cet intérêt paraît plutôt théorique que pratique ; car l'acquéreur, qui a payé avant d'avoir par la transcription arrêté le cours des inscriptions, est en faute. Tant pis pour lui si plus tard il est obligé de payer une seconde fois. Il pourra réclamer dans la faillite les sommes par lui payées à nouveau ; mais il lui sera rarement alloué une somme plus forte comprenant une indemnité pour le préjudice subi.

La masse a donc intérêt, sauf dans le cas où le prix de l'immeuble a été payé, à méconnaître l'inscription prise par le créancier. A-t-elle qualité pour le faire ? Il semble que oui. Le principe d'égalité ne permet pas qu'un créancier s'assure un avantage au préjudice de la masse ; or, ici, nous venons de montrer que le créancier ferait un bénéfice, tandis que la masse subirait une perte. L'article 448 ne contredit pas cette manière de voir, et la généralité de ses termes permet de l'appliquer dans cette hypothèse comme dans les autres. Il ne dit pas qu'aucune inscription ne pourra être prise sur les biens du failli, il dit simplement que les droits d'hypothèque ne pourront plus être inscrits après la déclaration de faillite, sans spécifier sur quels biens l'inscription ne sera plus possible. Il est destiné à protéger la masse ; par conséquent, toutes les fois qu'une inscription causera un préjudice à la masse, elle sera contraire à ses dispositions. L'on peut même aller plus loin et dire que l'inscription a été prise sur les biens du failli. Si, par rapport à la masse, l'immeuble est sorti du patrimoine du failli par le seul fait de la vente, vis-à-vis du créancier hypothécaire, l'aliénation ne pouvait devenir parfaite que par la transcription. Jusqu'à l'accomplissement de cette formalité, ce créancier peut considérer l'immeuble comme étant toujours la propriété exclusive de son débiteur. A ce titre seulement il peut prendre l'inscription nécessaire à vivifier son hypothèque et à lui assurer le droit de suite.

Les mêmes raisons de décider et par conséquent la même solution s'appliquent à l'inscription prise dans la période suspecte.

3° *Inscriptions prises par les légataires sur les immeubles de la succession.* — Il peut se faire qu'après la déclaration de faillite le commerçant reçoive une succession grevée de legs. Les légataires auront-ils la faculté d'inscrire l'hypothèque qui leur est conférée par l'article 1017 C. civ.? Il ne faut pas hésiter à répondre affirmativement. La prohibition de l'article 448, comme celles des articles 446 et 447, n'a été édictée que pour maintenir l'égalité entre les créanciers et pour empêcher que les uns n'acquièrent un droit de préférence sur le gage commun au détriment des autres. A l'époque de la déclaration de faillite le sort de chacun doit être définitivement fixé. Ces principes ne peuvent pas faire obstacle à ce que le commerçant acquière postérieurement à la faillite de nouveaux biens. S'il est appelé à une succession, comme il est dépouillé de l'administration de son patrimoine et que la faculté d'accepter ou de renoncer est un droit pécuniaire, le parti qu'il prendra ne liera pas la masse, les syndics seront appelés à se prononcer à leur tour et leur décision sera obligatoire pour les créanciers. Dans tous les cas ils agiront prudemment en acceptant sous bénéfice d'inventaire; alors les légataires ne paraissent avoir aucun intérêt direct à prendre l'inscription pour sauvegarder l'hypothèque, car ils sont assurés de primer les créanciers de l'héritier. Il peut également arriver que les syndics acceptent purement et simplement, ou bien qu'après avoir accepté sous bénéfice d'inventaire ils renoncent à ce bénéfice ; mais alors la masse qui profitera de l'acquisition devra supporter les charges qui peuvent la grever ; aussi les légataires pourront-ils invoquer l'hypothèque de l'article 1017 C. civ. et prendre l'inscription nécessaire pour lui faire produire ses effets. L'on doit appliquer rigoureusement l'ancienne maxime *bona non sunt nisi deducto œre alieno.* Si la masse recueillait l'actif de la succession sans être tenue du passif, il en résulterait pour elle un enrichissement sans cause. Du reste les légataires ne sont pas des créanciers du failli cherchant à se soustraire à la loi du concours, ils n'ont pas traité avec lui, n'ont pas eu confiance en sa solvabilité, ils tiennent leurs droits du défunt et demandent à être payés sur les biens du défunt. C'est de toute justice. La loi leur accorde une hypothèque, mais cette garantie est soumise à la formalité de l'inscription et ne prend rang que du jour où l'inscription a été accomplie. Il peut se faire que les syndics plus diligents prennent avant eux sur les immeubles de la succession l'inscription de l'article 490 C. com. ; alors ils seront primés par la masse (1). Il ne leur restera qu'à recourir à la séparation des patrimoines qui, produisant des effets rétroactifs, leur assurera le paiement de leurs legs, si elle a été inscrite dans le délai de six mois à partir de l'ouverture de la succession (art. 2111 C. civ.) (2).

Si après l'ouverture de la succession, les légataires, loin de demander la séparation des patrimoines, ont considéré l'héritier comme leur débiteur, ils sont devenus ses créanciers directs et personnels. Ils doivent alors subir la loi commune qui résulte de l'article 448.

---

(1) La situation serait la même si l'on admettait que l'hypothèque de la masse grève les immeubles que possède le failli au jour de la déclaration de faillite et ceux qu'il peut acquérir au cours de la faillite, sans qu'une inscription spéciale soit nécessaire pour chacun d'eux. Mais cette manière de voir semble peu conforme au texte de l'art. 490, qui prescrit aux syndics de prendre inscription sur *les immeubles dont ils connaîtront l'existence,* et au principe de la spécialité des inscriptions admis dans notre régime hypothécaire. La nécessité d'une inscription spéciale sur chaque immeuble est enseignée par Lyon-Caen et Renault, t. 2, p. 687, n° 2707 ; Pont, *Des privil. et hyp.,* t. 2, n° 1001 *in fine,* p. 939 ; Aubry et Rau, t. 3, n° 264, note 15, p. 205. — Contra : Demangeat sur Bravard, t. 5, p. 450, à la note.

(2) Sur la faculté d'inscrire la séparation des patrimoines, V. Lyon-Caen et Renault, t. 2, n° 2711, p. 691.

C. com. Par conséquent, si l'inscription de leur hypothèque n'a pas été prise avant le jugement déclaratif, elle ne pourra plus l'être ; si elle a été prise pendant la période suspecte moins de quinze jours après l'ouverture de la succession, elle sera pleinement valable ; enfin si elle n'a été prise qu'à l'expiration du délai de quinzaine, les tribunaux auront la faculté d'en prononcer la nullité. Cependant, comme il peut arriver que les légataires n'aient connaissance de leurs legs que longtemps après le décès du *de cujus*, les juges agiront sagement en se montrant très circonspects et en n'admettant la prétention de la masse qu'à bon escient.

*Deuxième Catégorie. — Exceptions basées sur la nature spéciale de l'inscription et des droits qu'elle conserve ou vivifie*

Ces exceptions sont relatives : 1° aux inscriptions prises en renouvellement d'une inscription antérieure ; 2° aux inscriptions prises pour les hypothèques légales des femmes mariées, des mineurs et des interdits ; 3° aux inscriptions complémentaires destinées à étendre l'affectation hypothécaire aux intérêts non garantis par l'inscription primitive.

*1° Inscriptions prises en renouvellement d'une inscription antérieure.* — En principe l'hypothèque, qui est un droit accessoire, devrait suivre le sort du droit principal et durer aussi longtemps que la créance qu'elle garantit ; l'inscription une fois prise devrait se conserver indéfiniment. Il pourrait en résulter de graves inconvénients. Non seulement les créances ne se prescrivent que par trente ans ; mais elles peuvent durer plus longtemps s'il y a eu interruption ou suspension de prescription ; par exemple s'il y a eu des actes de poursuite, le paiement des intérêts ou s'il s'agit d'une créance de mineur. Pour délivrer des extraits, le conservateur se verrait obligé de

remonter à l'origine de ses registres et de faire des re-
cherches fort difficiles ; l'état de la propriété foncière ne serait
pas clair et la publicité des droits réels se trouverait gravement
compromise par de pareils inconvénients. Afin de les éviter, l'article 2154 C. civ. a décidé que les inscriptions ne conserve-
raient les priviléges et les hypothèques que pendant dix ans à
compter de leur date. Leur effet cesse si elles ne sont pas
renouvelées avant l'expiration de ce délai. Désormais les con-
servateurs n'auront pas à remonter au delà de dix ans en
arrière pour délivrer des états d'inscriptions et les parties trouveront dans cette règle un moyen facile d'éviter les formalités
et les frais de la radiation.

La nécessité du renouvellement s'impose jusqu'au moment
où l'hypothèque a produit son effet définitif, c'est-à-dire jusqu'au moment où le droit du créancier s'est reporté de l'immeuble sur le prix.

La déclaration de faillite ne transforme pas ainsi les droits
du créancier hypothécaire, pas plus que ne pourrait le faire une
saisie immobilière ; par conséquent elle ne dispense pas du
renouvellement. Ce renouvellement sera-t-il possible en présence des termes de l'article 448 C. com. ?

La question doit être résolue par une distinction. Si l'inscription est renouvelée avant l'expiration du délai de dix ans, nous
écarterons l'article 448, qui est destiné à arrêter le cours des
inscriptions prises pour faire acquérir au créancier hypothécaire un rang qu'il n'avait pas. Ici la situation est bien différente; il s'agit, non pas d'obtenir une garantie nouvelle, mais
de conserver une garantie antérieurement acquise. L'inscription
prise en renouvellement n'ajoute rien à l'inscription primitive,
dont elle n'est que la reproduction ; ce n'est pas une inscription
proprement dite ; c'est une mesure destinée à conserver au delà
de dix ans l'inscription originaire. Elle opère à l'instar d'un
acte interruptif de prescription. Le rang de l'hypothèque

19

demeure toujours fixé par la date de l'inscription primitive (1).

Si on laisse expirer le délai de dix ans avant de renouveler l'inscription, la situation est tout autre. L'inscription est périmée. L'hypothèque n'est pas perdue définitivement pour cela ; mais, au point de vue de ses effets, elle est considérée comme n'ayant jamais été inscrite. La nouvelle inscription que l'on prendra sera une véritable inscription vivifiant le droit d'hypothèque, lui donnant sa date, faisant acquérir au créancier droit de préférence et droit de suite, et transformant au regard des tiers une créance chirographaire en créance hypothécaire. Cette inscription tombe sous le coup de l'article 448; car elle produit à sa date tous les effets d'une véritable inscription, comme si l'inscription primitive n'avait pas eu lieu (2).

*2° Inscriptions prises pour les hypothèques légales des femmes mariées, des mineurs et des interdits.* — Sous l'empire du Code civil, l'hypothèque légale de la femme mariée, du mineur et de l'interdit, était valable et produisait ses effets indépendamment de toute inscription (art. 2135 C. civ.). Elle échappait ainsi, d'abord aux dispositions de l'article 2146 C. civ., et ensuite, lors de la promulgation de la loi du 28 mai 1838, à celles de l'article 448 C. com. Depuis, la loi du 23 mars 1855, s'inspirant de puissantes considérations, est venue modifier profondément l'article 2135. Son article 8 maintient la dispense

---

(1) Lyon-Caen et Renault, t. 2, n° 2713; Boistel, *Précis de dr. Com.*, p. 650 ; Demangeat sur Bravard, t. 5, p. 288, note 1 ; Bédarride, t. 1, n° 131; Aubry et Rau, t. 3, § 280, note 30 ; Colmet de Santerre, t. 9, n° 120 bis V.—V. également Duranton, *Cours de droit civil français*, t. 20, n° 168.

(2) Lyon-Caen et Renault, *loc. cit.;* Colmet de Santerre, *loc. cit.;* Boistel, p. 650, note 1; Duranton, *loc. cit.;* Cas. civ., 2 décembre 1863; S., 64, 1, 57.

d'inscription pendant toute la durée du mariage ou de la tutelle; mais, dans l'année qui suit la dissolution du mariage ou la cessation de la tutelle, l'hypothèque doit être inscrite sous peine de n'avoir de date au regard des tiers que du jour de l'inscription prise ultérieurement. Si elle est inscrite dans l'année, elle conserve le rang qui lui est assigné par l'article 2135. Pendant que ces hypothèques sont dispensées d'inscriptions, il est évident que l'article 448 ne peut pas avoir pour effet de changer la condition qui leur était faite par le Code civil. Les inscriptions prises avant l'expiration de l'année ont un caractère conservatoire au même titre que les inscriptions 'prises en renouvellement d'une inscription antérieure; comme elles, elles échappent aux nullités édictées par la loi de 1838. Ni la déclaration de faillite, ni la cessation des paiements, ne sauraient en arrêter le cours. Ce point est hors de doute. Il est unanimement admis par la doctrine (1).

Le désaccord apparaît lorsqu'il s'agit de se prononcer sur la validité de l'inscription prise après l'expiration de l'année qui suit la dissolution du mariage, ou la cessation de la tutelle.

Dans un premier système, soutenu par la Cour de Rouen (2), l'on décide que le défaut d'inscription dans l'année ne ramène pas l'hypothèque légale aux conditions d'une simple hypothèque ordinaire, soumise à toutes les règles du droit commun hypothécaire ; mais que, malgré la perte de son rang et de sa

---

(1) Lyon-Caen et Renault, t. 2, p. 692, n° 2713 ; Demangeat sur Bravard, t. 5, p. 288, note 1 ; Lyon-Caen, *Revue critique*, année 1881, p. 279; Aubry et Rau, t. 3, p. 306 ; Audier, *Revue pratique*, t. 20, p. 183, n° 64 ; Verdier, *Transcription hypothécaire*, t. 2, p. 357, n° 704; Pont. *Des privil. et hyp.*, t. 2, n°s 890 et 895; Lespinasse, 1er avocat général à la Cour d'appel de Pau, *Revue critique*, année 1880, p. 106 ; Boileux, *Commentaire sur le code Napoléon*, t. 7, p. 473.

(2) 11 mai 1866, sous Cas. civ., 17 août 1868, S., 68, 1, 377.

date, cette hypothèque n'en conserve pas moins, en tant qu'hypothèque légale, sa valeur et sa nature particulière, qui lui permettent d'échapper aux restrictions concernant les hypothèques en général et notamment aux nullités de l'article 448 C. com. « Attendu, dit l'arrêt, que la loi du 23 mars 1855 a eu principalement pour but d'assurer autant que possible, à l'égard des tiers, la publicité de tous les droits réels, sans toutefois toucher à la nature et au caractère de ces droits en eux-mêmes ; que rien, ni dans le texte, ni dans les motifs de la loi, ne contredit cette appréciation, et qu'il en est spécialement ainsi en ce qui touche les hypothèques légales ; qu'en effet, l'art. 8 de cette loi relatif à ce genre d'hypothèques, en modifiant le principe précédemment posé dans l'art. 2135 C. Nap., se borne à dire qu'à l'avenir la femme mariée, le mineur et l'interdit devront, pour conserver les avantages de leur hypothèque légale, l'inscrire dans l'année qui suivra la dissolution du mariage ou la cessation de la tutelle, et les autorise en même temps à l'inscrire encore même après ce délai, mais en restreignant, dans ce cas, ses effets à la date où elle aura été inscrite ; qu'une telle disposition, sans aucune incertitude, maintient l'hypothèque légale dans les deux hypothèses qu'elle prévoit, et, sans prononcer aucune nullité dans aucune de ces hypothèses, ne modifie son état ancien qu'au seul point de vue de son rang et des effets qu'elle doit produire. »

L'on ajoute encore que lorsque la loi de 1838 a été édictée, l'article 448 ne s'appliquait pas aux hypothèques légales, alors dispensées d'inscription, que la loi du 23 mars 1855, tout en les soumettant dans certains cas à la formalité de l'inscription, n'a pas déclaré qu'elles seraient atteintes par la nullité de l'article 448, et que cette disposition, étant en quelque sorte une disposition pénale, ne saurait s'étendre d'un cas prévu à un cas qui ne l'est pas, des hypothèques conventionnelles et judiciaires, pour lesquelles l'article 448 a été créé en 1838, à l'hypothèque légale, à laquelle la loi de 1855 ne l'a pas étendu par une clause expresse (1).

Il est évident que les nullités ne peuvent pas s'étendre d'un cas à un autre par voie de déduction ; mais ce qui est défendu aux interprètes ne l'est pas au législateur. Lors de la loi du 28 mai 1838, les hypothèques légales de la femme mariée, du mineur et de l'interdit, échappaient à l'application de l'article 448, parce qu'elles constituaient une exception et produisaient leurs effets indépendamment de toute publicité. La loi du 23 mars 1855 est venue les faire rentrer dans le droit commun dès qu'une année se sera écoulée à partir de la dissolution du mariage ou de la cessation de la tutelle ; par conséquent, elles sont aujourd'hui soumises au régime général des hypothèques, et toutes les nullités qui de droit commun frappent les inscriptions leur deviennent applicables. Il est vrai que le législateur n'a pas dit expressément que ces hypothèques seraient atteintes par les nullités de l'article 448 ; mais il n'avait pas à le dire, cela s'induit naturellement de ce fait qu'il les a placées, au point de vue de la publicité, sous le régime du droit commun.

L'on soutient également que l'article 8 de la loi de 1855 n'a pas pour conséquence de faire rentrer dans le droit commun les hypothèques légales qui, d'après l'art. 2135 C. civ., étaient dispensées d'inscription. Admettre une pareille interprétation, ce serait faire survivre en partie à son abrogation un système de clandestinité que les rédacteurs de la loi de 1855 ont voulu proscrire pour l'avenir et adopter l'opinion la plus arbitraire, puisqu'elle aurait pour résultat de créer une sorte

---

(1) Ces arguments se trouvent déjà dans un arrêt de la Cour de Colmar du 15 janvier 1862, rendu à propos d'une inscription prise pendant la période suspecte (S., 62, 2, 122.)

d'hypothèques légales mixtes assujetties à la formalité de l'inscription, mais qui, nonobstant le défaut de publicité, con-
serveraient encore la nature et le caractère d'hypothèques
légales et demeureraient opposables aux créanciers chirographaires. Au lieu de simplifier le régime hypothécaire, on n'aurait fait qu'y introduire une complication de plus. Du reste, la
loi, qui fait dépendre l'efficacité des hypothèques de l'accomplissement de certaines formalités, ne dit nulle part que leur
inobservation ne profitera qu'aux créanciers hypothécaires. La
publicité est la base fondamentale de notre régime hypothécaire ; elle a pour but de révéler la condition juridique des immeubles à tous ceux qui peuvent avoir intérêt à la connaître. Il
faut donc conclure qu'en l'absence d'inscription, prise au plus
tard dans l'année qui suit la dissolution du mariage ou la fin
de la tutelle, les hypothèques légales des femmes mariées, des
mineurs et des interdits, rentrent dans le droit commun. Elles
existent ; mais de même que l'hypothèque conventionnelle valablement constituée, elles ne produisent aucun effet si elles
n'ont pas été inscrites, et elles ne peuvent plus l'être lorsque
survient un des événements qui arrêtent le cours des inscriptions (1).

En admettant même que cette hypothèque eût un caractère mixte, elle ne pourrait pas nuire à la masse, parce que
l'article 8 de la loi de 1855 décide formellement que, si elle
n'est pas inscrite dans le délai fixé, elle ne prend rang, à l'égard
des tiers, que du jour de l'inscription prise ultérieurement.

---

(1) Telle est la théorie de la Cour de Cassation, qui, dans un arrêt
du 17 avril 1868, a cassé l'arrêt précité de la Cour de Rouen (S. 68,
1, 377). — V. Verdier, *Transcription hypothécaire*, t. 2, n° 705.— V.
également, dans ses motifs, un arrêt de Paris du 24 juin 1862, rendu
dans le cas d'une succession vacante. (D. 63, 2, 1, J. P. 1863, p. 502).

La Cour de Rouen ne se tient pas pour battue. Elle admet que les créanciers chirographaires ne sont pas compris dans cette expression de tiers. Le législateur de 1855 a eu soin de dire ce qu'il fallait entendre par un tiers. Si l'article 8 emploie ce terme isolé, il ressort des articles 3 et 7 que les tiers sont ceux qui ont acquis sur un immeuble des droits réels et les ont conservés conformément à la loi. Dans l'article 8, l'expression de tiers ne peut pas avoir une autre signification que dans les articles 3 et 7. Or, malgré le dessaisissement, la masse n'a sur les biens du failli d'autres droits que ceux de l'article 2093 C. civ., elle a un *jus ad rem* et non un *jus in re*, comme le prouve l'article 490, C. com., qui donne aux syndics le moyen d'acquérir un droit réel. Par conséquent, les créanciers chirographaires ne sont pas des tiers au sens de la loi, et la masse n'a pas qualité pour contester la validité de l'inscription tardive de la femme, du mineur, ou de l'interdit, à moins qu'elle n'ait antérieurement acquis un droit réel en prenant l'inscription de l'article 490.

Cette interprétation ne saurait nous satisfaire ; elle méconnaît la véritable pensée de la loi. Le mot tiers, dans son acception générale, comprend tous ceux qui ont intérêt à attaquer un acte, et, par conséquent, il s'applique aux créanciers chirographaires comme aux créanciers hypothécaires. C'est dans ce sens que, de droit commun, on l'entend en matière hypothécaire. Nous lisons, en effet, dans l'art. 2134 C. civ. : « Entre les créanciers, l'hypothèque, soit légale, soit judiciaire, soit conventionnelle, n'a de rang que du jour des inscriptions... » Et dans l'article 2113 : « L'hypothèque ne date à l'égard des tiers que de l'époque des inscriptions... » En présence de ces deux textes, il est admis que les créanciers chirographaires peuvent contester la validité des inscriptions au même titre que les créanciers hypothécaires. L'article 3 de la loi de 1855 n'est que la reproduction de l'article 2134, il doit être entendu dans le

même sens. Cela résulte encore du rapprochement des articles
3, 7 et 8. Au lieu de conclure avec la Cour de Rouen que dans
ces textes et, par conséquent, dans toutes les dispositions
de la loi, le mot tiers doit avoir la même signification, il paraît
plus logique de penser que la différence de rédaction correspond à une différence de volonté de la part des législateurs.
Les articles 3 et 7, en traitant de la transcription des actes
translatifs de propriété ou de droits réels susceptibles d'hypothèque, ont exclusivement réservé la faculté de se prévaloir du
défaut de transcription aux tiers qui ont acquis des droits réels
sur l'immeuble et les ont conservés en se conformant aux lois.
L'article 8 s'est exprimé d'une façon différente ; il dit que l'hypothèque légale ne datera, à l'égard des tiers, que du jour
des inscriptions prises ultérieurement. Dans les deux premiers
articles, la loi a voulu restreindre le sens du mot tiers, elle a
dû s'en expliquer formellement. Dans le troisième, si elle n'a
fait suivre ce mot d'aucun terme explicatif, c'est qu'elle est
revenue au droit commun qui régit toutes les hypothèques sous
le Code (1).

En outre de ces raisons, l'on peut dire que, tandis que l'inscription prise pendant l'année qui suit la dissolution du mariage, où la fin de la tutelle est purement conservatoire, et a la
même portée que l'inscription prise en renouvellement dans les
dix ans, l'inscription prise après l'expiration de l'année peut
être assimilée à l'inscription prise en renouvellement après
l'expiration des dix années. Toutes deux font acquérir un
droit de préférence, toutes deux vivifient l'hypothèque qui,
sans elles, serait demeurée sans vie et sans force. Par conséquent, nous pouvons donner à l'inscription de l'hypothèque
légale prise après l'expiration du délai de l'article 8 la solution

--------

(1) V. Cass., 17 août 1868 (arrêt précité) ; Verdier, *loc. cit.*

que nous avons donnée à l'inscription prise en renouvellement
d'une inscription antérieure, mais déjà périmée.

Il ne peut y avoir aucune difficulté à appliquer à l'hypothèque
légale le premier paragraphe de l'article 448 C. com. Dès que
l'inscription sera postérieure au jugement déclaratif de faillite
elle sera nulle, s'il s'est écoulé plus d'un an à partir de la dissolution du mariage ou de la fin de la tutelle (1).

Les arguments que nous venons de développer s'appliquent
avec la même force aux inscriptions prises pendant la période
suspecte et aux inscriptions prises après le jugement déclaratif.
Il semble que la solution doive être la même dans l'un et
l'autre cas. Cependant, une difficulté nouvelle, qui divise la
doctrine et la jurisprudence, apparaît lorsqu'il s'agit d'une inscription prise pendant la période suspecte. La raison de douter
vient de ce que l'article 448 § 2 exige pour son application certaines conditions de recevabilité. D'après les uns, ces conditions n'existent pas dans l'hypothèse qui nous occupe, tandis
que, d'après les autres, elles peuvent tout au moins s'y adapter.

Aux termes de l'art. 448 § 2 les inscriptions prises pendant
la période suspecte ne peuvent être annulées que s'il s'est
écoulé plus de quinze jours entre la date de l'acte constitutif
de l'hypothèque et la date de l'inscription. Or, dans les hypothèques légales des femmes mariées, des mineurs et des interdits,

---

(1) Cette solution est généralement admise en doctrine et en juris-
prudence. V. Verdier, *Transcription hypothécaire*, t. 2, n[os] 704 et s.;
Lyon-Caen et Renault, t. 2, p. 692, n° 2713 ; Lyon-Caen, *Revue critique*, année 1881, p. 279; Aubry et Rau, t. 3 § 269, p. 307 et note 21.
Pont, *Des priviléges et hypothèques*, t. 2., n[os] 890 et 895. — Cas.
civ., 17 août 1868 (arrêt précité); Rouen, 17 juin 1869, D. 72, 2, 215 ;
Caen, 27 janvier 1870, D. 71, 2, 99 ; Lyon, 19 août 1871, S. 72, 2, 80.
—La Cour de Paris, à propos d'une succession vacante, admet la même
solution dans un arrêt du 24 juin 1862, S., 63, 2, 37, D. 63, 2, 1. J. P.
1863, p. 502.

on ne peut pas dire qu'il y ait, à proprement parler, d'acte de constitution, par conséquent l'on ne sait pas quel point de départ assigner au délai de quinzaine.

Dans une première opinion, professée par MM. Aubry et Rau et consacrée en pratique par deux arrêts, l'un de la Cour de Bordeaux du 4 avril 1876, l'autre de la Cour d'Alger du 23 juin 1879, l'on ne se laisse pas troubler par une pareille difficulté (1). L'on considère « que ces expressions exactement appropriées à la législation du Code civil s'adaptent sans effort à la situation créée par la loi de 1855, puisque l'acte constitutif est naturellement remplacé par le fait constitutif de l'hypothèque légale, aux termes de l'art. 2135 ; que ce serait professer un singulier respect des textes que de sacrifier à une expression purement littérale, non seulement la pensée certaine du législateur, mais encore deux dispositions formelles : l'art. 8 de la loi de 1855 et l'art. 448 C. com. » (2). Lors de sa rédaction, l'art. 448 s'appliquait à tous les droits de préférence soumis à la formalité de l'inscription. Son 1er et son 2me paragraphes embrassaient les mêmes hypothèses. La loi de 1855 a soumis à la formalité de l'inscription certaines hypothèques qui jusque-là en étaient dispensées; il les a ramenées au droit commun de la publicité; on ne voit pas pourquoi le 1er paragraphe de l'art. 448 leur serait applicable et non le second lorsque tous les deux visent les mêmes hypothèses ? Enfin l'on ajoute que dans tous les cas, qu'il s'agisse d'une hypothèque légale, conventionnelle ou judiciaire, le retard apporté à l'inscription peut induire les tiers en erreur et être la conséquence d'une entente frauduleuse.

---

(1) Aubry et Rau, t. 3, n° 269, p. 307, note 21 ; Bordeaux, 4 avril 1876, D. 79, 2, 265 ; Alger, 23 juin 1879, D. 80, 2, 33. Dans le même sens : Audier, *Revue pratique*, t. 20, p. 183 et s., n°s 67 et s.

(2) Alger ( arrêt précité ).

Dans une seconde opinion, qui paraît préférable, l'on estime que l'art. 448 § 2 n'était pas fait, au début, pour les hypothèques légales dispensées d'inscription, ne peut leur être étendu, depuis la loi de 1855, que si les conditions qu'il exige peuvent se trouver réunies. La Cour de Caen, dans un arrêt du 18 juin 1879, a résumé avec une grande logique l'argumentation que l'on fait en faveur de ce système : « Attendu, dit-elle, qu'il résulte de ce texte (art. 448 § 2 ) que le législateur a eu uniquement en vue le cas où un contrat ou un jugement conférant une hypothèque est tenu secret pendant plus de 15 jours après sa date, et que, pour cette hypothèse, il donne aux Tribunaux le pouvoir d'apprécier si cette négligence à requérir l'inscription a été intentionnelle et préjudiciable ; mais que les expressions, la date de l'acte constitutif d'hypothèque, laissent forcément en dehors les hypothèques légales, parce que celles-ci ne dérivent pas d'une convention ou d'une décision judiciaire, qu'elles sont produites par un fait, la célébration du mariage ou l'ouverture de la tutelle, et qu'on ne pourra jamais dire de ce fait d'après le sens grammatical et usuel des mots qu'il est un acte constitutif d'hypothèque : que de plus, il est absolument impossible de fixer le point de départ de la quinzaine pendant laquelle les inscriptions sont autorisées : que ce ne peut pas être la célébration du mariage ou l'ouverture de la tutelle, puisque pendant toute la durée du mariage ou de la tutelle, il y a dispense d'inscription : que ce ne peut pas être non plus la dissolution du mariage ou la cessation de la tutelle puisque l'art. 8 de la loi du 23 mars 1855 accorde une année, à partir de ces deux faits, pour inscrire l'hypothèque légale ; que ce ne peut pas être davantage le dernier jour de cette année, parce que l'expiration d'un délai n'est pas un acte constitutif de l'hypothèque légale, lequel a une existence nécessairement antérieure : qu'aucun autre point de départ ne saurait être indiqué et que, l'art. 448 en exigeant un, il faut conclure

qu'il est inapplicable aux hypothèques légales, à cause de leur
nature et de leur essence ; qu'en effet, les événements qui en-
gendrent l'hypothèque légale ne peuvent pas résulter d'un concours frauduleux entre le débiteur et le créancier ; que ces
événements ont, en outre, une notoriété qui permet toujours à
une personne vigilante de les connaître, tandis qu'une convention peut être frauduleuse ou échapper à toutes les investi-
gations. — Attendu, enfin, que les déchéances sont *strictissimi
juris*, qu'elles doivent être écrites dans la loi, en termes clairs
et positifs, et que celle que l'art. 448, deuxième alinéa du
Code de commerce, autorise les Tribunaux à prononcer ne s'applique pas à l'hypothèque légale.... » (1).

Cette dernière considération a d'autant plus de valeur que
les partisans de l'opinion adverse ne s'entendent pas sur la
durée du délai pendant lequel on pourra valablement s'inscrire. Les uns estiment que l'hypothèque légale rentre dans le
droit commun à l'expiration de l'année qui suit la dissolution
du mariage ou la fin de la tutelle, et accordent à partir de
cette époque un délai de quinzaine (2). D'autres, au contraire,
pensent qu'il n'est pas besoin d'accorder ce délai de quinze
jours, parce que le délai d'un an dépasse toujours et nota-
blement ce délai de quinzaine qui fait présumer le retard (3).

Cette dernière controverse montre combien il faut torturer
le texte de l'article 448 § 2 pour l'appliquer aux hypothèques
légales des incapables. Elle est bien faite pour nous affirmer
dans l'opinion adoptée par la Cour de Caen. L'on ne peut pas
admettre une nullité qui ne repose pas, sinon sur des textes

---

(1) S. 80, 2, 201.
(2) Aubry et Rau, *loc. cit.* ; Audier, *loc. cit.*
(3) Alger (arrêt précité).

formels , du moins sur une interprétation incontestée (1).

Nous sommes amenés à cette conséquence par la force de la logique. Le législateur n'ayant pas déterminé dans quelles conditions l'article 448 § 2 serait applicable aux hypothèques légales des incapables, il eût été impossible, à moins de se substituer à lui, de les déterminer à sa place. Cependant nous ne saurions contester que, dans une législation rationnelle, cette disposition devrait être étendue aux hypothèques légales. La nullité de l'inscription est destinée à protéger les tiers et à réprimer des abus ; il est vrai que le danger est moindre lorsqu'il s'agit d'une hypothèque résultant d'un fait publiquement connu, mais un retard très considérable à s'inscrire peut néanmoins être une cause de préjudice pour certaines personnes, et, du moment qu'à une date précise les hypothèques légales rentrent dans le droit commun, l'on ne voit pas pourquoi le législateur ne leur appliquerait pas toutes les déchéances qui, de droit commun, frappent les inscriptions.

3° *Inscriptions complémentaires destinées à étendre l'affectation hypothécaire aux intérêts non garantis par l'inscription primitive.* — La créance des intérêts n'étant qu'un accessoire de la créance du capital, l'on devrait en conclure que l'inscription prise conserverait, outre le capital, tous les intérêts à échoir. Mais une telle solution présenterait de graves inconvénients. Il faut que les inscriptions renseignent à tout moment les tiers, qui se proposent de traiter avec le débiteur, sur sa situation hypothécaire et que l'on puisse savoir le montant exact des créances garanties. Si les intérêts étaient tous placés

---

(1) En ce sens : Lyon-Caen et Renault, t. 2, n° 2788, p. 740 et s. ; Lyon-Caen, *Revue critique*, année 1881, p. 276 ; Colmar, 15 janvier 1862, D. 62, 2, 101, S. 62, 2, 122.

au même rang que le capital, il ne pourrait pas en être ainsi.
Supposons une dette qui remonte à dix, quinze, vingt ans, il
est difficile de savoir, par l'inspection des registres du conservateur, si les intérêts ont été régulièrement payés ou non et si
des interruptions de prescription ou des reconnaissances ne
leur ont pas permis de s'accumuler pendant plus de cinq ans.
Cet inconvénient est encore plus apparent lorsque l'on se trouve
en présence d'une hypothèque nouvellement constituée ; car,
tandis que pour les intérêts échus le débiteur peut fournir la
preuve qu'ils ont été régulièrement soldés, il ne peut pas prouver que les intérêts à venir seront payés à chaque échéance.
Ce qui fait que tout capitaliste prudent aurait dû ajouter à la
somme principale un nombre considérable d'annuités d'intérêts
pour connaître exactement les charges de l'immeuble qu'on lui
offrait en garantie. Il fallait donc une limitation au chiffre des
intérêts protégés en même temps que le capital. Elle a été
introduite par l'article 2151 C. civ., d'après lequel l'inscription
garantira seulement deux années d'intérêts et l'année courante.
Toutefois, l'article ajoute que des inscriptions particulières,
portant hypothèque à compter de leur date, pourront être
prises pour les arrérages autres que ceux conservés par la première inscription.

La jurisprudence, et avec elle un nombre considérable d'auteurs, estiment que les inscriptions prises pour garantir les
intérêts échappent à l'application de l'article 448 (1). Dans

_____

(1) Lyon-Caen et Renault, t. 2, p. 692, n° 2714 ; Alauzet, *Comm. du
Code de comm.*, t. 7, p. 211, n° 2537 ; Masse, *Le droit comm.*, t. 2,
p. 383, note 2 ; Aubry et Rau, t. 3, § 285, p. 425 et note 27 ; Pont,
*Des priv. et hyp.*, t. 2, p. 861 et 862, n° 889 ; Colmet de Santerre,
t. 9, p. 297, n° 131 bis, X et XI. — Aix, 12 juin 1847, D. 50, 1, 105 ;
Cas. civ., 20 février 1850, D. 50, 1, 102, S. 50, 1, 185 ; Poitiers,
7 décembre 1885, D. 87, 2, 60, S. 86, 2, 81.

cette opinion l'on insiste sur cette idée que naturellement l'inscription principale devrait garantir tous les intérêts à échoir à la date du capital. L'article 2151 a restreint, quant aux intérêts, l'effet naturel des inscriptions ; en revanche il a laissé aux créanciers la faculté de prendre des inscriptions complémentaires pour les intérêts au fur et à mesure de leurs échéances. L'on ne saurait séparer cette faculté de la restriction dont elle forme le correctif ; en priver le créancier, ce serait aggraver la rigueur de la loi. Mais précisément la question est de savoir si, en cas de faillite, la loi elle-même n'a pas apporté une dérogation au principe de l'article 2151. Quant à la considération, que l'inscription du capital devrait garantir tous les intérêts, nous avons vu que, si on avait limité la portée de l'inscription, cette limitation était commandée par de puissantes raisons de crédit et d'utilité pratique.

L'on dit encore que l'article 2151 constitue le droit commun, qu'il consacre en faveur du créancier inscrit un droit absolu, auquel la faillite ne porte aucune atteinte. Admettre le contraire, ce serait supposer que le législateur de 1838 a entendu modifier les principes généraux admis en matière d'hypothèques et déroger au droit commun. Telle n'a pas été son intention. Sa pensée résulte de l'article 445 C. com., d'après lequel les intérêts des créances garanties par une hypothèque continuent à courir après la déclaration de faillite ; elle s'induit encore des articles 552 et 554, puisque les créanciers ne recevraient pas la totalité de leurs créances s'ils ne pouvaient après le jugement déclaratif prendre des inscriptions particulières pour sûreté des intérêts non conservés par l'inscription principale.

Ces textes n'ont pas la portée qu'on leur donne. Les articles 552 et 554 ne décident pas quels intérêts sont garantis en même temps que la créance, ni quels seront les droits des créanciers hypothécaires ; ils supposent ces droits déterminés et, se plaçant successivement dans l'hypothèse où le prix des meubles ou bien celui des immeubles sera distribué en premier lieu, ils indiquent de quelle manière les créanciers hypothécaires feront valoir leurs droits.

Quant à l'article 445, il est fait pour déterminer quelle sera la condition des créanciers hypothécaires. D'après Pont, il résulte invinciblement de ses termes que, dans la pensée de la loi, les intérêts courus depuis la déclaration de la faillite peuvent être conservés par une inscription particulière, conformément à l'article 2151 du Code civil, auquel, à son avis, il n'est nullement dérogé en matière de faillite. Nous reconnaissons avec lui que les intérêts des créances hypothécaires continuent à être garantis en même temps que le capital, conformément aux règles de l'article 2151 ; mais les termes de l'article 445 C. com. ne nous permettent pas d'aller plus loin et de dire que les inscriptions pourront être prises malgré la déclaration de faillite pour la conservation des intérêts échus. L'article 445 décide qu'après le jugement déclaratif les créances chirographaires ne produiront plus d'intérêts ; il décide également que les créanciers hypothécaires n'auront droit à des intérêts que sur les sommes provenant des biens affectés à leur hypothèque. Son silence sur la quantité des intérêts garantis en même temps que le capital implique forcément un renvoi au droit commun. Or, le droit commun est que les intérêts ne peuvent être garantis, au delà de deux années et de la courante, que par des inscriptions particulières et à leurs dates. La question demeure entière. Il s'agit de savoir si l'art. 448 C. com. met obstacle à ces inscriptions. Sur ce point, l'article 445 ne dit absolument rien.

L'on ajoute que l'article 448 ne s'applique qu'aux créances principales constituant un droit nouveau et ne concerne nullement les intérêts ou arrérages des créances précédemment inscrites, dont ils ne sont que l'accessoire ou la conséquence.

« Il ne s'agit pas, dit Colmet de Santerre, de créer un droit nouveau, mais de constater le développement d'une hypothèque régulièrement constituée et publiée avant l'événement qui fait obstacle en principe à la prise des inscriptions (1). » Qui ne voit, cependant, que cette inscription complémentaire va amener une augmentation d'hypothèque, et, par suite, aggraver la situation des créanciers chirographaires. Pour comprendre l'étendue du préjudice subi par eux, l'on n'a qu'à supposer une inscription prise au lendemain du jugement déclaratif de faillite pour garantir dix, quinze, vingt annuités d'intérêts. Notons, en outre, que les créanciers hypothécaires s'empresseront d'autant plus de requérir cette inscription complémentaire, qu'elle ne prend rang qu'à sa date et que l'article 490 C. com. enjoint aux syndics « de prendre inscription, au nom de la masse des créanciers, sur les immeubles du failli dont ils connaîtront l'existence. »

Faut-il alors admettre une distinction, ainsi que semblent le faire MM. Pont et Aubry et Rau, et décider que les inscriptions seront possibles seulement lorsqu'elles auront pour objet la garantie d'intérêts échus à partir du jugement déclaratif de faillite ? Mais alors quelle sera l'utilité de ces inscriptions, puisqu'elles ne prendront rang qu'à leur date et seront postérieures à l'inscription prise au nom de la masse ? Du reste, où trouver dans la loi un texte qui autorise cette distinction ?

Cependant, il semble que dans une bonne législation on aurait dû la faire. Les créanciers ayant acquis une hypothèque ne devraient jamais avoir à souffrir des lenteurs de la liquidation. Aussi, partant de cette idée, a-t-on été amené, dans la pratique, à soutenir que les créanciers hypothécaires devaient être colloqués à la date de l'inscription originaire pour toutes

_____

(1) *Loc. cit.*

les annuités d'intérêts échus depuis le jugement déclaratif, quel qu'en fût le nombre. Cette prétention, ne reposant sur aucun argument juridique, la Cour de Poitiers l'a rejetée, et sa décision a été confirmée par la Cour suprême (1).

Il n'existe aucun motif valable d'admettre, en ce qui concerne l'inscription prise pour garantir les intérêts, une dérogation à l'article 448 C. com. Cette inscription ne sera plus possible à partir du jugement déclaratif de faillite. Une telle solution est commandée par le principe d'égalité et peut très bien se concilier avec la disposition de l'article 445 C. com. Par application de ce dernier texte, les intérêts courront après le jugement déclaratif et seront payés au même rang que le capital, jusqu'à concurrence de deux années et de l'année courante. Si l'inscription originaire a été prise peu de temps avant la déclaration de faillite, ou bien si, ayant été prise depuis longtemps, les intérêts échus ont été régulièrement payés, ou bien encore si peu de temps avant la déclaration de faillite une inscription complémentaire a été prise pour garantir les termes non payés, l'article 445 sera pour les créanciers hypothécaires d'une grande utilité.

Si, au contraire, plus de deux années d'intérêts sont demeurées en souffrance, il ne présentera pour eux qu'un avantage fort secondaire; mais alors ils ont un moyen bien simple de ne rien perdre. Placés, comme ils le sont, en dehors de la faillite, ils n'ont qu'à poursuivre la résolution du contrat en vertu de l'article 1184 C. civ., faire prononcer la déchéance du terme et saisir immédiatement l'immeuble grevé de l'hypothèque. Cette faculté résulte pour eux de la combinaison des articles

---

(1) Poitiers, 30 janvier 1878, D. 78, 2, 20, S. 78. 2, 176. Cas. civ. 24 février 1852, D. 52, 1, 46, S. 52, 1, 174.

548 et 571 C. com., qui impliquent formellement leur droit d'agir (1).

Aucune difficulté d'application ne peut se présenter en ce qui concerne le premier paragraphe de l'article 448 ; il n'en est pas de même en ce qui concerne le second. Les juges ne doivent prononcer la nullité d'une inscription que si elle est prise plus de quinze jours à partir de la date de l'acte constitutif. Or, ici, à proprement parler, nous ne trouvons pas plus d'acte constitutif que pour les hypothèques légales de la femme mariée, du mineur et de l'interdit. L'on ne peut pas dire que l'acte constitutif est l'acte qui constate le prêt ; il eût été impossible de prendre une inscription pour une dette qui n'existe pas encore. L'on ne peut pas non plus assimiler à la constitution l'échéance du terme, surtout lorsque nous savons que deux années d'intérêts et l'année courante sont garanties par l'inscription primitive. Par conséquent, les inscriptions prises pendant la période suspecte pour la garantie des intérêts échus échappent à l'application de l'article 448.

Cette solution n'a rien de bien choquant ; il ne peut en résulter aucun dommage pour les tiers. Ceux-ci, par l'inscription primitive, sont avertis que des inscriptions postérieures pourront être prises pour la garantie des intérêts non payés à l'échéance.

---

(1) L'application de l'article 448 à l'inscription des intérêts est enseignée par Demangeat (notes sur Bravard, t. 3, p. 292), Ruben de Couder (*Dictionnaire de droit commercial*, v° faillite, n°ˢ 452 et 453), et Boistel (*Précis de droit commercial*, n° 916).

# CHAPITRE V

Nous connaissons dans quels cas et à quelles conditions l'on peut provoquer la nullité de la constitution et de l'inscription des hypothèques. Demandons-nous pour terminer quelles sont la nature et la portée des nullités et à quelles époques on peut les invoquer.

## I. — NATURE ET PORTÉE DES NULLITÉS.

Si nous laissons de côté la nullité qui dérive de l'article 1167 C. civil et qui demeure soumise au droit commun, il semble que toutes les autres, produites par la même cause, l'arrivée de la faillite, devraient avoir le même caractère. Il n'en est rien cependant. Tandis que celle de l'art. 598 C. com. est absolue en ce sens qu'elle peut être invoquée par toute personne, même par le failli, celles des articles 446, 447 et 448 C. com. sont relatives, n'étant édictées que dans l'intérêt de la masse. L'article 446 est formel sur ce point. Les articles 447 et 448 ne contiennent pas comme lui ces mots « relativement à la masse. » Cependant il n'est douteux pour personne qu'ils doivent avoir la même portée. L'on s'est préoccupé exclusivement de protéger l'intérêt de la masse des créanciers et d'assurer entre eux la répartition proportionnelle des pertes.

Dès que le principe de l'égalité dans le malheur commun n'est plus en jeu les articles précités n'ont aucune valeur. La meilleure preuve qu'il en est ainsi résulte des termes de l'article 598, dans lequel le législateur, voulant faire échec à cette règle, s'en est formellement expliqué (1).

De cette idée que les nullités des articles 446, 447 et 448 ne sont édictées que dans l'intérêt de la masse nous allons tirer plusieurs conséquences.

Elles profitent à la masse et doivent être demandées par le syndic, qui est son représentant ; c'est lui qui, aux termes de l'article 443 C. com., a le droit d'exercer toutes les actions mobilières et immobilières. La loi a voulu à l'action individuelle, arbitraire et quelquefois dangereuse des créanciers, substituer une concentration des pouvoirs plus sage, une direction commune plus prudente et plus utile à l'intérêt général. Aussi les créanciers ne pourraient pas, se substituant au syndic et se mettant en son lieu et place, poursuivre ces nullités au nom de la masse (2).

Ce qu'il leur est défendu de faire dans l'intérêt collectif, ils ne sauraient être admis à le faire dans leur intérêt particulier, distinct de celui de la masse. Les termes de la loi ne leur permettent pas de tirer un profit personnel de l'annulation des actes faits contrairement aux dispositions des articles 446 et suivants. Si nous supposons un créancier ayant valable-

---

(1) Pour l'art. 447 V.: Cas. req. 15 juil. 1857, S. 58, 1, 706, D. 57, 1, 385 ; Grenoble 1er juin 1865, S. 65, 2, 332 ; Cas. req. 30 juil. 1866. D. 67, 1, 38. Pour l'art. 448, Cas. civ. 10 févr. 1863, D, 63, 1, 300 ; Cas. req. 18 févr. 1878. D. 78, 1, 291. -- V. aussi Lyon-Caen et Renault, t. 2, nos 2776 et 3788 ; Rataud, *Revue critique,* année 1867, p. 1.

(2) Grenoble, 1er juin 1865, S. 65, 2, 332 ; Cas. req. 30 juil. 1866. D. 67, 1, 38 ; Dijon, 27 déc. 1971, D. 74, 2, 237 ; Cas. civ. 23 juillet 1889, S. 91, 1, 212.

ment acquis et fait inscrire une hypothèque sur un immeuble du failli, mais se trouvant primé par d'autres créanciers, qui ne lui permettent pas d'arriver en rang utile, il ne pourra pas opposer à ces derniers la nullité de leurs hypothèques, bien qu'elles aient été constituées ou inscrites contrairement aux dispositions de la loi. En effet, le débat qui s'élève entre eux au point de vue de la priorité du rang n'intéresse pas la masse. Peu lui importe que ce soit l'un ou l'autre des créanciers qui, n'étant pas intégralement payé, produise dans la faillite en qualité de chirographaire (1).

Cette hypothèse ne paraît pas s'être présentée en pratique. Mais la jurisprudence, appelée à se prononcer dans des cas analogues, s'est décidée dans le même sens (2). Ce ne sont pas, en effet, uniquement les créanciers hypothécaires qui ont intérêt à contester la validité des hypothèques antérieures ; ce sont encore tous ceux qui ont acquis sur l'immeuble un droit réel quelconque postérieurement à l'inscription de l'hypothèque. La solution doit toujours être la même (3).

---

(1) V. Rataud, *Revue crit.*, année 1867, p. 3 ; Lyon-Caen et Renault, t. 2, p. 702, note 2 ; Boistel, n° 942 ; Laurin n° 996.

(2) La Cour de Dijon a été appelée à se prononcer dans une espèce où il s'agissait d'un droit de gage conféré par le commerçant. Aux termes de l'article 576 C. com., le vendeur de marchandises non payé conserve, au moment où la faillite s'ouvre, le droit de les revendiquer si elles ne sont pas entrées dans les magasins de l'acheteur et si ce dernier en est demeuré propriétaire. Avant leur arrivée, l'acheteur muni du connaissement les avait données en gage, l'expéditeur invoquait l'article 446 pour faire prononcer la nullité du gage. La Cour a repoussé sa demande (20 mars 1882. J. Faill., 1882, p. 544).

(3) La Cour de cassation, dans un arrêt du 7 avril 1858 (D. 59, 1, 481), a décidé que le donataire, ayant reçu avant la période suspecte un immeuble de la part du commerçant, ne pourrait pas invoquer

La masse ne sera pas toujours sans intérêt à provoquer la nullité de l'hypothèque. Il est facile de s'en convaincre par un exemple. Supposons un immeuble d'une valeur de 40.000 fr. grevé de deux hypothèques, la première de 30.000 fr. et la seconde de 20.000. Si toutes deux sont valables, la valeur de l'immeuble sera entièrement absorbée ; si, au contraire, la première est annulable, il reste après le paiement de la seconde une somme libre de 20.000 fr., qui ira aux créanciers chirographaires, en admettant que le second créancier hypothécaire passe au premier rang. Nous allons même voir que dans une opinion admise par un arrêt de la Cour de Paris, la masse aurait toujours intérêt à demander la nullité, alors même que le montant des hypothèques ultérieures absorberait plus que la valeur de l'immeuble, car elle serait alors subrogée aux droits du créancier dont elle aurait fait supprimer la garantie et viendrait en son lieu et place.

Admettons que le syndic ait agi et obtenu l'annulation d'une hypothèque. Comment se réglera le concours de la masse, du créancier dont l'hypothèque aura été annulée et des créanciers hypothécaires postérieurs ? Ceux-ci, qui ne pouvaient pas faire tomber l'hypothèque qui les primait, seront-ils admis à profiter de sa chute et à monter d'un rang ? ou bien ne recevront-ils rien de plus au delà de la part qui leur serait advenue si le syndic était demeuré dans l'inaction ?

La question, bien que présentant une importance considérable, ne paraît pas avoir fait l'objet des préoccupations de la doctrine. Elle a été soulevée dans ces dernières années devant les Tribunaux et a donné lieu à deux arrêts contradictoires de la Cour de Paris. Plus récemment en 1889, elle a été portée

---

la nullité d'une hypothèque inscrite sur l'immeuble avant que la transcription ait eu lieu. (V. Lyon-Caen et Renault, *loc. cit.*).

devant la Cour suprême à la suite d'un pourvoi dirigé contre un arrêt de la Cour d'Aix. C'est à ces quatre décisions que semble se ramener la jurisprudence (1).

La Cour de Paris, dans son arrêt du 29 décembre 1887, admet que l'hypothèque annulée est inexistante au regard de la masse seulement et subsiste à l'égard de tous autres et notamment des créanciers hypothécaires ultérieurs, que vis-à-vis de ceux-ci elle devra figurer dans l'ordre à la date de son inscription ; mais que le créancier qui en était nanti, étant redevenu par rapport à la masse simple créancier chirographaire, ne saurait en conserver le bénéfice et sera tenu de verser entre les mains du syndic toutes les sommes touchées en vertu de son droit de préférence. Il se produit une véritable subrogation. Cette opinion se justifie par cette considération qu'un créancier hypothécaire, postérieur en rang à celui dont l'hypothèque a été déclarée nulle, ne saurait tirer aucun bénéfice de cette nullité qui n'a pas été édictée pour lui et qu'il n'a pas le droit de demander.

Du reste, puisque l'intérêt est la mesure des actions, s'il pouvait avoir un intérêt à l'annulation, la loi ne lui aurait pas refusé le moyen de la provoquer, tandis qu'au contraire elle n'attribue qu'aux syndics le droit d'exercer les actions. Enfin, de quoi se plaindrait-il ? Il conserve la situation qui lui était faite au moment de son inscription. Il n'est pas lésé, puisqu'on lui laisse le rang dont il s'était contenté primitivement. Quant à l'amélioration, résultant de l'annulation d'une hypothèque antérieure, il n'a aucun titre à s'en prévaloir, puisqu'il n'avait pas qualité pour agir (2).

---

(1) Aix, 4 août 1887 et Cas. civ. 11 déc. 1889 ( D. 90, 1. 193 ) : Paris, 28 juin 1876 et 29 déc. 1887 rapportés en note sous Cassation.

(2) V. également Tribunal de commerce de la Seine, 24 avr. 1888, *Journ. des trib. de com.*, année 1889, p. 277.

Dans une seconde opinion, primitivement consacrée par la Cour de Paris dans son arrêt du 28 juin 1876, et partagée par la Cour d'Aix et la Cour de cassation, l'on admet les créanciers hypothécaires à bénéficier d'une nullité qu'ils n'avaient pas le droit de provoquer (1). C'est, dit-on, une manière trop étroite d'envisager la masse que de considérer qu'elle se compose exclusivement des créanciers chirographaires. En principe, le syndic a qualité pour représenter tous les créanciers, tant hypothécaires ou privilégiés, que chirographaires, lorsqu'il n'existe pas entre eux des intérêts contraires (2). Ce n'est que dans le cas où il y aurait conflit entre les diverses catégories de créanciers, que le syndic représente tout particulièrement l'ensemble des créanciers chirographaires, les créanciers hypothécaires devant soutenir eux-mêmes leurs droits particuliers. Or, au moment où le syndic agit en nullité contre le créancier hypothécaire premier en date, il ne peut pas y avoir de conflit entre la masse et les créanciers hypothécaires postérieurs. Il est également utile pour tous de voir disparaître un droit de préférence qui leur nuit aux uns et aux autres. C'est dans leur intérêt commun que l'annulation est poursuivie et sera prononcée. Après l'annulation, les intérêts se séparent et chacun reprend la position qui lui est propre. Le second inscrit pourra donc faire valoir, à son avantage exclusif, le droit de préférence que lui donne son inscription vis-à-vis de l'ensemble des créanciers chirographaires ; car ces derniers doivent respecter son hypothèque, qui est valable envers eux.

Ce premier argument ne nous touche guère. Il est évident

---

(1) V. en ce sens M. Mahondeau, note sous Cas., 11 déc. 1889, *Annales de dr. com.*, 1890, p. 4.

(2) V. Lyon-Caen et Renault, t. 2, n° 2811. — Comp. Cas. req., 7 juin 1859, et la note D. 60, 1, 21.

qu'à un moment donné le syndic peut représenter tous les
créanciers quelconques du failli. Néanmoins, dans le langage
de la loi et dans celui de la doctrine, le mot masse est pris
le plus souvent pour désigner l'ensemble des créanciers
chirographaires ; il ne paraît pas possible de lui donner un
sens différent dans l'article 446.

Malgré cela, l'opinion de la Cour de cassation doit être
acceptée ; une raison décisive milite en sa faveur. Autre
chose est l'action, autre chose est parfois le résultat. Il est
possible qu'une nullité, eu égard à la nature de l'acte annulé,
profite à tous ceux qui auraient eu intérêt à la demander. C'est
ce qui se produit dans notre hypothèse. Il est de principe que
la nullité d'une hypothèque, quelle que soit la partie qui
l'obtienne, profite d'abord aux créanciers hypothécaires postérieurs. Il paraît difficile de comprendre qu'il en fût autrement.
L'hypothèque étant un droit réel sur un immeuble et sa validité
étant subordonnée à la formalité de l'inscription, lorsque
l'inscription est radiée à la demande d'un créancier, l'hypothèque ne peut produire aucun effet au regard des autres (1).
L'immeuble reconquiert son intégralité au regard de tout le
monde. Dès lors, si la première hypothèque est radiée, il se
produira un mouvement ascensionnel de toutes les autres ;
chacune avancera d'un rang, la seconde deviendra la première,
la troisième prendra la place de la seconde, et ainsi de suite
jusqu'à la dernière. Pour qu'il en fût autrement, il faudrait un
texte formel, donnant à la masse le droit de se mettre aux lieu
et place du créancier dont elle aurait fait annuler l'hypothèque.
L'article 446 n'établit aucune subrogation légale, il prononce
seulement une nullité et cette nullité, comme l'exprime très bien
la Cour de cassation, « ne peut avoir d'autre résultat que de

---

(1) V. Chauveau, *De la procédure de l'ordre*, 1ʳᵉ partie, n° 2365 ter.

supprimer l'hypothèque au regard de la masse, et non de la maintenir avec effet à son profit, à l'encontre des créanciers nantis d'hypothèques valables, inscrites après l'hypothèque annulée. »

Il faut observer que la masse n'aura pas toujours intérêt à provoquer la nullité de l'hypothèque irrégulière. Il en sera sûrement ainsi toutes les fois que les hypothèques d'un rang inférieur seront valables et absorberont en totalité la valeur des immeubles. Dans ce cas, les syndics s'abstiendront et le second créancier inscrit, n'ayant aucun moyen de les contraindre à agir, supportera les conséquences de leur inaction. Toutefois, ce créancier peut encore tirer parti de sa situation. S'il renonçait à son hypothèque, il diminuerait les charges réelles qui pèsent sur l'immeuble et donnerait à la masse un intérêt à provoquer la nullité de l'hypothèque irrégulière ; alors il pourra offrir aux syndics de renoncer à sa garantie moyennant une rétribution. Il sacrifiera une partie de ses droits pour conserver l'autre. Le bénéfice provenant de l'annulation de la première hypothèque se répartira ainsi entre la masse et ce créancier.

Bien que la masse n'en retire aucun profit, il est possible que le syndic ait provoqué la nullité de l'hypothèque irrégulière. Cela se produira, par exemple, lorsqu'il aura agi avant la vente de l'immeuble et que le prix d'adjudication n'aura pas répondu à ses espérances. Dans ce cas, la situation se règlera comme si l'hypothèque n'avait jamais existé (1).

---

(1) Sur ce point, le Tribunal de la Seine a adopté une autre manière de voir dans un jugement qui, du reste, a été réformé par la Cour de Paris dans l'arrêt précité du 29 décembre 1887. Partant de cette idée que la nullité est prononcée seulement dans l'intérêt de la masse, le Tribunal a estimé que les créanciers hypothécaires ne peuvent pas être seuls à en profiter. En conséquence, du moment que la chute de l'hypothèque irrégulière ne modifiait en rien la situation de la masse,

De cette idée que les nullités des articles 446 et suivants ne sont édictées que dans l'intérêt de la masse, nous tirons cette nouvelle conséquence que le failli ne peut pas les invoquer. Il s'est engagé envers les créanciers, il était capable de le faire, ses obligations sont nées valables, il en reste tenu et doit respecter toutes les garanties qu'il a librement constituées. Il est vrai que la masse peut faire annuler les hypothèques consenties ou inscrites en fraude de ses droits ; mais la nullité ne change pas les rapports des créanciers hypothécaires et du débiteur. Si l'hypothèque était spéciale, par la force même des choses elle disparait et le créancier est réduit à la qualité de

---

que celle-ci ne pouvait rien toucher du prix de l'immeuble totalement absorbé par les hypothèques subséquentes et que le conflit s'élevait seulement entre créanciers, le jugement a décidé qu'il n'y avait plus à parler de nullité et que le créancier premier en date, malgré le vice reconnu de son titre, primerait le second qui n'avait aucun droit à se prévaloir de la nullité.

Ce système est réfuté par avance par les considérations que nous avons fait valoir en faveur de la théorie de la Cour de cassation.

En pratique, il aboutirait à ce résultat bizarre et contraire aux vues du Tribunal, que les créanciers hypothécaires postérieurs à celui dont le droit est irrégulier, arriveraient, au moyen d'une entente avec le syndic, à tirer un avantage de l'annulation dont ils ne devraient nullement profiter. S'ils n'existaient pas et si le premier créancier hypothécaire se trouvait seul en présence de la masse, son droit de préférence serait méconnu ; il devrait se contenter d'un simple dividende. Les créanciers postérieurs feront alors ce raisonnement : si nous renonçons à notre garantie, la masse aura un intérêt à critiquer l'hypothèque irrégulière et réduira celui qui en est nanti à la qualité de chirographaire. Si, au contraire, nous conservons nos droits, le créancier hypothécaire gardera son rang et la masse ne touchera rien ; par conséquent, nous sommes les maîtres de la situation, nous prendrons parti en faveur de celui qui nous fera les offres les plus élevées.

chirographaire ; mais, si l'hypothèque était de celles qui peuvent frapper les biens à venir, rien ne met obstacle à ce qu'elle
porte sur les immeubles que le débiteur pourra acquérir après
la clôture de la faillite (1).

Les nullités ne sont pas faites pour le failli, il est tout naturel qu'il ne puisse pas les invoquer. Cela ne fait aucun doute
lorsque la faillite se termine, soit par l'union, soit par le concordat par abandon d'actif. Dans l'un et l'autre cas, la masse
subsiste, et les syndics chargés de la liquidation ont qualité
pour faire annuler les actes passés au mépris des articles 446
et suivants (2). Si l'on reconnaissait au failli le droit d'agir, ce
ne pourrait être que pour son avantage particulier, ce qui
serait contraire aux dispositions de la loi.

Mais, lorsque le failli est remis par le concordat à la tête de
ses affaires, l'on se demande s'il ne pourra pas, dans l'intérêt
de la masse, provoquer ces nullités qu'il ne pourrait pas demander dans son intérêt personnel ? La question est délicate
et vivement discutée. Elle a donné naissance à plusieurs systèmes.

Dans une première opinion, consacrée à bon droit par la
jurisprudence, l'on applique strictement cette idée que les
nullités des articles 446 et suivants ne sont édictées qu'au
profit de la masse et ne peuvent être invoquées que par les
syndics agissant en son nom. Après le concordat, il n'y a plus
de masse, le syndic disparaît et il ne reste plus que le failli
replacé à la tête de son patrimoine. On ne saurait l'autoriser
à invoquer des nullités introduites uniquement dans l'intérêt de la masse. Il doit exécuter intégralement toutes les
conventions qu'il a faites. Il serait aussi immoral qu'antijuri-

---

(1) Req., rej., 2 août 1866. D. 67, 1, 37.
(2) V. Rennes, 29 janvier 1861, rapporté dans Demangeat sur Bravard, t. 5, p. 485, en note: Cassat. 10 févr. 1864, S. 64, 1, 144.

dique de l'autoriser à critiquer les actes qu'il a accomplis
en fraude des créanciers. Il ne pourra, ni agir directement
pour en demander la nullité, ni poursuivre l'exécution des jugements rendus avant le concordat à la requête des syndics et
prononçant des déchéances (1).

Cependant, si avant la formation du concordat, le syndic,
agissant au nom de la masse, a fait reconnaître judiciairement
la nullité d'une hypothèque, si la sentence a été ramenée à
exécution par ses soins et si la radiation a été opérée sur les
registres du conservateur, le failli reprendra le patrimoine
dans l'état où il aura été rétabli. Dans ce cas, il y a un fait
accompli ; ce n'est pas lui qui a invoqué les nullités pour en
profiter ; c'est la masse qui a fait rentrer dans son gage des
biens qui en étaient indûment sortis (2).

---

(1) Les décisions judiciaires abondent dans ce sens. Toutes ne sont
pas rendues au sujet des hypothèques, mais on peut, par identité de
motifs, citer celles qui se réfèrent à d'autres actes prohibés par les
articles 446 et 447. Les unes refusent au failli concordataire le droit
de provoquer directement la nullité des actes irréguliers. Cas. req.,
9 mai 1834, D. 34, 1, 241 ; Paris, 23 janvier 1844, D. J. G. v° Fail
n° 325, et 3 déc. 1846, D. 51, 2, 63 ; Cas. civ. 11 nov. 1856, D. 57, 1,
133 ; Paris, 23 juil. 1857, D. 57, 2, 207 ; Douai, 17 fév. 1859, D. 59, 2,
63 ; Cas. req., 30 juil. 1866, D. 67, 1, 38 ; Cas., 18 fév. 1878, D. 78, 1,
291.—V. également Rataud, *Rev.crit.*, année 1867, p. 1 et s.; Lyon-Caen
et Renault, t. 2, n° 2922.—D'autres décisions refusent au failli le droit
de poursuivre l'exécution des jugements obtenus par le syndic, ou
de continuer l'instance par lui intentée, et de relever appel. Aix,
7 août 1856, D. 56, 5, 214 ; Cas. req., 15 juil. 1857, D. 57, 1, 385, S.
58, 1, 706 ; 30 juil. 1866. S. 66, 1, 385, D. 67, 1, 38 ; Bourges, 1er avril
1870, D. 72, 2, 30 ; Paris, 27 avril 1872, D. 73, 2, 225. — V. encore
Lainné, *Fail.*, p. 66 ; Esnault, *Fail. et banquer.*, t. 1, n° 196; D. J. G.
v° *Fail.* n° 325 ; Devill, note sous Cas. req., 15 juillet 1857, dans
Sirey.

(2) V. Rataud, *loc. cit.* ; Demangeat sur Bravard, t. 5, p. 425 et 426.

Dans une autre opinion diamétralement opposée à la première, l'on permet au failli concordataire d'invoquer les nullités dont il s'agit (1). L'on apporte pour la soutenir divers arguments ; mais aucun ne paraît résister à la critique.

Le concordat est pour tous une source de sacrifices. Lorsque les créanciers chirographaires perdent une partie de leur créance la plus légitime, qu'y a-t-il de choquant à ce que les créanciers hypothécaires perdent une garantie accessoire attribuée à leur créance en temps prohibé ? Il se produit une novation envers tous les créanciers, qui ne peuvent faire valoir d'autres droits que ceux qu'ils tiennent du contrat intervenu entre eux et le failli ; ils perdent tout ce que ce contrat ne leur réserve pas, chiffre de créance ou garantie accessoire. Enfin, la loi considère comme suspect le droit d'hypothèque acquis contre le commerçant pendant la période de la cessation des paiements, et, d'après M. Alauzet, le créancier qui l'a obtenu a consenti ou est présumé, aux yeux de la loi, avoir consenti à s'en dessaisir par le concordat, comme il l'aurait forcément perdu par le contrat d'union.

Toute cette argumentation repose sur une fausse assimilation entre les créanciers hypothécaires et les créanciers chirographaires ; c'est pour ces derniers seulement qu'a été organisée la théorie de la faillite et la loi du concours ; eux seuls doivent supporter les pertes proportionnellement au montant de leurs créances. Les autres, au contraire, sont placés en dehors et à côté de la faillite. Tant que la valeur de l'immeuble qui constitue leur gage spécial n'est pas complétement absorbée, il ne saurait être question, pour eux, ni de réduction ni de perte. Puisqu'ils n'ont pas eu foi en la solvabilité de leur débi-

---

(1) Alauzet, note sous Cas. req., 30 juillet 1866, S. 66, 1, 385 ; Poitiers, 2 mai 1854, S. 58, 1, 705, D. 55, 2, 115.

teur et ont exigé de lui une sûreté particulière, il serait puéril de penser qu'au moment où cette insolvabilité se trouve officiellement constatée, ils ont voulu se dessaisir de leur garantie. La loi elle-même ne présume pas cette intention, puisqu'elle reconnaît en maintes occasions le droit des créanciers hypothécaires.

Du reste, le concordat ne leur est pas opposable, car ils ne doivent pas y prendre part en qualité de créanciers hypothécaires. Si néanmoins ils votaient dans les délibérations, leur vote emporterait de plein droit renonciation à l'hypothèque (art. 508 C. com.). Alors, ils seraient soumis à la loi commune, parce qu'ils auraient perdu leur droit de préférence. Il n'y aurait pas lieu d'exercer une action contre eux pour le faire annuler.

Cette dernière considération répond en même temps à une objection que l'on oppose au système de la jurisprudence. On le considère comme un encouragement à la fraude. Le créancier hypothécaire, ayant un grand intérêt à l'admission du concordat pour se mettre à l'abri des nullités, n'hésitera pas à donner sa voix et à se ménager ainsi une sécurité absolue. De son côté le débiteur pourra forcer la main à certains créanciers et acheter leur adhésion au concordat par des garanties habilement conférées. Cette objection, si elle était fondée, ne saurait à elle seule faire condamner un système. Elle ne nous touche guère, d'abord parce que la nécessité de l'homologation et le droit d'opposition constituent une garantie sérieuse contre la fraude, ensuite parce que l'on est déchu du bénéfice de l'hypothèque pour toutes les créances en vertu desquelles l'on prend part au vote.

Cet inconvénient n'est pas le seul que l'on relève contre la première opinion. La souscription du concordat a dû être précédée d'un règlement de la situation destiné à établir les ressources et les charges du failli et à servir de base à l'accord à intervenir.

Parmi les ressources, la masse des créanciers a pu faire entrer
en ligne de compte les biens irrégulièrement sortis de son
gage, et qu'elle aurait pu y faire rentrer en vertu des articles 446,
447 et 448. Il est légitime qu'elle exige un dividende sensible-
ment égal à celui qu'elle aurait obtenu en cas d'union, autrement
elle éprouverait une lésion. Affranchir des causes de nullité les
actes qui en sont entachés, ce serait l'obliger à choisir entre un
dividende insuffisant ou le refus du concordat, ou bien rendre
plus difficile l'exécution des engagements pris par le failli et le
mettre dans l'impossibilité de tenir ses promesses. On aboutirait à une résolution du concordat qui ferait revivre la masse
et avec elle toutes ses prérogatives. C'est là un résultat très
fâcheux qui est évité avec le système admis par la deuxième
opinion. En autorisant le failli concordataire à se prévaloir des
nullités, on lui fournira le moyen de promettre et de payer le
dividende le plus élevé et l'on arrivera ainsi à cette conséquence
que ces nullités, édictées dans l'intérêt de la masse, ne lui
nuiront ni directement ni indirectement.

Il y a dans cette considération une part de vérité, mais il ne
faut pas en exagérer la portée. Les créanciers peuvent éviter
l'inconvénient signalé en ne consentant qu'un concordat par
abandon d'actif. Dans ce cas, les biens sont placés sous le
régime de l'union, la masse subsiste, le syndic aussi, et avec
eux la faculté d'invoquer toutes les règles protectrices instituées
par la loi (1). En outre, avant le vote du concordat, le syndic
peut invoquer les nullités et faire disparaître les conséquences
de l'acte nul ou annulable. Enfin, les créanciers sont libres de
refuser toute entente avec le failli. Celui-ci en souffrira, mais il
n'est pas digne d'une grande pitié ; il n'a qu'à s'en prendre à
lui-même si, par sa participation à des actes présumés fraudu-

---

(1) Cass. 10 févr. 1864. S. 64, 1, 114.

leux et comme tels prohibés par la loi, il a mis obstacle à la possibilité d'un concordat.

L'on dit encore que le failli est l'ayant cause de la masse et qu'il est chargé, à la place du syndic, de la liquidation de son patrimoine, que, par conséquent, il doit reprendre ses biens tels qu'ils se trouvaient entre les mains de la masse et avoir la faculté d'agir comme le syndic aurait pu le faire, puisqu'il n'est qu'un liquidateur comme lui. Le concordat, de même que l'union, n'est qu'un procédé de distribution de l'actif ; dans l'un et l'autre cas, les droits conférés au représentant de la masse doivent avoir la même étendue.

Cette argumentation est absolument fausse. Il est inexact d'assimiler le failli concordataire à un syndic. Ce dernier représente les créanciers, leur distribue sous forme de dividende tout ce qu'il retire de la vente des biens et rend compte de sa gestion comme un mandataire ordinaire. Au contraire, le failli rétabli par un concordat à la tête de ses affaires administre son patrimoine en son nom et dans son intérêt personnel. Pourvu qu'il exécute les obligations qu'il a prises envers la masse, il ne doit de comptes à personne. Si ses opérations commerciales réussissent et s'il parvient à augmenter sa fortune, les dividendes qu'il doit fournir restent les mêmes. Tout ce qu'il acquiert de plus lui profite exclusivement. S'il avait le droit d'invoquer les nullités résultant de la faillite, alors qu'il s'est déjà libéré envers la masse, ce serait pour son seul avantage.

Du reste, comment pourrait-il représenter la masse qui est dissoute dès que le concordat est devenu définitif? L'on soutient, il est vrai, que la masse ne disparaît complétement qu'après le paiement intégral du dividende, que jusqu'à cette époque elle persiste à l'état latent, pour surveiller l'exécution du traité qu'elle a conclu à forfait avec le débiteur, et qu'elle peut être reformée de plein droit en cas d'inexécution du concordat. Il n'en est pas moins certain que tant que dure le concordat il n'est nullement question de créanciers groupés dans un intérêt commun. Du reste, la meilleure preuve que la masse a disparu complétement, c'est qu'en cas de résolution du concordat ce n'est pas l'ancienne masse qui revit, mais une masse nouvelle qui comprend des éléments nouveaux. Si le failli était le représentant de la masse, les nouveaux créanciers seraient créanciers de la masse et devraient passer avant les anciens. Au lieu de cela ils sont créanciers dans la masse et concourent avec les créanciers primitifs.

L'on peut ajouter qu'il serait immoral de permettre à une personne d'attaquer elle-même des actes dont elle est l'auteur, auxquels elle a librement participé et qui ne sont pas frappés d'une nullité d'ordre public.

Entre ces deux opinions extrêmes viennent se placer deux opinions intermédiaires.

Dans l'une, on soutient que l'action peut être cédée au failli par la masse en vertu d'une clause expresse du concordat (1). L'on admet même que cette cession peut être tacite, s'induire des circonstances, et qu'on doit facilement la présumer. Le concordataire, mis aux lieu et place de la masse, fait valoir des droits qu'elle a pu légitimement lui transmettre parce qu'ils ne sont pas incessibles.

Nous repoussons cette opinion mitigée, comme nous avons repoussé la précédente. La faculté d'invoquer les nullités des articles 446 et suivants est accordée à la masse comme un accessoire des créances qui forment le passif du failli ; elle est destinée à en assurer le paiement, et l'on ne voit pas pourquoi cette garantie pourrait être détachée des créances qu'elle doit protéger pour faire l'objet d'une cession séparée. L'on com.

---

(1) V. Colmar, 10 juillet 1866, S. 67. 2, 1 et la note.

prend encore moins que la masse puisse céder un droit au moment où, par sa dissolution, elle perd elle-même la faculté de l'exercer.

La Cour de Bordeaux reconnaît que le failli concordataire ne peut pas intenter une action exclusivement réservée à la masse ; mais elle décide qu'il a le droit de poursuivre l'exécution d'un jugement qui, sur la demande des syndics et avant l'homologation du concordat, a annulé certains actes par application de l'article 447 C. com. (1). Le failli ne peut pas critiquer les actes accomplis par les syndics pendant leur gestion, cela explique qu'il n'ait pas qualité pour intenter une action à laquelle ils ont paru vouloir renoncer ; mais lorsque l'action a été exercée et reconnue fondée, refuser au concordataire le droit de se prévaloir du jugement rendu, ce serait faire perdre aux créanciers l'avantage d'une sentence qu'ils ont légitimement obtenue et les frustrer d'un gage sur lequel ils ont dû compter. Du reste, comment un droit exercé par la masse et consacré par une décision des tribunaux se serait-il tout à coup évanoui sans que nul l'ait recueilli, sans que nul puisse désormais l'invoquer et l'exercer?

Malgré ces raisons nous persistons avec la jurisprudence à refuser au concordataire le droit de se prévaloir, même dans ce cas spécial, des nullités des articles 446 et suivants. En principe, il est considéré comme ayant été représenté par les syndics, il doit respecter les actes faits par eux pendant la période préparatoire dans la limite de leurs pouvoirs. Les jugements rendus en leur faveur ou contre eux, lui profitent ou lui nuisent. Il en est autrement dans l'hypothèse qui nous occupe.

ε

---

(1) 16 juillet 1840, J. P. 40, 2, 358; 15 février 1849, D. 49, 2, 88. V. aussi Laurin, n° 1141.

L'on ne conçoit pas qu'un droit, qui ne peut pas être invoqué par une personne, se transforme et devienne de nature à être exercé par elle par ce seul fait qu'un jugement en a constaté l'existence. Le failli qui n'avait pas qualité pour obtenir le jugement ne l'a pas non plus pour le faire exécuter. Il faudrait pour cela qu'il fût subrogé aux droits de la masse et nous avons vu qu'il ne l'est pas. Sous prétexte de sauvegarder les intérêts des créanciers on ne doit pas lui assurer la possibilité d'un bénéfice.

L'on s'étonne que le droit d'invoquer les nullités s'évanouisse tout à coup après avoir été consacré par une décision judiciaire. Il n'y a là rien que de très naturel. Ce n'est pas le droit qui disparaît, mais le titulaire du droit. Si la masse venait à se reformer à la suite d'une résolution du concordat, elle renaîtrait avec toutes ses prérogatives et pourrait alors ramener à exécution la sentence obtenue ultérieurement. Qu'y a-t-il d'anormal dans cette conséquence? Ceux qui la critiquent oublieraient-ils qu'il en est ainsi de tous les droits strictement attachés à la personne? Si *Primus* fait reconnaître une servitude personnelle de passage sur le fonds de *Secundus* et décède avant d'en avoir fait usage, personne ne songera à réclamer le bénéfice de cette servitude. La situation n'est-elle pas identiquement la même, puisque l'article 446 C. com. déclare expressément que les nullités n'existent qu'au profit de la masse?

Nous revenons ainsi à l'opinion que nous avons admise au début, d'après laquelle le failli concordataire ne profitera pas des nullités édictées par la loi, lorsque, pour dégrever ses immeubles des hypothèques indûment obtenues ou inscrites, il aura besoin d'intervenir de quelque manière que ce soit.

Après la formation du concordat, les créanciers hypothécaires se trouveront à l'abri de toute contestation. Qui pourrait agir contre eux? Ce n'est ni la masse qui a disparu, ni le failli auquel nous refusons ce droit. Nous ne l'accordons pas non

plus aux créanciers pris isolément, parce que les nullités édictées par les articles 446 et suivants ne sont établies que dans
un intérêt collectif, et qu'il n'y a désormais que des intérêts
particuliers en jeu.

Cette manière de voir compte pourtant de nombreux adversaires. L'on considère que les créanciers succèdent individuellement aux droits de la masse et sont ses ayants cause. L'on en
trouve une preuve dans l'article 517 C. com., d'après lequel
l'hypothèque légale de la masse peut être exercée par chaque
créancier après l'homologation du concordat (1). Cet article
paraît bien plutôt venir à l'appui de notre système et condamner l'opinion contraire. Si, dans un cas particulier, le législateur a cru devoir dire que les droits de la masse passeraient aux
créanciers après sa dissolution, c'est que, de droit commun, il
n'en est pas ainsi et que l'article 517 constitue une exception.

Il ne restera aux créanciers, pour faire tomber les hypothèques, d'autre ressource que l'action Paulienne, dont l'exercice
leur appartient individuellement.


II. — A QUELLE ÉPOQUE PEUVENT ÊTRE INVOQUÉES LES NULLITÉS


Les créanciers qui ont cherché à se soustraire aux conséquences de la faillite en s'assurant une hypothèque, contrairement aux dispositions de la loi, sont exposés à être dépouillés
de cette garantie. Nous avons vu que la masse seule, représentée par les syndics, avait qualité pour en provoquer l'annulation ; dès lors, il semble logique de conclure que cette annulation ne pourra être demandée, ni avant l'organisation de la

---

(1) Lyon-Caen et Renault, t. 2, n° 2922 *in fine ;* Boistel, *Droit
com.*, n° 1052 ; Rataud, *op. cit.*

masse, ni après sa dissolution. Cependant la question ne va pas sans quelques difficultés. La première de ces propositions n'est pas admise par tout le monde, la seconde n'indique qu'une seule cause de non-recevabilité de l'action ; il faudra rechercher s'il n'y en a pas d'autres dérivant de la faillite elle-même. Examinons successivement : 1° à partir de quelle époque les nullités peuvent être invoquées ; 2° à partir de quelle époque elle ne peut plus l'être.

*A partir de quelle époque peuvent être invoquées les nullités*

Dès que le jugement déclaratif de faillite a groupé tous les créanciers en une masse unique, représentée par les syndics, ceux-ci ont qualité pour provoquer les déchéances de toutes les hypothèques irrégulièrement inscrites ou constituées. Aucun doute n'est possible sur ce point.

Ne pourrait-on pas aller plus loin et décider que la nullité étant une conséquence de la cessation des paiements, l'on peut, avant le jugement déclaratif de faillite, faire constater cette cessation à l'encontre des créanciers hypothécaires au cours d'une instance portée devant les Tribunaux civils, et faire tomber leur garantie ?

L'affirmative, soutenue par quelques auteurs, paraît être également l'opinion de la jurisprudence. Bravard-Veyrières s'exprime en ces termes : « La cessation des paiements a des effets qui sont indépendants du jugement déclaratif et qui peuvent être appliqués par les Tribunaux civils eux-mêmes, abstraction faite de tout jugement déclaratif ; telles sont les nullités et les restrictions apportées aux droits de certains créanciers. Ces nullités, ces restrictions, se rattachent non, comme le dessaisissement, au jugement déclaratif, mais au fait même de la cessation des paiements, laquelle peut, comme tous les faits en général, être soumise à l'appréciation des tribunaux

civils, qui sont compétents pour en connaître et pour en tirer
les conséquences. Ainsi, par exemple, alors même qu'il n'y
aurait pas de jugement déclaratif, un créancier hypothécaire
serait recevable à soutenir devant la juridiction civile que tel
autre créancier inscrit avant lui ne doit pas le primer, parce
qu'au moment où le débiteur a constitué l'hypothèque en faveur
de ce créancier, qui jusque-là et dans le principe s'était contenté de la qualité de chirographaire, il était en état de cessation de paiements, et le Tribunal pourrait, en se fondant sur
ce motif, déclarer l'hypothèque nulle » (1). Comme on le voit
par ces quelques lignes, l'on ne peut pas être plus explicite.
Sans viser spécialement notre hypothèse, Renouard admet
d'une manière générale que la faillite est un pur fait et que les
tribunaux peuvent en appliquer les conséquences aux litiges
dont ils se trouvent saisis (2).

La jurisprudence ne paraît pas depuis la loi de 1838, au
moins à notre connaissance, avoir eu à se prononcer directement sur la question qui nous occupe en ce qui concerne les
nullités résultant des articles 446, 447 et 448 (3). Elle a eu

---

(1) *Traité de droit comm. publié par Demangeat*, t. 5, p. 197.

(2) *Traité des fail. et banq.*, t. 1, sur l'art. 437. — Bédarride admet
la même solution à propos de la restriction à l'hypothèque légale de
la femme, *Des fail. et banq.*, t. 3, nº 994. — V. Troplong. *Des privil.
et hypoth.*, t. 3, nº 656.

(3) La question s'est présentée une fois devant la Cour de Cassation à propos de l'article 446, al. 2 (req., 22 janv. 1868, D. 68, 1,
168). La Cour a évité de la trancher en constatant que, d'après l'arrêt
attaqué, le débiteur n'avait jamais été déclaré en état de faillite. Il est
bon de noter que dans l'espèce ce débiteur était mort depuis plus
d'une année lorsque la contestation s'était élevée, et qu'il est de
jurisprudence constante qu'il faut, pour faire produire des effets à la
cessation des paiements, que la faillite, si elle n'a pas été déclarée,
puisse l'être ; or elle ne peut plus l'être lorsqu'une année s'est écou-

souvent à statuer à propos d'autres déchéances résultant de la cessation des paiements, et notamment à propos de la restriction à l'hypothèque légale de la femme mariée en cas de faillite du mari (art. 563 C. com.). Toujours elle a affirmé la compétence des Tribunaux civils et décidé qu'ils avaient pouvoir de constater en fait la cessation des paiements et « d'en appliquer les effets légaux. » Quoique relatifs à l'article 563, il semble bien résulter de la généralité de ces termes que les Cours ne paraissent faire aucune distinction entre les différentes conséquences résultant de la cessation des paiements (1). Enfin la chambre civile de la Cour de cassation a décidé que les articles 597 et 598 pouvaient être appliqués par les Tribunaux à la condition de déclarer que la cessation des paiements existait (2).

Les arrêts mal motivés se contentent, en général, d'affirmer sans justifier leur opinion, ou bien ils invoquent uniquement la plénitude de juridiction des Tribunaux civils. Leur manière de voir peut encore s'appuyer sur des textes du Code de commerce. Le Tribunal de commerce est appelé à prononcer la déclaration de faillite, mais la faillite existe avant cette déclaration et indépendamment d'elle : cela résulte de l'article 437, aux termes duquel « tout commerçant qui cesse ses paiements est en état de faillite » ; cela résulte encore des articles 438 et 439 qui, se plaçant à une époque où le Tribunal n'a pas encore statué, parlent de failli et de faillite. Dès lors, si la faillite existe par le seul fait de la cessation des paiements, il n'y a

---

lée à partir du décès du commerçant. — Grenoble, 15 févr. 1845, D. 45, 4, 27 ; Lyon, 21 févr. 1851, S. 51, 2, 317 ; Caen, 15 mai 1854, D. 54, 2, 243 ; Cas. req., 4 déc. 1854, D. 55, 1, 20, S. 55, 1, 298.

(1) Bordeaux, 6 mai 1848, S. 49, 2, 609 ; Metz, 20 déc. 1865, S. 66, 2, 281, D. 66, 2, 10 ; Cas. req., 29 avr. 1889, S. 89, 1, 425.

(2) 4 juil. 1854, D. 54, 1, 483.

pas de motifs pour qu'elle ne produise pas des effets légaux
aussitôt que cette cessation se produit, et les Tribunaux civils,
dans la plénitude de leur juridiction, ont compétence pour la
constater. Enfin, l'on peut ajouter que le juge de l'action est
aussi le juge de l'exception.

Cette opinion doit être complétement rejetée.

Il faut décider avec la doctrine « que toutes les fois que la
loi parle de faillite, elle a en vue un certain état de choses
constatées par le Tribunal compétent qu'elle a seul chargé de
ce soin. Tant que ce Tribunal n'a pas statué, il n'y a ni faillite,
ni failli et aucun autre Tribunal ne peut, sous prétexte que la
preuve de la cessation des paiements d'un commerçant lui
serait fournie, appliquer les règles que la loi a édictées pour
le cas de faillite » (1).

En principe, le juge de l'action peut connaître de l'exception ;
mais il en est autrement lorsqu'il est absolument incompétent
pour connaître de l'exception. Il nous sera facile de démontrer
que les Tribunaux civils ne peuvent pas plus trancher incidemment la question de savoir s'il y a faillite, que les Tribunaux de commerce ne peuvent vider incidemment une question
d'état.

C'est singulièrement abuser de cette expression que les Tribunaux civils ont la plénitude de juridiction, que de lui faire
signifier qu'ils ont le droit de statuer dans des affaires qui
sont de la compétence d'autres Tribunaux. Elle veut dire
seulement qu'ils connaissent des affaires pour lesquelles
aucun autre Tribunal n'a été désigné. Or, dans l'espèce
qui nous occupe, il est certain que le Tribunal de com-

(1) Lyon-Caen et Renault, t. 2, nᵒˢ 2648 et s. — Dans le même
sens, Delamarre et Le Poitevin, *Traité de droit commercial*, t. 6, p.
67 et s. ; Massé, *Le droit commercial*, t. 2, nᵒˢ 1166 et 1167 ; Demangeat sur Bravard, t. 5, p. 40, 67 et 197, notes.

merce est compétent pour déclarer la faillite (art. 440 C.
com.) J'ajoute que ce droit est réservé à lui seul, à cause
de ses aptitudes professionnelles. Ce point n'a jamais été mis
en doute et personne ne s'est jamais avisé de soutenir qu'un
Tribunal civil pourrait, sauf le cas où il n'existe pas de
Tribunal de commerce dans son ressort, prononcer la déclaration de faillite. La loi ne décrit nulle part les symptômes de
la faillite, elle se borne à en indiquer le caractère essentiel
dans l'article 437, et la fait dépendre de la cessation des paiements. Elle a supprimé tous les faits qui antérieurement étaient
considérés comme la preuve de cette cessation et, en revanche,
elle a voulu que ce fussent des hommes habitués aux affaires
commerciales qui eussent à se prononcer sur cette délicate
question de savoir quand est-ce qu'un débiteur a cessé ses
paiements. Nous trouvons en effet, dans le rapport présenté
devant la Chambre des députés, cette déclaration formelle faite
à propos de l'article 437 : « Le système de la commission ou
plutôt du gouvernement, en rédigeant le projet de loi, a été
d'exiger, pour constituer la faillite, ce qu'on appelle la cessation
des paiements, c'est-à-dire de ne plus s'attacher à un fait isolé,
tel qu'un ou deux protêts, tel même que la clôture du magasin,
qui pourrait tromper sur l'intention et le sens dans lequel cette
circonstance aurait eu lieu, mais d'exiger un ensemble de circonstances, et d'en laisser l'appréciation au Tribunal de commerce qui, éclairé par la connaissance et l'habitude des affaires
commerciales, peut prononcer avec connaissance sur cet ensemble de circonstances. » (1) L'article 437 ne peut pas être isolé de
l'article 440. Avant de donner compétence aux Tribunaux de commerce pour déclarer la faillite, il fallait bien, de toute nécessité,

_____

(1) Duvergier, *Collection des lois*, note sur l'art. 437 de la loi de
1838.

leur indiquer quel en était le caractère essentiel et constitutif ;
c'est ce qu'a fait l'article 437. L'on ne peut lui attribuer une
signification autre que celle-là.

Admettre que la faillite est de fait plutôt que de droit et que
les Tribunaux civils peuvent incidemment en reconnaître l'existence pour lui faire produire des effets, c'est aller à l'encontre
de l'esprit et du texte de la loi.

Lorsqu'un Tribunal civil, à l'occasion d'un litige dont il est
saisi, prend pour constant l'état de faillite et en applique les
conséquences à la solution du procès, sa décision est régie par
le principe général de l'article 1351 C. civ. ; elle n'a qu'une
valeur relative et ne produit l'autorité de la chose jugée qu'à
l'égard des parties qui ont figuré dans l'instance. Ainsi un individu pourrait être considéré, vis-à-vis de certaines personnes,
comme étant en état de faillite et ne pas y être à l'égard des
autres. Les créanciers ne seraient pas tous dans la même condition : les uns pourraient être régis par le droit spécial aux faillites, les autres le seraient par le droit commun. Ces derniers, il
est vrai, auraient la faculté de porter principalement devant le
Tribunal de commerce une demande en déclaration de faillite,
ou bien de soulever incidemment la question de faillite au cours
d'une instance devant les Tribunaux civils ; mais qui dit que
leur demande ne serait pas repoussée ? (1) C'est là une conséquence choquante et inévitable. Elle peut se produire, dira-t-on,
dans d'autres matières où elle sera tout aussi choquante.
C'est possible, mais ce qui est certain, c'est que le législateur
a voulu l'écarter en matière de faillite, où tous ses efforts ont
tendu à introduire l'ordre et l'égalité.

---

(1) Le Tribunal de commerce pourrait, tout en déclarant la faillite,
donner un autre point de départ à la cessation des paiements. Cela
reviendrait à peu près au même.

Ecoutons à cet égard la brillante démonstration de Massé(1) :
« La faillite, dit-il, est un état général, indivisible, absolu, qui
affecte d'une certaine manière la personne, les droits, les biens
du failli, à l'égard de tous et de chacun de ceux qui y sont intéressés. La faillite, considérée comme fait civil, place tous les
créanciers sur la même ligne ; et son organisation a pour but
de garantir leurs droits et d'empêcher les uns de profiter au
préjudice des autres de la détresse et des embarras du failli.
Dans un naufrage commun, chacun est tenu de supporter sa
part du sinistre. De là, toutes les précautions prises par le législateur, depuis le moment où la faillite est déclarée, ou depuis la date de la cessation des paiements, jusqu'au jour où
elle atteint son terme, soit par le concordat passé entre le failli
et ses créanciers, soit par le partage qui est fait entre les
créanciers des valeurs composant l'actif de leur débiteur. Il ne
peut y avoir faillite à l'égard de l'un des créanciers, sans qu'il
y ait faillite à l'égard des autres ; et les effets produits par la
faillite à l'égard des uns sont nécessairement produits à l'égard
de tous. C'est par cette raison que le jugement déclaratif de
faillite est soumis à l'opposition de toutes les parties intéressées
pendant un certain délai, et qu'après l'expiration de ce délai, le
fait et l'époque de la cessation des paiements ou de la faillite
sont irrévocables à l'égard de tous les créanciers (art. 58 et 581
C. com.) ; c'est par cette raison que le concordat fait entre le
failli et la majorité de ses créanciers est obligatoire à l'égard
des autres, même à l'égard de ceux qui n'y ont pas délibéré
(art. 516 C. com.)

« Ces effets nécessaires sont la suite naturelle et logique de la
faillite telle qu'elle est organisée par le Code de commerce.
Dans ce système, tout se coordonne ; et la déclaration de fail-

---

(1) *Op. cit.*, p. 335 *in fine* et 336.

lite, par le Tribunal de commerce, devient le point de départ d'une succession de faits juridiques qui s'enchaînent, naissent les uns des autres, et se rattachent tous à un fait dominant, qui est l'autorité de la chose jugée par le jugement déclaratif à l'égard de toutes les parties intéressées. »

En présence de pareilles considérations n'est-il pas évident que la constatation incidente de l'état de faillite ne peut pas remplacer une déclaration principale, émanée du Tribunal de commerce ?

Si, laissant de côté ces arguments qui se rapportent indistinctement à tous les effets de la faillite, nous prenions chacun de ces effets en particulier, il ne serait pas difficile de montrer que dans bien des cas il est fait échec au système de la jurisprudence, soit parce que des textes formels s'y opposent, soit parce qu'il est impossible de concevoir certains effets sans jugement déclaratif (1).

Rattachons-nous plus strictement au sujet qui nous occupe. Nous trouvons dans la loi et dans les principes que nous en avons dégagés des motifs nouveaux de rejeter la théorie de la jurisprudence. D'après l'article 446, la nullité des hypothèques n'existe que relativement à la masse ; nous avons admis que cette disposition était sous-entendue dans les articles 447 et 448. Quelle est cette masse ? Ce ne peut être que la masse de la faillite, composée de l'ensemble des créanciers. Or, cette masse n'apparaît qu'après le jugement déclaratif. Jusque-là il n'y a que des créanciers isolés, sans aucun lien de cohésion

---

(1) L'organisation de la procédure de la faillite, la nomination des agents et des autorités qui y prennent part ne sauraient se concevoir sans un jugement déclaratif. D'un autre côté les art. 433, 444, 445, qui ordonnent le dessaisissement, l'exigibilité des dettes et la suspension du cours des intérêts font tous dériver ces effets du jugement déclaratif.

entre eux et sans qualité pour invoquer les nullités. L'on prétendrait en vain que la masse dont parle l'article 446 peut exister même en l'absence d'un jugement déclaratif de faillite. Il résulte de l'ensemble de la loi de 1838 qu'il ne peut y avoir qu'une seule masse, composée de tous les créanciers actuels au jour du jugement déclaratif. Tous ceux qui à partir de cette époque seraient devenus créanciers soit du failli soit de la masse elle-même, n'en font pas partie. Avec le système opposé l'on arriverait à cette conséquence antijuridique que la masse serait formée au jour de la constatation de la faillite, mais que néanmoins si plus tard il intervenait un jugement déclaratif, tous les créanciers dont le droit serait né entre la constatation de faillite et le jugement déclaratif en feraient partie. Du reste comment une masse pourrait-elle exister lorsqu'il n'y a ni un représentant légal chargé d'en défendre les intérêts, ni une procédure générale de liquidation ?

*A partir de quelle époque les nullités ne peuvent plus être invoquées.*

Les nullités des hypothèques édictées dans l'intérêt de la masse ne peuvent plus être invoquées lorsque la masse se trouve dissoute. Aucun doute ne peut s'élever lorsque la faillite s'étant terminée par l'union la procédure de liquidation a pris fin. Nous avons vu, au contraire, qu'au cas de concordat l'on a soutenu que les créanciers pouvaient s'en prévaloir et les faire prononcer ; mais nous avons rejeté cette opinion.

Il nous reste à rechercher si, avant la clôture de la faillite, certains faits ne peuvent pas mettre les créanciers hypothécaires à l'abri de toute poursuite.

La Cour de cassation a décidé, et avec juste raison, que l'hypothèque ne pouvait plus être annulée lorsqu'elle avait fait

l'objet d'une collocation définitive non contredite par les syndics présents à l'ordre, bien qu'ils eussent connaissance de la
cause de nullité (1). En effet, cette collocation a l'autorité de
la chose jugée vis-à-vis des syndics et de la masse chirographaire qu'ils représentent. Si les syndics n'avaient pas figuré
dans l'ordre, l'autorité de la chose jugée n'existerait pas à leur
égard et ne pourrait être à leur encontre une cause de forclu-
sion. Dans ce cas ils auraient le droit de faire tierce opposition (2).

Après quelques hésitations dans le début, la jurisprudence a
également admis, d'une manière qui paraît maintenant définitive,
que la vérification et l'affirmation des créances forment entre les
créanciers vérifiés et admis et les autres créanciers un contrat
judiciaire, qui place la créance des premiers à l'abri de toute contestation ultérieure. Nous trouvons les motifs de décider résu-
més dans un arrêt de la Cour de Dijon, qui s'exprime en ces
termes : « Considérant qu'aux termes de l'article 494 C. com.,
tout créancier vérifié ou porté au bilan peut assister à la vérification des créances et fournir des contredits aux vérifications
faites ou à faire ; que le failli a le même droit ; que si la créance
est contestée, le Tribunal de commerce peut ordonner une
enquête sur les faits et s'entourer de tous les renseignements
nécessaires ; que le juge-commissaire peut, même d'office et
dans tous les cas, ordonner la représentation des titres du créancier (art. 496) ; que la décision n'a lieu que sur son rapport
(art. 498) ; qu'une telle vérification dans l'assemblée générale des
créanciers en présence du failli et sous l'autorité du juge, offrant
toutes les garanties d'examen et de publicité, est encore consacrée par l'affirmation par le créancier de la sincérité de sa

---

(1) Cas. req., 6 nov. 1848, D. 48, 1, 242.
(2) Cas. req., 19 nov. 1872, D. 73, 1, 425.

créance, entre les mains du magistrat (art. 497); que son admission, après l'accomplissement de pareilles formalités, ne peut constituer un titre éventuel et provisoire, soumis à toutes les contestations qui ne se sont point produites en temps utile, sous peine de porter atteinte au respect des conventions et de prolonger indéfiniment la liquidation des faillites ; qu'il s'est formé un véritable contrat judiciaire irrévocable et définitif entre le créancier vérifié et admis et les autres créanciers présents ou régulièrement appelés, dans tous les cas représentés par le syndic » (1).

D'après cette théorie, lorsqu'une créance a été admise et affirmée l'on ne peut plus alléguer qu'elle est entachée d'une cause de nullité et de résolution, qu'on a négligé de faire valoir dans l'assemblée des créanciers. On ne peut pas non plus soutenir qu'elle est inférieure ou supérieure à la somme pour laquelle l'admission a été prononcée (2). L'existence, la validité et le montant en deviennent indiscutables.

---

(1) Dijon, 27 déc. 1871, D. 74, 2, 237. Dans le même sens : Cas. req., 19 février 1850, D. 51, 5, 261 ; 8 avril 1851, D. 51, 1, 121 ; Poitiers, 20 janvier 1853, D. 53, 2, 23 ; Cas. req., 11 juil. 1853, D. 54, 1, 318 ; 1ᵉʳ mai 1855, D. 55, 1, 311 ; Amiens, 16 janv. 1856, D. 56, 5, 211 ; Paris, 11 déc. 1857, D. 60, 5, 175 ; Cas., 16 janv. 1860, S. 60, 1, 273 ; Cas. req. 25 février 1861, D. 61, 2, 210 ; 15 déc. 1863, D. 64, 1, 108 ; 21 juil. 1868, D. 68, 1, 489 ; Cas. civ., 3 juil. 1872, D. 72, 1, 229 ; Cas. req. 17 fév. 1873, D. 73, 1, 298 ; Rouen 10 mai 1873, D. 74, 2, 60 ; Caen, 28 avr. 1874, S. 74, 2, 274 ; Cas., 19 mai 1879, S. 79, 1, 271 ; Cas., 8 mars 1882, D. 82, 1, 405.— Renouard, t. 2, sur l'art. 497 ; Laurin n° 1092. — Contra : Lyon, 21 nov. 1849, D. 50, 5, 225 ; Nimes, 29 nov. 1849, eod. ; Rouen, 2 janv. 1851, D. 55, 2, 279 ; Besançon, 28 mai 1855, D. 55, 2, 323 ; Douai, 17 févr. 1859, D. 59, 2, 163.

(2) Cependant la jurisprudence apporte quelques restrictions à son système. Elle admet que l'on pourra contester la créance après son admission s'il y a eu fraude empêchant sa sincérité (Cas. req.

En est-il de même des accessoires lorsque la créance a été admise avec une hypothèque?

Les Cours d'appel s'étaient prononcées dans le sens de la négative. Elles considéraient que la discussion de l'hypothèque ne doit s'élever utilement qu'au moment de la répartition des biens, que les syndics n'ont d'autre mandat que de s'assurer si la créance existe et jusqu'à quelle somme, que l'article 497 C. com. indiquant les mentions à mettre sur le titre porte que l'on doit y inscrire seulement *admis au passif de la faillite de... pour la somme de...* et ne parle nullement des mentions concernant la nature de la créance, enfin que le créancier n'est appelé à affirmer que le fait de la sincérité de la créance et non l'existence des hypothèques (1).

La Cour de cassation a nettement adopté à deux reprises différentes une jurisprudence contraire. D'après elle, il n'y a pas à distinguer entre l'existence de la créance et sa nature, la vérification devant porter sur l'une et sur l'autre (2). Cette théorie repose avant tout sur des considérations d'utilité pratique, qui se retrouvent toujours avec la même force, qu'il s'agisse de l'existence de l'hypothèque ou de l'existence de la créance. Dans tous les cas il y a un égal intérêt à couper court à toutes les contestations. Du reste, vérifier une créance n'est-

---

17 févr. 1873, D. 73, 1, 238 ; Cas. civ., 16 janv. 1860, D. 60, 1, 75). De même s'il y a eu double emploi, ou si un moyen dissimulé aux syndics vient à être révélé ( Cas. civ., 1ᵉʳ mai 1855, D. 55, 1, 311). Enfin lorsqu'on a fait des réserves lors de la vérification des créances (Cas. civ., 2 juil. 1872, D. 72, 1, 229 ; Cas. req., 7 janv. 1890, *Annales de dr. com.*, 1890, p. 14).

(1) Rouen, 2 janv. 1851, D. 55, 2, 179 ; Douai, 30 juin 1854, D. 56, 2, 175 ; Dijon, 12 mai 1856, D. 57, 2, 64 ; Colmar, 17 août 1858, S. 59, 2, 102 ; Douai, 17 févr. 1859, D. 60, 2, 63, S. 59, 2, 294.

(2) Cas. req., 25 févr. 1861, D. 61, 1, 200 ; 14 mai 1879, S. 79, 1, 271. V. également dans ses motifs : Cas. req., 7 janv. 1890 précité.

ce pas l'examiner, non seulement en ce qui concerne son étendue ou sa validité, mais encore en ce qui concerne sa nature ?
En pratique l'on peut considérer la question comme définitivement résolue par la Cour de cassation.

L'on peut dire que les créanciers hypothécaires trouvent
dans la vérification un moyen de se mettre à l'abri de toute
contestation avant la clôture de la faillite.

Toutefois, il est permis de faire des réserves contre cette
manière de voir. En droit, elle ne paraît pas se justifier et les
auteurs l'ont généralement rejetée.

Certains pensent que le contrat judiciaire ne protège les
créanciers qu'après la clôture du procès-verbal de vérification.
La meilleure preuve, disent-ils, que la vérification et l'affirmation ne leur ont pas assuré un droit incontestable, c'est que
l'article 594 permet de contredire une vérification déjà faite (1).

Il faut aller encore plus loin et décider avec Massé que toute
créance produite à la faillite est susceptible de contestation,
même après la clôture des opérations de vérification d'admission et d'affirmation, tant qu'un jugement passé en force de
chose jugée n'est pas intervenu en faveur du créancier produisant (2). L'on ne peut pas dire qu'il se soit formé un contrat
judiciaire, puisque la loi ne l'a déclaré nulle part ; l'on ne peut
pas dire non plus qu'il soit intervenu une reconnaissance de
dette, puisqu'après l'admission les créanciers conservent le
droit d'opposition. L'on ne saurait décider que cette reconnaissance résulte de l'expiration d'un délai. Lorsque le contrat
d'admission n'a pu la produire, pourquoi existerait-elle de plein
droit après un certain laps de temps ? Si la vérification,

---

(1) Bédarride, *Fail. et banq.*, t. 2, n° 443 bis ; Alauzet, *Comm. du
Code de com.*, t. 4, n° 1762 ; Demangeat sur Bravard, t. 5, p. 351,
note 4.

(2) Massé, *Dr. com.*, t. 4, n° 2199.

dont le caractère est essentiellement sommaire, n'exclut pas la contradiction, elle ne la provoque pas d'une manière nécessaire et, par conséquent, elle ne saurait l'empêcher de se produire ultérieurement.

# APPENDICE

La loi du 28 mai 1838 avait adouci, à plusieurs points de vue,
les rigueurs du Code de commerce. Elle n'avait pourtant pas
répondu à tous les désirs, et depuis longtemps la législation
des faillites était en France l'objet de vives critiques. On lui
reprochait surtout de ne tenir aucun compte des causes de la
faillite, de la moralité du failli, et d'édicter les mêmes règles et
les mêmes déchéances à l'encontre du commerçant honnête et
malheureux, que des cas fortuits empêchaient de tenir ses
engagements, et à l'encontre du fripon le plus avéré, qui avait
cherché, par des combinaisons frauduleuses, à nuire à ses
créanciers.

Evidemment, il y avait une distinction à établir entre ces deux
classes de débiteurs.

Elle a été introduite par la loi du 4 mars 1889, qui, à côté
de la faillite, a organisé en faveur des débiteurs malheureux
une procédure nouvelle, celle de la liquidation judiciaire, dans
le but de leur assurer une condition préférable à celle que
le Code de commerce réserve au failli.

Cette loi faisait partie d'un projet beaucoup plus vaste, qui
tendait à la révision complète de la loi du 28 mai 1838. Les
exigences de la politique n'ont pas permis à nos Assemblées
législatives de mener à bonne fin cette loi d'affaires. Cependant,
les élus de 1885 à la Chambre des Députés n'ont pas voulu

se séparer et se présenter de nouveau devant le suffrage universel sans avoir répondu à des vœux souvent exprimés. Ils
ont distrait du projet d'ensemble quelques dispositions particulières destinées à corriger les plus graves imperfections de
la loi de 1838, et organisé, parallèlement à la faillite, la procédure de la liquidation judiciaire.

La nouvelle loi du 4 mars 1889 n'a pas été suffisamment
mûrie. Arrivée avant terme et votée à la hâte, elle porte les
traces de la précipitation de ses auteurs et donne lieu à de
graves difficultés, au nombre desquelles se trouve celle de
savoir si les nullités de la constitution et de l'inscription des
hypothèques sont applicables au cas de liquidation judiciaire
comme au cas de faillite.

Sans avoir eu à statuer directement sur la validité des hypothèques, la Cour de Douai et la Cour de Paris ont admis que
les nullités des articles 446 et suivants pouvaient être invoquées
en cas de liquidation judiciaire (1). Leur manière de voir,
largement développée par M. Boistel, dans deux notes rapportées au bas des arrêts, est également admise, en principe, par
M. Valabrègue, professeur à la Faculté de Droit de Montpellier (2). Elle ne paraît pas devoir faire difficulté en présence
des termes de l'article 24, ainsi conçu : « Toutes les dispositions du Code de commerce qui ne sont pas modifiées par la
présente loi, continueront à recevoir leur application en cas de
liquidation judiciaire, comme en cas de faillite ». L'article 19
vient encore renforcer l'argument tiré de l'article 24. Il indique
une série de cas dans lesquels le bénéfice de la liquidation

---

(1) Douai, 4 nov., 1889, D. 90, 2, 33, S. 91, 2, 30 ; Paris, 12 juillet,
1889, D. 90, 2, 177. — V. également Tribunal de commerce de Marseille, 3 déc. 1890, *Journ. de jurispr. comm. et marit.*, année
1891, I, 65.

(2) *Revue critique,* année 1889, p. 568 et suiv.

pourra être enlevé au débiteur et s'exprime en ces termes : « Le Tribunal déclare la faillite à toute période de la liquidation : 1° si depuis la cessation des paiements ou dans les dix jours précédents, le débitenr a consenti l'un des actes mentionnés dans les articles 446, 447, 448 et 449 du Code de commerce. » Le renvoi pur et simple à ces textes semble bien montrer qu'ils sont applicables au cas de liquidation judiciaire. Pour reconnaître qu'ils ont été violés, il faut de toute nécessité qu'on ait pu les invoquer auparavant.

Cependant l'opinion contraire a été soutenue par M. Bailly, professeur à la Faculté de Droit de Dijon (1).

Il invoque tout d'abord les travaux préparatoires. D'après le projet général de réforme de la législation des faillites élaboré en 1884, il y avait une différence importante à signaler entre la liquidation judiciaire et la faillite. Dans la première il n'y avait pas de période suspecte et par suite pas de nullités. Dans la seconde la période suspecte et les nullités étaient conservées (2). Or, qu'ont fait les rédacteurs de la loi nouvelle ? « Leur intention primitive, dit M. Bailly, n'est pas douteuse; le rapporteur dit que la liquidation judiciaire est établie dans les mêmes conditions que celles adoptées précédemment » (3). Il lui paraît tout naturel de conclure à l'inexistence de la période suspecte et des nullités.

Cet argument ne nous touche guère. Jamais, à moins d'une erreur évidente, les déclarations apportées à la tribune, soit au cours de la discussion, soit dans l'exposé des motifs ou dans un rapport approuvé par une commission, ne sauraient l'emporter sur un texte formel. Or, ici nous avons deux articles qui sont contraires à l'interprétation de M. Bailly, l'article 24 et l'arti-

---

(1) *Annales de droit comm.*, année 1889, p. 49 et suiv.

(2) Rapport et projet Laroze. Journ. off. Ch. Dép., ses. 1884, annexe, n° 2632, p. 36, 63 et art. 479-482.

(3) Rapport Laroze, 9 juin 1888.

cle 19. Comment pourrait-on prendre en considération une phrase générale et vague, renvoyant en bloc à un projet élaboré plus de quatre ans auparavant et auquel peut-être personne ne songeait, sauf le rapporteur ? Ce n'est pas là une de ces déclarations nettes et précises, qui ne laissent aucun doute dans la pensée et qui, seules, peuvent entrer en ligne de compte dans l'interprétation des textes. Enfin, si on voulait appliquer cette phrase à la lettre elle aboutirait à donner force de loi aux divers articles qui, dans le projet de 1884, se référaient à la liquidation judiciaire.

M. Bailly tire un nouvel argument de ce que le législateur de 1889 n'a, par aucune disposition, prescrit aux Tribunaux qui admettent la liquidation judiciaire, de fixer dans leurs jugements la date de la cessation des paiements, indispensable cependant pour l'application des articles 446 et suivants et qu'il n'a pas prévu la possibilité d'un jugement de report. Le second argument ne nous arrête pas plus que le premier. Il se heurte à deux textes du Code de commerce. D'après l'article 441 le Tribunal détermine la date de cessation des paiements. D'après l'article 581 l'époque primitivement fixée comme étant celle de la cessation des paiements peut toujours être modifiée à la requête des créanciers ou des syndics, jusqu'à l'expiration des délais accordés pour la vérification et l'affirmation des créances. Ces articles, n'ayant pas été modifiés par la loi de 1889, sont applicables au cas de liquidation judiciaire. C'est une conséquence nécessaire de l'article 24. Nous en trouvons de nouvelles preuves dans les articles 2 et 19 de la nouvelle loi. Aux termes de l'article 2, premier alinéa, « la liquidation judiciaire ne peut être ordonnée que sur requête présentée par le débiteur au Tribunal de commerce de son domicile, dans les quinze jours de la cessation de ses paiements. » Comment constater que la demande a été formée dans la quinzaine de la cessation des paiements, si l'on ne connaît pas exactement la date qui détermine le point de départ du délai? Cette date peut être modifiée après coup par un jugement ultérieur. Cela résulte de l'article 19, alinéa premier, ainsi conçu : « La faillite d'un commerçant admis au bénéfice de la liquidation judiciaire peut être déclarée par jugement du Tribunal de commerce, soit d'office, soit sur la poursuite du créancier : 1° s'il est reconnu que la requête à fin de liquidation judiciaire n'a pas été présentée dans les quinze jours de la cessation des paiements. » Le Tribunal, saisi d'une demande en déclaration de faillite basée sur le retard du débiteur à se mettre sous la protection de la justice, ne peut l'accueillir qu'en reportant plus loin, dans le passé, la date de la cessation des paiements. Il en résulte nécessairement que sur ce point le premier jugement n'avait pas l'autorité de la chose jugée.

Enfin, le Tribunal qui prononce la liquidation judiciaire et fixe la date de la cessation des paiements, n'a d'autres éléments de décision que les déclarations intéressées et souvent mensongères du débiteur. Il est exposé à des erreurs plus nombreuses qu'en matière de faillite, où le jugement est débattu publiquement à l'audience. Le besoin de changer ultérieurement la date primitivement fixée comme étant celle de la cessation des paiements est plus impérieuse en cas de liquidation judiciaire qu'en cas de faillite. Pour écarter la possibilité d'une modification il faudrait un texte formel qui n'existe pas.

Il est vrai, que d'après l'article 4, alin. 3, le jugement qui déclare ouverte la liquidation judiciaire n'est susceptible d'aucun recours et ne peut être attaqué par voie de tierce opposition. L'on pourrait dire que si nul recours n'est possible, c'est que ce jugement a une autorité absolue et irréfragable. La Cour de Douai a répondu à cette objection en observant que ce texte « ne dispose nulle part que l'époque de la cessation des paiements est irrévocablement fixée». «Il faut aller plus loin, ajoute M. Boistel, et affirmer hardiment qu'il n'y a pas même chose jugée quant à la déclaration de liquidation. La preuve en est dans l'article 19 qui permet, à tout moment de la procédure, de substituer la déclaration de la faillite à la mesure primitivement ordonnée et cela soit d'office soit sur la poursuite des créanciers. Et si les créanciers peuvent fonder leur demande sur le 1° de ce même article 19, sur ce que le délai de quinzaine a été excédé par le débiteur, il est évident qu'ils doivent pouvoir prouver que la date de la cessation des paiements a été fixée par le Tribunal à une date trop récente.»

M. Bailly, comprenant que son système était contredit par l'article 19, alin. 2, a essayé de répondre à l'argument qui en résulte. Voyons quelle est la valeur de ses observations. Dire que le Tribunal devra retirer le bénéfice de la liquidation judiciaire dans le cas où des actes auraient été annulés en vertu des articles 446 à 449, n'est-ce pas évidemment déclarer que ces nullités ont pu être prononcées depuis et par l'effet de la liquidation judiciaire? Nullement, répond M. Bailly, l'on peut trouver une autre explication à ce texte. Le législateur a dû se référer à la jurisprudence, d'après laquelle un acte peut être annulé en vertu des articles 446 et suivants, par cela seul que le commerçant est en état de cessation de paiements, encore qu'un jugement n'ait pas prononcé la faillite. Il existe une autre preuve de cette intention du législateur dans ce même article (2° alinéa) où il est question de débiteur en état de liquidation judiciaire condamné pour banqueroute simple ou frauduleuse. N'est-ce pas que la banqueroute peut être prononcée sans déclaration de faillite?

Ces explications ne sont pas suffisantes. La jurisprudence à laquelle se réfère M. Bailly est trop contestable et trop contestée pour songer qu'elle ait pu servir de point de départ à la rédaction de l'article 19. Il est étonnant que dans une question si controversée le législateur ait tiré des conséquences d'une des opinions émises et ne s'en soit nullement expliqué.

Nous aurions désiré qu'à l'appui de son allégation M. Bailly eût apporté d'autres preuves, tout au moins une déclaration faite à la tribune. Il ne l'a pas fait. Par suite, sa manière d'interpréter l'article 19 conduirait à cette conséquence inadmissible qu'un Tribunal quelconque, Tribunal civil ou de répression, pourrait appliquer les effets de la faillite, prononcer des nullités sans qu'il y ait aucune déclaration générale de cessation de paiements, et le Tribunal de commerce qui aurait déclaré *erga omnes* l'état de liquidation judiciaire ne pourrait pas appliquer ces nullités.

Il existe une explication toute naturelle de l'article 19. Le législateur a voulu, sans doute, trancher une difficulté qui aurait pu s'élever. Il a décidé que les nullités et les peines de la banqueroute pourraient être prononcées lorsque le commerçant est en état de liquidation judiciaire, aussi bien que lorsqu'il est en état de faillite.

Nous avons vu, à propos de la faillite, que ces nullités sont purement relatives, ne sont édictées que dans l'intérêt de la masse, et ne peuvent être demandées que par le syndic, son représentant légal. Dans la liquidation judiciaire, le syndic n'existant pas, qui aura qualité pour agir à sa place ? M. Bailly estime que personne ne pourra engager l'instance : « Le liquidé, dit-il, ne peut pas se prévaloir d'une nullité qui n'est pas édictée dans son intérêt, le liquidateur n'a reçu nulle mission d'attaquer les actes frauduleux du liquidé antérieurs à l'ouverture de la liquidation ». D'après M. Valabrègue, les liquidateurs, n'étant pas les représentants de la masse, n'ont pas entre leurs mains les actions qui dérivent des articles 446 et suivants, et les tiers, poursuivis par eux, pourraient soutenir que l'action est irrecevable comme émanant de personnes n'ayant pas qualité pour agir. En revanche, cet auteur reconnaît à chaque créancier le droit d'agir individuellement dans l'intérêt de la masse. Cependant il observe, avec juste raison, que l'action

en nullité peut devenir une cause de préjudice pour celui qui
l'exerce; car il s'expose à supporter seul les frais du procès
s'il lui est défavorable, et à partager avec l'ensemble des
créanciers le bénéfice qui en résultera, s'il obtient gain de
cause. Dans ces conditions, qui voudra entreprendre la lutte et
attaquer les actes faits par le commerçant pendant la période
suspecte? Il est à craindre que personne n'ose engager l'instance et que les intérêts communs ne soient compromis. Pour
parer à ces inconvénients, M. Valabrègue estime que les créanciers ont la faculté d'habiliter les liquidateurs à agir en leur
nom collectif, en les investissant d'un mandat conven-
tionnel.

MM. Lyon-Caen et Renault ne résolvent pas la question de
savoir par qui seront intentées les actions qui intéressent la
masse. Ils auraient désiré que le liquidateur fût formellement
investi du droit de les exercer; mais ils espèrent, qu'en fait, personne ne lui contestera ce droit (1).

M. Boistel et la Cour de Douai sont plus affirmatifs. Ils ·
reconnaissent expressément aux liquidateurs judiciaires le droit
d'invoquer, au nom de la masse, les nullités prescrites pour le
cas de faillite. Si, en général, les liquidateurs ne sont que des
agents de surveillance, il en est autrement lorsqu'il s'agit
d'une action à intenter. Cela résulte de l'article 6, qui leur permet non seulement d'assister le débiteur lorsqu'il procède en
justice, mais encore d'agir seuls toutes les fois qu'il s'agit d'une
action à intenter, sans tenir compte de la question de savoir si
l'action était née avant la liquidation, ou si elle a pris naissance par l'effet du jugement qui a ouvert la procédure.

L'on peut objecter contre cette opinion que, lorsque l'article 6 a conféré aux liquidateurs le droit d'intenter ou de suivre
toute action mobilière ou immobilière, il a visé uniquement

_____

(1) *Manuel de dr. comm.*, 2ᵉ édit., n° 1198.

les actions qui intéressent personnellement le liquidé et non celles qui appartiennent à la masse. Malgré cela, nous considérons comme exacte l'opinion de M. Boistel. Dans la faillite, les nullités sont invoquées par les syndics; nous décidons par analogie que dans la liquidation judiciaire elles seront poursuivies par les liquidateurs. L'on a dit, au cours des travaux préparatoires, que ceux-ci ne représentent pas la masse et n'ont qu'un simple rôle de surveillance ; mais les textes protestent contre ces déclarations. Dans l'article 4, nous voyons les liquidateurs tenus de prendre, au nom de la masse, l'inscription mentionnée par l'article 590 C. com. ; dans l'article 15, nous les trouvons, dans l'intérêt de la masse, chargés de la liquidation et obligés de rendre compte. L'article 6 est encore plus concluant, il nous les montre représentant la masse dans l'exercice des actions. Ce texte n'est qu'une application de l'article 1166 C. civ., aux termes duquel les créanciers peuvent exercer les droits et actions de leur débiteur. En exerçant les actions, les liquidateurs n'agissent pas dans l'intérêt du liquidé, qui est censé vouloir renoncer à ses droits; ils agissent dans l'intérêt de la masse ; c'est elle qu'ils représentent. Du moment qu'ils ont qualité pour exercer au nom des créanciers les actions qui compètent au débiteur, pourquoi ne pourraient-ils pas, au nom de ces mêmes créanciers, demander la révocation des actes frauduleux passés par le débiteur? Nous ne voyons aucun motif de leur refuser le droit d'agir.

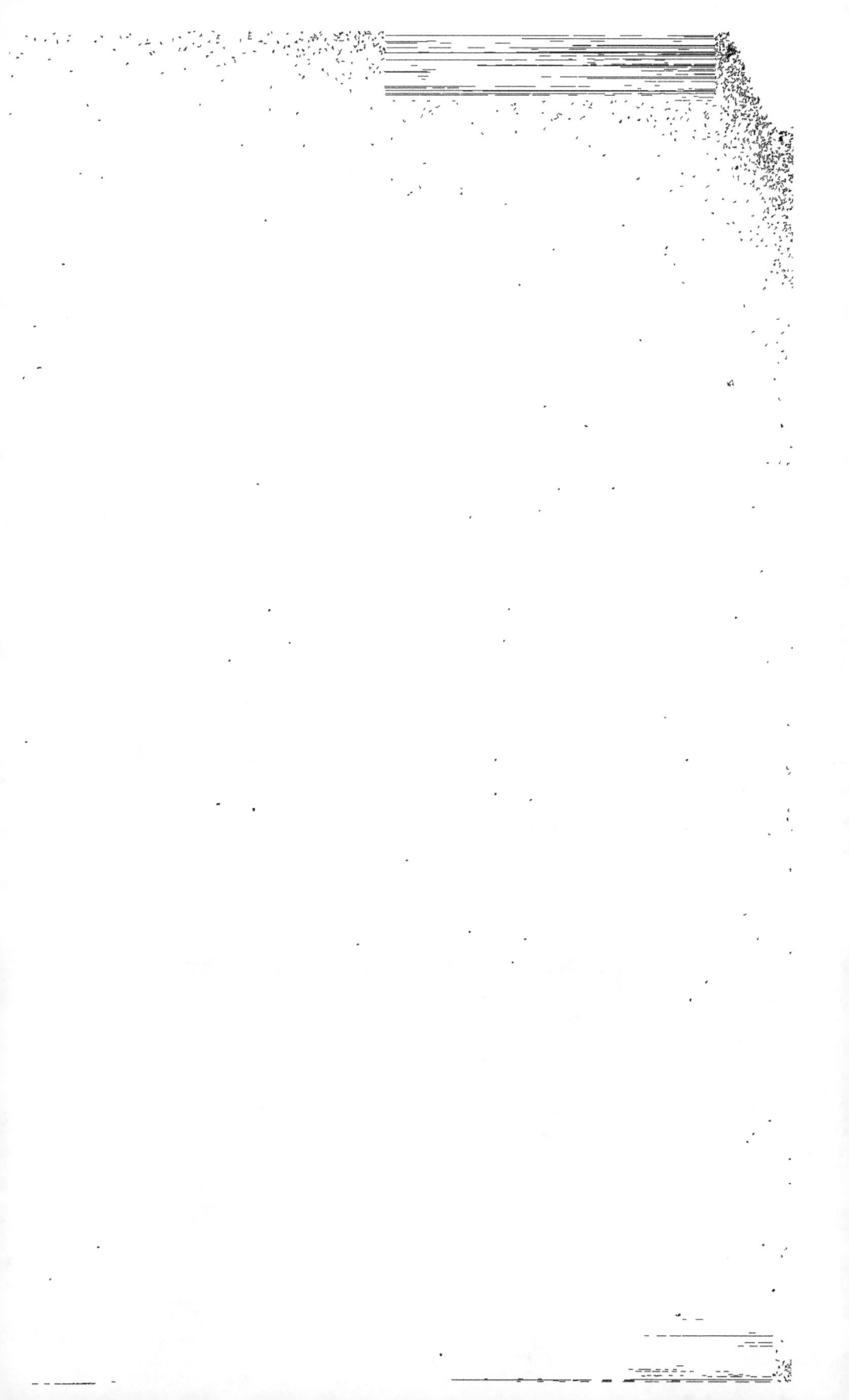

# POSITIONS

---

## DROIT ROMAIN

### I

A l'époque classique, il ne pouvait pas y avoir de novation par changement d'objet.

### II

L'usucapion à l'époque de la loi des XII Tables ne requiert ni titre ni bonne foi.

### III

Le vendeur d'une *res mancipi* est obligé d'en faire la mancipation.

### IV

L'*in bonis* n'a point été imaginé pour permettre aux pérégrins l'accès de la propriété, mais pour protéger l'acquéreur par tradition d'une *res mancipi*.

## DROIT CIVIL

### I

La séparation des patrimoines constitue un véritable privilége.

### II

Sous le régime de la communauté, la femme exerce ses reprises à titre de créancière.

### III

En cas de concours de priviléges généraux et de priviléges spéciaux sur les meubles, la priorité appartient aux priviléges spéciaux.

### IV

Les héritiers renonçants ne doivent pas compter dans le calcul de la réserve.

## DROIT COMMERCIAL

### I

La femme séparée de biens peut, en cas de refus du mari, demander à la justice l'autorisation de faire le commerce.

## DROIT PÉNAL

### I

Un vol ne doit être réputé avoir été commis avec effraction, et comme tel passible des peines de l'art. 384 C. pén., lorsque l'effraction est postérieure au vol et n'a servi qu'à faciliter ou rendre possible la fuite du voleur.

### II

Le recéleur n'est punissable que s'il a connu l'origine des objets volés au moment où il les a reçus.

### III

Le Juge d'instruction ne peut pas, en dehors du cas de flagrant délit, déléguer à un officier de police judiciaire son droit de faire des perquisitions.

*Vu : Le Président de la thèse,*　　　　　　*Vu : Le Doyen,*
　　A. PIERRON.　　　　　　　　　　　　　VIGIÉ.

Vu et permis d'imprimer,
Montpellier, le 24 juillet 1891.
*Le Recteur,*
F. GÉRARD.

# TABLE DES MATIÈRES

## DROIT ROMAIN

## De la venditio bonorum

# DROIT FRANÇAIS

---

## Influence de la faillite sur la constitution et l'inscription des hypothèques